国家自然科学基金面上项目"扶贫背景下贫困地区乡村聚落的空间模式和演化机理研究"(批准号:51878084)
重庆市社会科学规划项目"重庆市集中连片特困地区贫困人口时空格局及益贫式城镇化路径研究"(批准号:2016YBJJ031)

贫困地区城镇化的特征及对策研究
——以重庆市集中连片特困地区为例

杨培峰 薛 颖 龙 香 著

科学出版社

北 京

内 容 简 介

本书以我国扶贫攻坚和快速城镇化为时代背景,从集中连片特困地区城镇化和城乡空间出发,重点以重庆市集中连片特困地区为例,针对其贫困人口时空分布格局、贫困地区城镇化发展内涵及价值转变进行了深入剖析。本书包括六章,总结梳理了重庆市集中连片特困地区贫困演变历程,分析研究了重庆市集中连片特困地区的贫困现状、困境与发展转型,提出引入了益贫式城镇化理论,强调以"人"的实际受益为核心的城镇化发展价值导向,就城镇化发展路径和空间规划模式进行探索和实证研究,最后从城乡规划的角度提出了相关建设对策。

本书适合城乡规划、建筑、地理、社会、区域经济等专业的师生及相关从业人员阅读。

图书在版编目(CIP)数据

贫困地区城镇化的特征及对策研究:以重庆市集中连片特困地区为例/杨培峰,薛颖,龙香著. — 北京:科学出版社,2019.11
ISBN 978-7-03-060526-9

Ⅰ.①贫… Ⅱ.①杨… ②薛… ③龙… Ⅲ.①贫困区-城市化-研究-重庆 Ⅳ.①F299.277.19

中国版本图书馆 CIP 数据核字 (2019) 第 027631 号

责任编辑:华宗琪 朱小刚/责任校对:彭 映
责任印制:罗 科/封面设计:墨创文化

科学出版社 出版
北京东黄城根北街16号
邮政编码:100717
http://www.sciencep.com

四川煤田地质制图印刷厂印刷
科学出版社发行 各地新华书店经销
*
2019年11月第 一 版 开本:B5 (720×1000)
2019年11月第一次印刷 印张:10 3/4
字数:210 000
定价:88.00元
(如有印装质量问题,我社负责调换)

前　言

在我国 30 多年的快速城镇化发展历程中，贫困地区一直扮演着人口、资源等要素向沿海发达地区不断输出的角色，空间发展长期处于停滞状态。真正触动贫困地区发展的是我国扶贫制度的全面开展，这一历程既是我国贫困地区城乡空间变革的关键时期，也是贫困现象急速消褪的重要时期。在这一时间段，贫困地区的城镇化极具特殊性。同时，贫困地区的城镇化也是中国城镇化的重要组成部分，是不该被遗忘的角落。所以，本书聚焦集中连片特困地区的城镇化和城乡空间研究，侧重从贫困人口时空变迁，探讨其城镇化路径，是研究的初衷。

1. 开展集中连片特困地区城镇化和城乡空间研究的实践意义

我国减贫扶贫工作取得的成绩是举世瞩目的。贫困人口大幅减少，贫困群体的人均收入水平大幅提高，贫困区域的基础设施和社会服务社会建设成效有目共睹。据联合国《2015 年千年发展目标报告》显示，中国极端贫困人口比例从 1990 年的 61% 下降到 2002 年的 30% 以下，率先实现比例减半，2014 年又下降到 4.2%，中国对全球减贫的贡献率超过 70%。同时，农村贫困人口减少到 2015 年的 5 575 万人，贫困发生率下降到 5.7%，对全球减贫做出的巨大贡献毋庸置疑。中国的扶贫成就也得到国际社会普遍赞誉。

虽然我国在消除贫困方面取得了举世瞩目的成绩，但就全国来看，地域性贫困现象仍十分突出，相对贫困将长期存在。截止到 2016 年年底，依据国家所划定的人均年纯收入 2 300 元的贫困线标准，我国仍有近 8 000 万贫困人口分布在我国 28 个省（自治区、直辖市）、592 个扶贫开发重点县、12.8 万个贫困村、近 3 000 万贫困户、14 个集中连片特困地区。其中集中连片特困地区是中国贫困地区的集中缩影。2014 年我国集中连片特困地区的城镇化水平仅 29.27%，城镇化发展与扶贫开发任务异常艰巨，且大多位于地形复杂、生态环境敏感脆弱的山区。这类地区的城镇规模小、缺乏要素集聚能力、内生发展动力薄弱、城镇化进程缓慢且水平低下。这些贫困地区受自然资源约束特征十分明显，灾害频发，基础设施薄弱，产业发展滞后，农民增收困难，贫困代际传递明显，是中国当前贫困的"重灾区"。

从理论上讲，世界范围内的贫困有三种类型：一是生存型贫困，意味着生活资料无法满足基本的需要；二是温饱型贫困，是在解决了温饱后的相对贫困状态，表现为生活水平较低，收入有限，抵御灾祸能力弱；三是发展型贫困，是在稳定解决温饱之后，发展资源、机会和能力不足。我国集中连片特困地区体现的贫困多属于生存型贫困和温饱型贫困,所以,基本公共利益的保障尤为重要。

我国扶贫工作全面正式开展于1986年,该年正式成立了专门的扶贫机构(国家成立了国务院扶贫开发领导小组,省地县各级也成立了相应机构),标志着我国进入有组织、有计划的大规模扶贫时期。迄今为止,我国经历了以1994年发布《国家八七扶贫攻坚计划(1994—2000年)》、2001年发布《中国农村扶贫开发纲要(2001—2010年)》、2011年发布《中国农村扶贫开发纲要(2011—2020年)》和2015年发布《中共中央国务院关于打赢脱贫攻坚战的决定》为标志的扶贫这四个关键阶段。特别是精准扶贫制度实施以来,实施力度、广度空前。

对于欠发达地区而言,贫困现象变迁,特别是扶贫背景下呈现出的空间快速转型等现象,是城镇化和城乡空间再组织的重要组成部分。但当前针对欠发达地区的城镇化现象进行贫困的关联性研究并不多见。实际上,以当前精准扶贫阶段为例,精准扶贫制度给贫困地区带来自上而下的社会经济巨大转型,该地区贫困农户生活条件得到重大改变,这些深刻影响了城镇化和乡村重构。作为我国城乡空间的重要组成部分,对贫困地区城镇化进行研究,特别是针对扶贫背景下城乡空间组织开展地域性、针对性的研究,极富时代意义。

2. 开展集中连片特困地区城镇化和城乡空间研究对城乡规划理论发展的意义

"贫困"研究的命题缘起于经济领域,在经济、社会、公共政策等领域得到广泛关注。但贫困的空间属性、扶贫的建设属性等往往不被重视,人们对扶贫历程和该类地区的城镇化与城乡空间发展历程关联性研究不足。当前贫困议题的研究对空间要素是忽视的。从贫困的定义和实践需要面对的问题而言,贫困是具有多元性的。贫困不光是经济,还涉及权利、健康等。空间要素资源的配置同样也是扶贫工作的重要环节。扶贫工作中,对空间资源的分配包括区域之间、城乡之间、不同人群之间、绝对贫困和相对贫困之间的统筹,通过空间资源的配置增加贫困者的就业机会,提高基础设施和社会服务设施的比例等。而城乡规划学科具有空间和空间质量研究的工具。其中,贫困现象同样具备空间属性。贫困的发生地点、格局的变迁、易地移民搬迁、贫困聚居点人居环境的建设等均会涉及空间研究。空间是规划学科一个常用的关键词,从微观的"为安置和住宿而空出的场所"(海德格尔)的建筑空间到中观的城市土地利用均会涉及"空间"一词。同时,规划学科和地理学科在区域尺度上,也同样会用到"空间"这一词,用来描述城镇化和城乡体系的格局、演替。

值得注意的是,在众多影响贫困的要素中,空间是具有固定性和难以修改的特征的。空间贫困格局一旦形成,改变难度较大。从空间上看,贫困人口分布除滞留在中西部集中连片特困区外,还出现向自然环境恶劣区域集聚的趋势,呈现散点或小片状分布的格局,表现出典型的空间区位边缘性、社会文化封闭性、技术经济滞后性、贫困转移代际性等特征,形成了一时难以消除的"贫困孤岛"。这部分贫困人口与外界在信息、技术、产业经济等方面的隔离难以消除,自身发展条件十分受限，在空间上形成具有封闭性、以农村贫困人口为主体、区域集聚并难以消除的地域性贫困现象。这一现象与我国近30年卓著的城镇化成就和贫困地区巨大持续的扶贫投入形成强烈反差。同时，贫困的空间还体现在人居环境的空间质量方面。贫困地区建筑质量差、公共服务设施和基础设施匮乏，同时由于人口分布散，公共利益的投入极难惠及全部人群。人居环境质量的低劣还表现在空间品质低下、居住条件差等现象。

理论的演进能很好地指导实践，同时，实践领域出现、产生的大事件，往往是理论发展的重要契机。当前，精准扶贫工作的开展无疑是重大事件。其影响面广，涉及人口众多，已经深刻地影响了广大贫困地区的发展，同时也深刻地改变了贫困地区城乡空间，对其人居环境发展意义重大，地域城镇化研究，贫困地区的城镇、乡村建设等领域，产生了很多新的议题。我国城乡规划学科相关研究，已经不是局限在城市内部物质环境这一单一领域，城镇、乡村的人居环境，地域的城镇化和空间研究同样纳入城乡规划学科研究的范畴，同时，中国特色的城镇化研究也是城乡规划学科突显中国特色的重大命题。但当前我国对贫困的研究多数集中在社会科学领域，建设规划领域则多关注自然、经济、文化等要素与物质空间的关系。所以，开展集中连片特困地区城镇化和城乡空间研究，对城乡规划理论发展无疑也是一个重大机遇。

3. 益贫式发展观和城乡空间发展

"发展"一词在城镇化研究中，往往被片面地认为是地域经济的增长；随着人们认知水平的不断提高，"人"的发展逐渐被重视，其中涉及人的物质、文化水平的提高，人的价值取向的实现等。而人的发展和空间必定又产生关联，对发展理解的差异也同样会反映在城镇化的地域差别、类型差别等方面。

"发展"离不开理念的指导。早期的发展观带有浓厚的环境决定论色彩，认为地区的自然条件、资源和位置制约和决定了区域经济方式、人口分布和文化特征；当今，可持续发展理念已经成为共识，强调人类和自然环境的和谐共处。

集中连片特困地区是一个特殊的区域。在当前发展大潮中，由于种种原因，这类地区曾经一度是被遗忘的角落，单靠这些地方的资源要素积累无法满足正常的发展诉求；人才、劳动力的流失使这些地方实现大的跨越发展更加力不从心。但这类地方不可能成为被遗忘的角落。从国家大局来看，这类地区往往承担着生态保育、文化多样性保护、社会稳定维系等重任，从当地现状人口来看，其总量也不是一个小数字。这些人口的福祉保障需要针对性的发展理念作为指导。

本书认为，对于贫困地区的贫困人群，必须贯彻益贫式发展理念。益贫式发展的提出是基于这样一个事实：传统的增长路径已经不能惠及社会的弱势群体，只有采取倾向性的发展措施，这部分人才不会被排除在整个社会的增长循环之外。益贫式增长的目的是让社会弱势群体也能顺利地参与到社会、经济的发展过程中去。益贫式发展是发展的一个阶段，也是体现社会包容性、公平性的重要理念。

益贫式发展理念包括两方面，一是实施机会平等战略，二是必须向贫困群体实施倾斜性的政策，这是对其生存权的保障和满足。这是在效率和公平发展博弈过程中，对弱势人员的倾斜，也是对发展短板有针对性的弥补。在集中连片特困地区贯彻益贫式发展理念，势必会影响到贫困人口的时空变迁，会干预公共产品的投入，从而优化和提升基础设施和社会服务设施的空间布局等，最终反映成城镇化和城乡空间发展的转型。

由此，本书针对重庆市集中连片特困地区中贫困人口的时空变迁特征，反思传统效率优先的城镇化面临的困境，提出益贫式发展理念，侧重从贫困人口时空变迁及公共产品投入的相关性来分析城镇化过程中效率和公平的问题，落实到城镇化主体——"人"的实际受益程度及益贫式的城镇化路径研究上来，希望这些观点能对贫困地区城镇化发展有所裨益。

本书属于国家自然科学基金"扶贫背景下贫困地区乡村聚落的空间模式和演化机理研究"（51878084）、重庆市社科基金"重庆市集中连片特困地区贫困人口时空格局及益贫式城镇化路径研究"（2016YBJJ031）的部分科研内容。出版过程中，得到重庆大学、重庆市规划局、科学出版社的大力支持，在此，一并致以衷心的感谢！由于课题组水平有限，经验不足，不妥之处敬请批评指正。

目 录

第1章 重庆市快速城镇化背景下集中连片特困地区城镇化特征 ········· 1
  1.1 全国集中连片特困地区城镇化概况及其贫困现状 ········· 1
    1.1.1 我国扶贫历程以及集中连片特困地区的由来 ········· 1
    1.1.2 全国集中连片特困地区的整体现状 ········· 3
    1.1.3 全国集中连片特困地区城镇化现状特征 ········· 5
  1.2 重庆市城镇化过程及其集中连片特困地区的贫困演化 ········· 12
    1.2.1 重庆市城镇化发展概况 ········· 12
    1.2.2 重庆市城镇化发展历程 ········· 13
    1.2.3 重庆市扶贫开发历程 ········· 15
    1.2.4 重庆市集中连片特困地区现状特征 ········· 16
    1.2.5 重庆"棒棒军"——重庆市贫困人口特征研究的另一个视角 ········· 25
  1.3 小结 ········· 27
  参考文献 ········· 28

第2章 重庆市连片特困地区贫困人口时空分布格局 ········· 29
  2.1 重庆市集中连片特困地区的贫困趋势 ········· 29
    2.1.1 贫困规模 ········· 29
    2.1.2 贫困化程度 ········· 30
  2.2 多维视角下贫困现象的再审视——基于时空格局分布及其空间特性 ········· 32
    2.2.1 重庆市集中连片特困地区贫困人口分布的时空格局 ········· 32
    2.2.2 贫困人口分布的空间相关性 ········· 40
    2.2.3 基于家庭视角的贫困人口迁移特征 ········· 48
    2.2.4 贫困地区外出务工农民家庭发展需求特征 ········· 56
    2.2.5 重庆市集中连片特困地区贫困人口分布的影响因素 ········· 57
    2.2.6 贫困村空间分布特征：以渝东南为例 ········· 60
  2.3 发展之困——重庆市连片特困地区发展转型现状问题总结 ········· 64
    2.3.1 对外开放度低，城镇化进程缓慢 ········· 64
    2.3.2 城镇空间格局松散，社会发展不平衡 ········· 65
    2.3.3 "空心化"严重，劳动力大量流失 ········· 66
    2.3.4 返贫现象频繁，代际传递明显 ········· 67

2.3.5　地区资源转化率低，生态优势未发挥 ·················· 69
　　2.3.6　扶贫资源有限，开发式扶贫门槛高 ·················· 70
　　2.3.7　城镇建设品质差，贫困空间格局固化 ················· 71
2.4　小结 ·· 71
参考文献 ·· 72

第3章　贫困地区城镇化的发展内涵及价值转变 ······················ 73
3.1　发展之变——益贫式导向下的贫困地区发展转型 ················· 73
　　3.1.1　益贫式城镇化发展理念的引入 ······················· 73
　　3.1.2　益贫式理论下我国集中连片特困地区城镇化发展转型 ········ 76
3.2　贫困地区的益贫式城镇化发展建设 ·························· 79
　　3.2.1　贫困地区益贫式城镇化的建设目标 ···················· 79
　　3.2.2　益贫式城镇化发展的建设重点 ······················· 80
3.3　小结 ·· 83
参考文献 ·· 84

第4章　重庆市集中连片特困地区益贫式城镇化路径及规划模式研究 ······· 85
4.1　重庆市集中连片特困地区城镇化发展路径选择原则 ················ 85
　　4.1.1　国家帮扶 ·· 85
　　4.1.2　政策引导 ·· 85
　　4.1.3　以人为本 ·· 85
　　4.1.4　绿色发展 ·· 86
4.2　重庆市集中连片特困地区益贫式城镇化路径 ····················· 86
　　4.2.1　对"人"的关注——贫困人口可持续生计、劳动力回输及社会
　　　　　 组织重构问题的解决 ··· 86
　　4.2.2　对"空间"的布局——区域群落格局、有效选点发展、生态化
　　　　　 城镇空间问题的解决 ··· 88
　　4.2.3　对"经济"的调整——产业支撑作用、集聚产业互动及乡村
　　　　　 旅游扶贫问题的解决 ··· 90
　　4.2.4　对"基础"的完善——公共服务基础设施配置、实现形式及
　　　　　 交通条件问题的解决 ··· 95
　　4.2.5　"制度"的优化——治理体系及扶贫政策制度优化问题的解决 ··· 97
4.3　重庆市集中连片特困地区益贫式城镇化的规划模式 ················ 98
　　4.3.1　城镇体系发展空间模式 ······························· 98
　　4.3.2　城镇空间模式 ·· 101
　　4.3.3　乡村建设模式 ·· 103
　　4.3.4　公共服务设施发展空间模式 ·························· 105
　　4.3.5　易地扶贫搬迁下的发展模式 ·························· 107

4.4 小结	109
参考文献	110

第5章 实例研究及对策总结 111

5.1 城口县空间发展战略研究	111
5.1.1 城口县地区发展条件	111
5.1.2 城口县整体发展现状问题	114
5.1.3 城口县发展机遇	119
5.1.4 城口贫困县空间发展对策	122
5.1.5 区县层面益贫式发展模式总结	129
5.2 彭水县长生镇观光农业园区规划	130
5.2.1 彭水县长生镇现状及发展问题	130
5.2.2 长生镇益贫式发展原则	133
5.2.3 长生镇益贫式发展对策	134
5.2.4 乡镇层面益贫式发展模式总结	141
5.3 奉节县永乐镇大坝村乡村振兴规划	142
5.3.1 奉节县贫困乡村整体概况	142
5.3.2 奉节县贫困乡村整体发展现状问题	144
5.3.3 大坝村乡村现状及综合贫困问题	145
5.3.4 大坝村贫困乡村建设对策	147
5.3.5 乡村层面的益贫式发展模式总结	153
5.4 小结	154

第6章 结论与展望 156

6.1 重庆市集中连片特困地区贫困人口时空格局	156
6.2 战略思路转型	157
6.3 重庆集中连片特困地区城镇化路径要点及展望	158
后记	160

第1章　重庆市快速城镇化背景下集中连片特困地区城镇化特征

1.1　全国集中连片特困地区城镇化概况及其贫困现状

1.1.1　我国扶贫历程以及集中连片特困地区的由来

1. 我国的扶贫历程

1) 农村经济体制改革下的扶贫时期(1978—1985年)

在改革开放之前,中国农村社会处于普遍贫困的状态。20世纪70年代末期,党和国家将重心转移到以经济建设为中心的道路上来,率先在农村地区进行改革。这一阶段的农村改革主要表现在以下方面:第一,农村家庭联产承包责任制试点推广和普遍推行。大致经历了4个阶段:一是"包产到组"阶段,二是"包产到户"逐步放开和包干到户阶段,三是家庭联产责任承包制确立阶段,四是农村家庭联产责任承包制全面实施和制度体系完善阶段。国家通过这4段渐进式家庭联产承包责任制的推广与实施,逐渐确立了家庭联产承包责任制在全国范围内的确立。这种土地制度的建立极大地激发了农民的劳动热情,从而极大地解放了生产力,提高了农民的收入,对扶贫起到至关重要的作用。第二,改革农产品价格的制度。第三,推进农村市场化制度改革。第四,1984年9月,国家发布《关于帮助贫困地区尽快改变面貌的通知》。这是中华人民共和国成立后第一次把扶贫工作列为国家重点任务执行。该文件明确指导思想,改变贫困地区面貌的根本途径是依靠当地人民自己的力量,因地制宜,发展商品生产,增强本地区经济的内部活力,要纠正单纯救济的观点。文件强调:进一步放宽政策,实行比一般地区更灵活、更开放的政策;减轻负担,给予优惠;搞活商品流通,加速商品周转;增加智力投资和加强领导,督促各项措施的落实[1]。

2) 大规模开发式扶贫时期(1986—1993年)

1978—1985年的农村经济体制改革,大大地缓减了农村的地区贫困。但是进入到20世纪80年代中期以来,农村地区释放的扶贫效应开始递减,一些自然条件较差、基础设施落后的区域的贫困问题依然严重。一方面随着农村连续的农业大丰收,另一方面我国扶贫开发力度的不断加大,贫困人口规模逐年减小,由20世纪80年代所呈现的大规模普遍式分布转变为向中西部地区自然地理环境艰苦的片区集中分布,同时还有分散在全国各地的"插花贫困",呈现出明显的地缘性特征。

3) 国家八七扶贫攻坚时期(1994—2000年)

1994年3月,国家制定并公布实施了《国家八七扶贫攻坚计划(1994—2000年)》,扶贫开发工作也自此进入了新的攻坚阶段。随着我国扶贫开发力度的不断加大,贫困人口规模逐年减小。这时期贫困人口主要分布在西南山区、西北黄土高原区及青藏高原区等几类地区。计划中明确提出集中人力、物力、财力并动员社会各界力量,力争在2000年年底基本解决农村贫困人口的温饱问题[2]。最终至2000年年底,我国"八七"扶贫攻坚计划的目标基本得到实现。

4) 新世纪整村推进扶贫时期(2001—2010年)

随着我国贫困人口规模的不断减小,贫困人口的分布逐渐呈现出"大分散、小集中"的特征,贫困人口集中分布在更低层次的乡村社区中心[3]。2001年我国颁布《中国农村扶贫开发纲要(2001—2010年)》,并将扶贫工作重心转移到村级单位,将14.8万个贫困地区作为扶贫开发的工作重点,通过对全国各地实践经验的总结,制定整村推进扶贫规划,并在各地统一展开"整村推进扶贫工作"。

5) 打赢脱贫攻坚战的精准扶贫时期(2011年至今)

2011年《中国农村扶贫开发纲要(2011—2020年)》将集中连片特困地区作为扶贫攻坚的主战场,标志着我国进入了新一轮的扶贫攻坚阶段。2013年年底,习近平总书记提出了精准扶贫的政策方针,2015年11月中共中央国务院发表了《中共中央国务院关于打赢脱贫攻坚战的决定》,对我国精准扶贫新阶段的扶贫开发工作做出了战略性部署,我国扶贫开发已经从以解决温饱为主要任务的阶段转入巩固温饱成果、加快脱贫致富、改善生态环境、提高发展能力、缩小发展差距的新阶段。这一时期我国仍存在规模庞大的农村贫困人口,2011年我国共有1.22亿贫困人口,尽管随着扶贫力度的加大贫困人口在逐年递减,但返贫现象常有发生,农村地区的相对贫困问题仍十分严峻,贫困问题日渐固化。要实现到2020年让7 000多万农村贫困人口摆脱贫困的既定目标,必须在现有基础上不断创新扶贫开发思路和办法。因此实施精准扶贫方略,加快贫困人口精准脱贫成为2015年至今的新的扶贫重心。健全精准扶贫工作机制、发展特色产业脱贫、引导劳务输出脱贫、实施易地搬迁脱贫等思路和办法多管齐下,提高精准扶贫的精准度及有效性。

2. 国家集中连片特困地区的历史由来

我国集中连片特困地区主要是指《中国农村扶贫开发纲要(2011—2020年)》[以下简称《纲要(2011—2020年)》]中确定的贫困现象突出、地理位置集中连片的"11+3"个国家级特殊贫困地区,具体包括:六盘山区、秦巴山区、武陵山区、乌蒙山区、滇桂黔石漠化区、滇西边境山区、大兴安岭南麓山区、燕山—太行山区、吕梁山区、大别山区、罗霄山区等区域的连片特困地区和已明确实施特殊政策的西藏、四省藏区、新疆南疆三地州。这些地区是国家扶贫开发主战场，也是全面建设小康社会进程中的关键地区。在这 14 个连片特困地区里面，西部地区有 7 个，中部地区有 2 个，中西部地区有 2 个，东部地区、东西部地区、东北地区各有 1 个。这 14 个连片特困地区里面，有 9 个是少数民族地区，有 8 个是革命老区，有 3 个为边境地区，全部是生态功能区或者生态脆弱区。

《纲要(2011—2020 年)》所确定的 14 个连片特困地区共包含 680 个县级单位。西藏、四省藏区和新疆南疆三地州 3 个片区共包含 175 个县级单位。其中西藏包含自治区内所有 74 个县级单位，四省藏区包含云南、四川、甘肃、青海省的 10 个自治州所辖 75 个县级单位和其他市州的 2 个藏族自治县，新疆南疆三地州包含克孜勒苏柯尔克孜自治州、喀什地区、和田地区所有的 24 个县级单位。六盘山区、秦巴山区、武陵山区、乌蒙山区、滇桂黔石漠化区、滇西边境山区、大兴安岭南麓山区、燕山—太行山区、吕梁山区、大别山区、罗霄山区 11 片区是制定《纲要(2011—2020 年)》过程中确定下来的，总共包含 505 个县级单位。

14 个集中连片特困地区土地面积为 392 万平方千米，地形以山地、丘陵为主，生态环境脆弱，680 个县级行政区中，有 504 个山区县和 86 个丘陵县，山区县占片区总数的 74.1%，有 448 个县属于地质灾害重点防治县，占片区县的比例为 65.9%。全国 25 个国家重点生态功能区中，有 20 个涉及集中连片特困地区(占全国 80%)。2010 年，有统计数据的 13 个集中连片特困地区(除西藏)中，人均 GDP 最高的是四省藏区(16 347.2 元)，为全国平均水平的 54.5%；人均 GDP 最低的是乌蒙山区(7 090.1 元)，只有全国平均水平的 23.6%；农村居民纯收入最高的是大别山区(4 170.6 元)，为全国平均水平的 70.5%；农村居民纯收入最低的是大兴安岭南麓山区(2 791.1 元)，为全国平均水平的 47.2%。

1.1.2 全国集中连片特困地区的整体现状

1. 全国集中连片特困地区多数处于省际边界区，边缘化明显

在我国，省际边界区域是指最大的行政单元——省与省(自治区、直辖市、特别行政区)之间的毗连地区，我国共有 34 个省级行政区，拥有省级行政区陆路边界线 66 条，总长 5.2 万千米，省际边界区域分布有 849 个县(市、区)，总面积占我国国土面积的 1/6，全国 592 个"国家扶贫开发工作重点县"约有一半分布于此类地区。大部分省际边界区域由于地理因素很难受到经济中心的辐射，并且缺乏强大的外部推动力，往往经济发展十分落后，"老、少、边、穷"等边缘化特征明显。我国集中连片特困地区与省际交界地区具有很明显的交界与叠合现象，边缘化特征显著。

2. 全国集中连片特困地区与山地分布呈现正相关，山地特性突出

全国集中连片特困地区的分布与我国山地分布基本是呈正相关关系，我国的集中连片特困地区基本分布在这些山区，平地、坝子较少。这些山区基本是全国的生态保育区，因此这些集中连片特困地区也要承担起生态保育的功能。我国山地区域自然条件得天独厚，自然资源丰富且极具开发潜力，但地处偏远，地质条件复杂，生态环境脆弱，基础设施落后，交通通信不便，长期缺乏与外界交流，经济发展严重滞后，是环境问题、贫困问题、民族问题、老区问题、边区问题最为集中的区域。《纲要(2011—2020年)》确定的14个集中连片特困地区，就有类似问题的典型的山地区域。

以秦巴山区为例，秦巴山区位于我国中、西部地区交界处，西起青藏高原东缘，东至华北平原西南部，跨秦岭、大巴山，其主体部分主要分布在西部山区，地貌类型以山地丘陵为主，气候类型多样，垂直变化显著。山区建设成本昂贵、生态敏感脆弱、产业发展低效缓慢、人地关系紧张成为制约地区发展的几大障碍。同时山区生态环境脆弱，其人居承载力远低于平原地区。山地城镇建设中，还需要应对山洪、滑坡、崩塌、泥石流等自然灾害的威胁。但地方政府对生态保育的意识比较淡薄，因拓展空间局促，部分山地城镇为了争取土地指标、谋取经济利益，出现向地质灾害危险地段发展的现象，导致城镇化建设过度消耗了环境资源，也产生了更多的生态安全隐患。

3. 全国集中连片特困地区处于国家"两横三纵"战略格局的边缘

"两横三纵"是指以陆桥通道、沿长江通道为两条横轴，以沿海、京哈京广、包昆通道为三条纵轴的全国城市化战略格局。其中，陆桥通道为东起连云港，西至阿拉山口的运输大通道，是亚欧大陆桥的组成部分。在"两横三纵"发展模式的带动下，伴随交通沿线的城市圈将相应建设完善，东部地区的传统产业可以往西部转移，在产业转移和发展过程中，城市圈将慢慢形成，而城市圈的发展将发挥带动和辐射作用，让大城市的发展带动中小城市的发展。然而，全国的集中连片特困地区却是处于这个格局的边缘，发展难度较大。通过将全国集中连片特困地区与国家"两横三纵"格局的叠加，可以比较清晰地看出集中连片特困地区处于"两横三纵"格局的边缘区。

连片特困区在中国城镇化战略空间布局中处于外围区域，不仅远离未来重点发展的20个城市群，还分布在各省际交界地区，与各省会城市、省域次增长极城市距离较远。城镇数量较少、分布密度低，城镇规模小、带动能力弱，集聚能力不强、缺乏内生动力，中心城市发展缓慢且片区间差异较大。总体而言，这些地区的中小城市或者乡镇、农村缺乏产业发展机会，所能提供的就业岗位不足，对人口的集聚能力较低，难以发挥对乡村地区的发展带动和农业服务支撑作用。特殊的自然、社会、经济特征使得连片特困区的城镇化难以按平原地区、发达地区

的同一模式推进。

4. 全国集中连片特困地区大部分位于国家生态功能区，生态保育责任重大

国家主体功能区是为处理好开发与发展的关系，在坚持实施区域发展总体战略基础上，前瞻性、全局性地谋划好未来全国人口和经济的基本格局，引导形成主体功能定位清晰，人口、经济、资源环境相互协调，公共服务和人民生活水平差距不断缩小的区域协调发展格局。而全国集中连片特困地区因历史、地理、政策等缘由与其他地区在发展上存在不同程度的不协调。

通过将国家集中连片特困地区与国家的生态功能区进行叠合比较，可以清晰看出，国家集中连片特困地区大部分位于生态功能区中，生态保育的功能突出。国家环境保护总局2005年统计数据显示，全国95%的绝对贫困人口生活在生态环境极度脆弱的老少边穷地区，中国最贫困的人口多生活在环境破坏严重、自然恢复能力最低的地区，西部地区有70%的贫困县分布在生态环境脆弱地区。因此，集中连片特困的城镇化发展，不应该是照搬东部地区的"苏南模式""温州模式"以及"顺德模式"等的城镇化模式，而是应该走绿色城镇化发展的道路。

1.1.3 全国集中连片特困地区城镇化现状特征

1. 地区生态环境脆弱，整体城镇化水平低下

我国集中连片特困地区是贫困地区的集中缩影，2014年我国集中连片特困地区的城镇化水平仅29.27%，城镇化发展与扶贫开发任务异常艰巨。该类地区大多位于地形复杂、生态环境敏感脆弱的山区，具有城镇规模小、缺乏要素集聚能力与内生发展动力、城镇化进程缓慢且水平低下、中心城市发展缓慢且带动力弱、各贫困片区差异明显等特征[4]。

2. 人口流动以劳务输出为主，"半城镇化"现象显著

集中连片特困地区的整体经济发展缓慢，本地劳动力不断外流。以其中的秦巴集中连片特困地区为例，劳动力流动具体统计如下(表1.1)，人口外流现象明显。2010—2013年间，虽然其人口输出数量总体呈下降趋势，但截至2013年年底该地区75个贫困县仍有544.3万人流出，占地区户籍总人口的15.5%，地区常住人口和户籍人口整体上亦呈不断下降的态势。与此同时，2002年至2010年数据显示，贫困地区外出打工劳动力比重逐年上涨，且劳动力外流方向以向省外流动为主(图1.1)。尽管随着扶贫攻坚工作的开展，贫困地区人口流失增速有所下降，但从近年我国流动人口及外出农民工数量来看(图1.2、图1.3)，贫困地区外出就业人口仍呈上升趋势。大量的人口输出致使集中连片特困区缺乏人才与发展建设内在动力，难以实现就地城镇化。

表 1.1 秦巴山区 75 个贫困县 2013 年人口外流情况

省（直辖市）	市	县（市、区）	人口外流情况/万人	常住人口/万人	户籍人口/万人
甘肃省	陇南市	武都区	2.4	55.99	58.4
		成县	1.8	24.47	26.2
		文县	2.8	21.51	24.3
		宕昌县	3.5	27.19	30.7
		康县	1.9	18.03	19.9
		西和县	2.8	39.84	42.7
		礼县	7.6	45.87	53.5
		徽县	2	20.14	22.1
		两当县	0.5	4.48	5
陕西省	西安市	周至县	10.9	57.24	68.15
	宝鸡市	太白县	-0.1	5.13	5.07
	汉中市	南郑区	9	47.31	56.31
		城固县	7.3	46.62	53.91
		洋县	6.2	38.47	44.69
		西乡县	7.7	34.28	41.93
		勉县	4	38.87	42.87
		宁强县	2.4	30.86	33.3
		略阳县	-0.7	20.19	19.45
		镇巴县	4.5	24.78	29.23
		留坝县	0	4.34	4.37
		佛坪县	0.4	3.01	3.36
	安康市	汉滨区	15.2	87.26	102.45
		汉阴县	6.6	24.68	31.29
		石泉县	1.1	17.17	18.29
		宁陕县	0.4	7.06	7.49
		紫阳县	6	28.47	34.5
		岚皋县	1.7	15.46	17.2
		平利县	4.5	19.36	23.87
		镇坪县	0.9	5.11	6
		旬阳县	3.2	42.79	46
		白河县	4.8	16.39	21.18

续表

省（直辖市）	市	县（市、区）	人口外流情况/万人	常住人口/万人	户籍人口/万人
陕西省	商洛市	商州区	2.1	53.29	55.39
		洛南县	1.7	44.24	45.96
		丹凤县	1.6	29.58	31.16
		商南县	2.4	22.21	24.62
		山阳县	4.9	42.28	47.19
		镇安县	2.6	27.64	30.26
		柞水县	0.7	15.37	16.05
河南省	洛阳市	栾川县	-0.8	34.45	33.62
		嵩县	8.3	51.09	59.34
		汝阳县	6.2	41.36	47.51
		洛宁县	6.3	42.25	48.58
	平顶山市	鲁山县	15.1	78.69	93.75
	三门峡市	卢氏县	0.9	35.48	36.35
	南阳市	南召县	9.5	54.89	64.41
		镇平县	17.7	84.7	102.35
		内乡县	14.8	56.43	71.21
		淅川县	3.5	67.29	70.8
湖北省	十堰市	郧阳区	6.4	56.17	62.57
		郧西县	6.5	45.06	51.53
		竹山县	5.1	41.26	46.35
		竹溪县	6.4	31.02	37.43
		房县	9	39.39	48.4
		丹江口市	1.4	44.69	46.06
	襄阳市	保康县	2	25.28	27.23
重庆市		城口县	6.1	19.06	25.12
		云阳县	44.9	90.15	135.07
		奉节县	28.8	78.5	107.27
		巫山县	17.4	46.98	64.36
		巫溪县	14.7	39.78	54.5
四川省	绵阳市	北川羌族自治县	3.8	20.32	24.1
		平武县	1.2	17.25	18.4

续表

省 (直辖市)	市	县 (市、区)	人口外流情况/万人	常住人口/万人	户籍人口/万人
四川省	广元市	昭化区	6.3	17.67	24
		朝天区	2.2	18.5	20.7
		旺苍县	6.2	39.42	45.6
		青川县	3.6	20.37	24
		剑阁县	20.9	47.3	68.2
		苍溪县	21.2	57.84	79
	南充市	仪陇县	20.5	92.24	112.7
	达州市	宣汉县	30.1	101.15	131.2
		万源市	18.6	41.19	59.8
	巴中市	巴州区	9.3	70.94	80.2
		通江县	7.7	69.34	77
		南江县	7.2	61.35	68.6
		平昌县	18.5	87.01	105.5

数据来源：依据各省市年鉴(2013)相关数据整理。

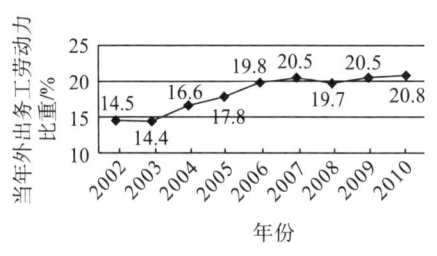 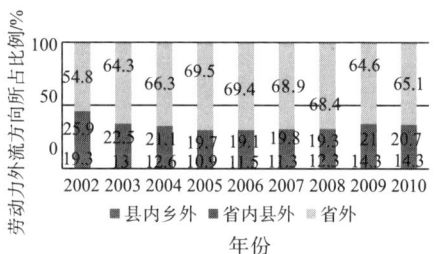

图 1.1 我国扶贫重点县年外出务工劳动力比重与流向情况(2002—2010 年)

资料来源：依据《中国农村贫困监测报告 2011》相关数据整理。

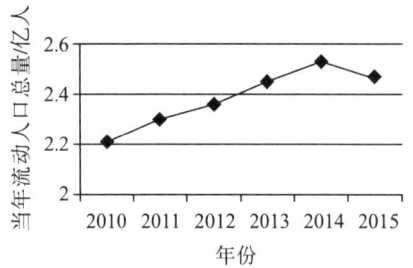 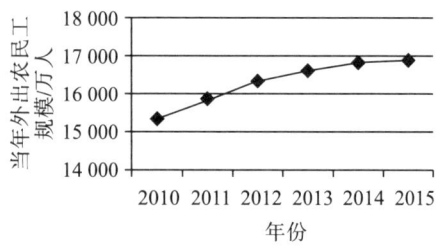

图 1.2 我国流动人口总量变化情况（2010—2015 年）

数据来源：《中国流动人口发展报告》。

图 1.3 我国外出农民工规模变化情况（2010—2015 年）

数据来源：《全国农民工监测调查报告》。

同时，在沿海发达地区的高度"压缩式"快速城镇化进程中，集中连片特困地区的"半城镇化"现象尤为突出。大量的半城镇化人口长期在发达地区打工，却难以融入城市，春节等期间该类地区返乡人群又呈爆炸式增长，形成庞大的"候鸟式迁徙"群体。这种模式不仅影响城镇化的真实绩效，还隐藏着大量社会问题。如随着大量青壮年劳动力的外流，农村空心化严重，留守的弱势群体数量加剧，"六一三八七〇部队"[①]现象尤为突出。

3. 产业经济发展滞后，缺乏内生发展动力

缺乏与地区特色相结合的粗放式的经济发展模式使得我国集中连片特困地区的经济发展十分滞后，其贫困区内地级城市市区 GDP 与全国地级市市区的平均 GDP 之间的差距非常大(图 1.4)。与此同时，集中连片特困地区的第二、三产业发展非常落后，受地域条件及行政区划的限制，其经济活动多为小规模、孤立零散的形式，缺乏合理的产业发展策略，难以形成大规模的优势产业。据相关资料显示，我国集中连片特困地区地级中心城市的第二、三产业的占比均远低于全国地级及以上城市均值(图 1.5)。

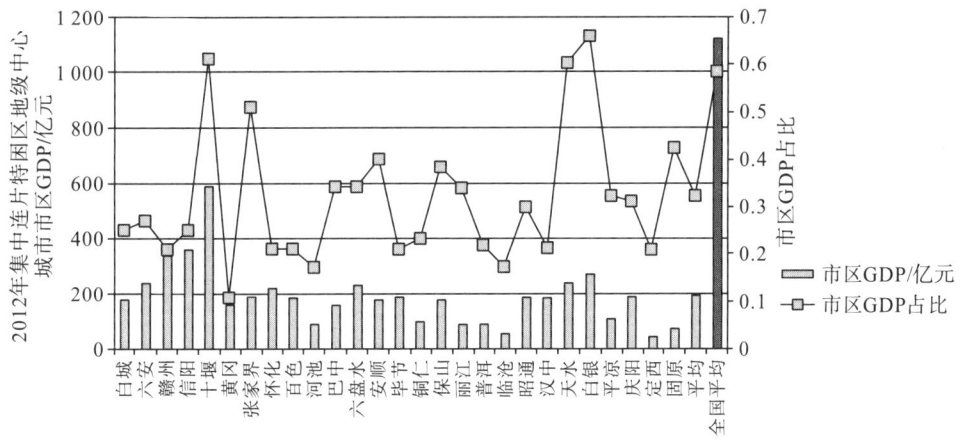

图 1.4　2012 年集中连片特困区地级中心城市市区 GDP 及其占全市比重对比

数据来源：依据《中国连片特困区发展报告(2014—2015)》相关资料整理。

---

① "六一三八七〇部队"即幼、妇、老等农村留守群体。

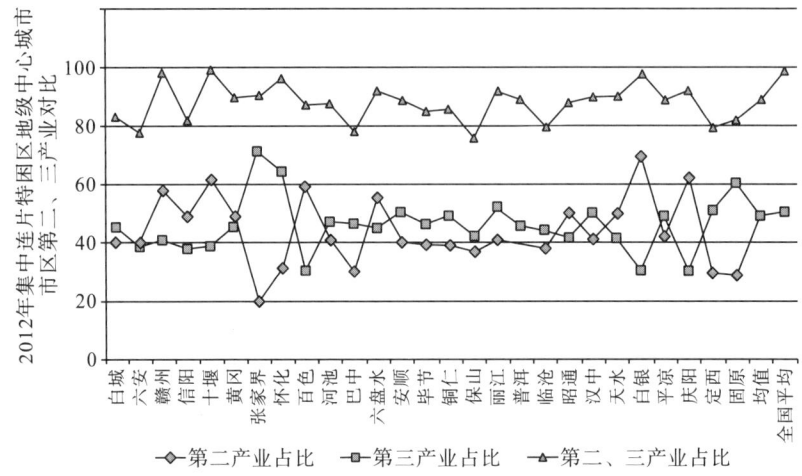

图 1.5 2012 年集中连片特困区地级中心城市第二、三产业占比对比

数据来源：依据《中国连片特困区发展报告（2014—2015）》相关资料整理。

4. 城镇分布不均衡，空间格局趋向离散型

集中连片特困地区处于我国"两横三纵"的城镇化战略空间布局外围区域，不仅远离未来国家重点发展的城市群，且分布在各省际交界地区，远离省域增长极，城镇规模小、分布密度低。受制于特殊的山地建设条件与自然生态条件，我国集中连片特困地区的城镇化空间格局趋向离散型，多呈散点式分布，各城镇之间联系较弱，难以形成能够带动整个片区发展的中心城市及完整的城镇体系。以秦巴山区为例，其城镇布局与人口密度便呈由南向北、由东至西逐渐消减的非均衡分布特点（表 1.2），而在县域空间层面则形成了以中心城区及邻近乡镇为核心高度集聚的非均衡城镇空间。

表 1.2 2013 年秦巴山区各省（市）贫困县城镇密度、人口密度情况一览表

省份	常住人口密度 /(人/km²)	城镇密度 /(座/10⁴ km²)	城镇人口密度 /(人/km²)	县均城市人口规模 /万人
河南省	219	68	71	17.7
湖北省	110	45	38	13.9
重庆市	152	81	53	19.2
四川省	161	125	38	11.8
甘肃省	92	70	17	5.2
陕西省	112	79	30	7.8
秦巴山区平均	135	83	37	10.9

数据来源：依据各省统计年鉴（2014）整理。

5. 公共服务设施落后，生活质量难以保障

集中连片特困地区大多位于山区，除经济条件约束外，人口密度低，公共服务设施配套成本高，尤其是村级公共服务设施十分匮乏。这也是贫困地区大量人口迁移的重要原因。根据相关数据分析，2014 年我国贫困地区主干道路的硬化率仅为 64.7%，通客运班车的自然村比重仅为 42.7%，通宽带的自然村比重仅为 48%，有幼儿园、小学的自然村比重分别为 54.7%、61.4%[①]。在医疗卫生设施方面，其行政村有卫生站的比重为 94.1%，生病后能及时就医的比重为 94.4%，而由于该类地区居民点分布零散、交通不便，在未能及时就医的原因中距离医院太远的原因占 75.4%。尽管近年来医疗设施的普及卓有成效，但仍有许多村落缺乏基础医疗设施，综合医疗设施的分布模式也亟待优化。与此同时，由于贫困地区的人口流失问题日渐严重，其公共服务设施的使用效率也在逐步下降，使得投资成本更为高昂。

6. 贫困主要发生于生态环境复杂的山区乡村

1) 贫困发生率主要发生于中西部的贫困山区乡村

至 2013 年年底，按照新的贫困标准，全国有 9 899 万贫困人口，中西部地区就有约 7 820 万人，约占全国贫困人口总数的 80%；贫困发生率最高的也在中西部地区，其中西藏自治区最高，为 35.2%，其次是甘肃，为 28.5%；中部地区最高是湖南，为 13.5%，都高于全国 10.2%的平均贫困发生率。2017 年年末，全国农村贫困人口 3 046 万人，比上年末减少 1 289 万人；贫困发生率 3.1%，比上年末下降 1.4 个百分点。中部地区农村贫困人口 1 112 万人，比上年减少 482 万人；西部地区农村贫困人口 1 634 万人，比上年减少 617 万人。多数西部省份的贫困发生率在 10%以上，民族 8 省区贫困发生率达 12.1%。另外，我国 14 个集中连片特困地区共有贫困人口 5 067 万人，约占全国贫困人口的 51%，其中中西部贫困片区 4 959 万人，约占 14 个贫困片区贫困人口的 98%。

2) 贫困山区乡村发展困境

贫困往往出现在交通可达性低，自然环境、基础设施等物质条件落后的山区乡村中。按照我国新的贫困标准，80%的贫困人口都集中在以山地为主的西部地区，而这些贫困又主要发生在农村中。面临的脱贫任务艰巨，在贫困的农村中矛盾是突出的，包括：土地和资源有限，所能承载的劳动力也有限；农村人口基数大，增长速度快，但自身的知识素质不高；农业产品的需求弹性较低，农业内部创造就业岗位的能力十分有限；政府对农村劳动力转移就业的服务不到位等。因此经过多年扶贫攻坚，现阶段留下的贫困地区都是脱贫难度大的"硬骨头"。

3) 贫困山区乡村的发展机遇

虽然山区城镇化发展水平整体滞后于东部地区，但国家提出和实施的"精准扶贫"等重大政策战略和"一带一路"倡议，为西部山区城镇化发展带来了前所

---

① 数据来源：《中国农村贫困监测报告 2015》。

未有的重大机遇。西部地区至 2014 年年底城镇化率为 47.4%左右，低于全国平均水平，城镇人口总规模为 1.7 亿人，仅占全国的 23.3%。滞后的交通建设对地区经济收入带来一定影响，西部地区城市和农村人均可支配收入分别为 2.38 万元和 0.81 万元，均低于全国和中部地区的平均水平。2013 年，习近平主席提出建设"丝绸之路经济带"和"21 世纪海上丝绸之路"即"一带一路"合作倡议。城镇空间发展模式也相应从国家层面的"点轴开发"过渡到目前的"全面均衡发展"。这一转型对于我国广大山地区域而言，加快了其脱贫及城镇化进程，能够更好地完善区域交通网络体系，改善基础设施建设，降低交通能耗，扩大区域对外开放，促进山地城镇产业转型，以及提高山区人民生活品质，全面建成小康社会。

1.2 重庆市城镇化过程及其集中连片特困地区的贫困演化

重庆作为我国西部地区唯一的直辖市，是由原四川省重庆市、万县市、涪陵市、黔江地区合并而成的特殊直辖市，其特殊性突出地体现在大城市与大农村并存、大工业与大农业并存、较小范围的都市发达地区与较大范围的农村贫困地区并存，农村贫困现象十分突出。据 2011 年统计，重庆市共有 14 个国家级贫困县和 4 个市级贫困区县(如图 1.6)，具体来看，贫困区县主要集中在渝东北和渝东南的边远地区。其中：渝东北地区处于三峡库区、秦巴山连片特困地区，是集大库区、大山区、大农村于一身的欠发达地区；渝东南处于武陵山特困连片地区，是少数民族集聚区。整体看来重庆贫困区是"贫困深水区"，致贫原因复杂，贫困程度较深，属于减贫工作中底子薄、条件差、难度大的"硬骨头"。

1.2.1 重庆市城镇化发展概况

1. 区域基本概况

重庆地处我国的西南部地区和长江的上游地带，其经纬度为东经 105°17′~110°11′，北纬 28°10′~32°13′。重庆市地势为东北和东南高，西北和西南低，由长江两侧向河谷地倾斜，三面环山，如朝西开口的马蹄，山地特征明显。重庆市域山脉众多，渝东北主要有大巴山，东面有巫山、齐岳山，东南面有武陵山，境内还有闻名于世的长江三峡部分景点，海拔多为 1 500 米以上，部分山峰为 2 500~2 800 米。流经重庆市的主要河流有长江、嘉陵江、乌江，发源于齐岳山山脉的大溪河、磨刀河、长滩河由南注入，发源于大巴山山脉的彭溪河、梅溪河、大宁河从北注入。重庆市地理边界东邻湖北、湖南，南接贵州，西靠四川，北连陕西，辖区东西长 470 千米，南北宽 450 千米，面积 8.24 万平方千米，是我国面积最大的直辖市,也是我国长江上游地区经济中心、水陆交通运输枢纽及我国西南片区工商业重镇[5]。截至2018年,全市下辖38个县级行政单元,有26个区和8个县以及4个自治县。重庆以主城九区单元为中心,各区县环绕九区形成大、中、小城市相互嵌套的现代化城市集群。

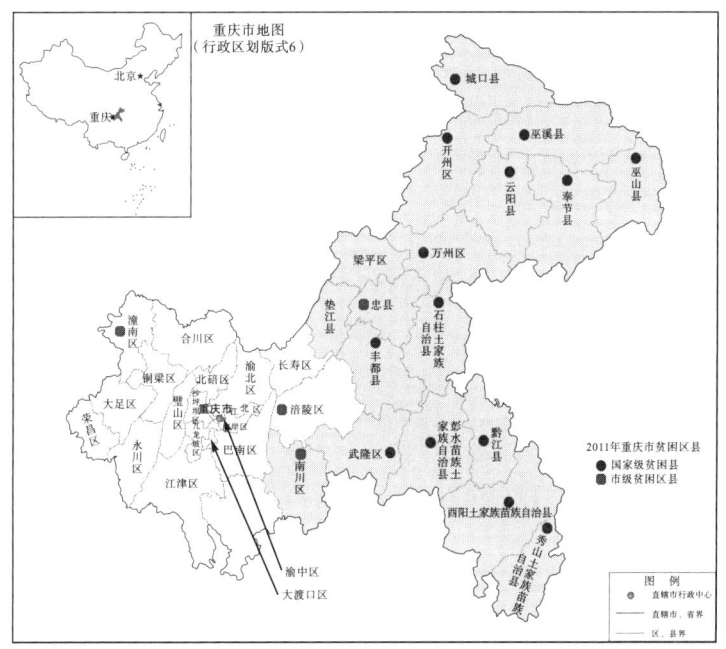

图1.6 重庆市与部分"全国集中连片特困地区"

[底图审图号:渝S(2018)038号,底图无修改。]

2. 重庆市城镇化发展水平

重庆城镇化率近年上升较快,2017年重庆常住人口3 075.16万人,比上年增加26.73万人;城镇人口1 970.68万人,占常住人口比重(常住人口城镇化率)为64.08%,比上年提高1.48个百分点。而在2013年,重庆城镇人口1732.76万人,占常住人口比重(常住人口城镇化率)为58.3%。2017年全年外出至市外人口482.31万人,市外外来人口167.65万人。

1.2.2 重庆市城镇化发展历程

1. 城镇化起步阶段(1949—1957年)

中华人民共和国发展国民经济的第一个五年计划(1953—1957年),重庆市经济社会发展较快,地区生产总值年均增速达到7%。由于国家传统计划经济的指导、经济发展重心的调整，工业发展得到恢复，社会经济发展水平得到提升。

这一时期国家进行了一些重大项目的建设，由于有相关建设项目的需要，有部分农村劳动力被动员进入城市参与建设。随着工业的发展，经济水平的提升，据统计，1957年重庆市的城镇化率按非农业人口计算达到15.58%。

2. 城镇化徘徊阶段(1958—1977年)

这个时期经济发展陷入徘徊、衰退的阶段，城镇发展停滞不前，再加上3年不搞城市规划等，城镇发展处于空前的破败阶段。重庆在这一阶段，工业发展较快，但是主要是发展重工业，大多数年份重工业产值占工业总产值的比重都在55%以上。同时，受"左"的思想影响，这一时期经济政策出现严重偏差，地区生产总值年均增长速度仅为2.7%。经济发展比较曲折。

1958—1960年农村劳动力大量涌入城市，城市人口急剧膨胀。1961—1965年为了克服盲目冒进造成的严重困难，1961年下半年开始实行"调整、巩固、充实、提高"的方针。在后面的发展中，政府对市镇建制进行了调整，城镇人口大量缩减，城镇化水平也不断下降，到1965年，城镇化水平下降为14.67%。1966—1976年是"文化大革命"阶段，大批知识青年上山下乡，部分机关干部、知识分子下放，城镇人口再次减少，城镇化水平继续下降。1977年，城镇化水平降到12.03%。

3. 城镇化稳步发展阶段(1978—1996年)

改革开放以来，重庆市经济发展进入快速发展阶段，这段时期城镇发展较快，地区生产总值增速达到9.3%。重庆市工业持续、稳定地发展，1990年工业总产值达到219.05亿元，同时重庆市在这段时期，大力发展汽车、机械、钢铁等产业，第一、二、三产业比例也在不断调整，由1978年的27.4∶56.1∶16.5调整为1995年的21.6∶45.1∶33.3，第三产业比重不断上升。

同时，小城镇数量也不断增加，到1995年小城镇数量增加到374个，城镇人口大量增加，1996年按非农人口计算的城镇化水平达到19.09%，比1978年提高了6.5个百分点，平均每年提高0.36个百分点。

4. 城镇化快速发展阶段(1997年至今)

1997年3月14日，第八届全国人民代表大会第五次会议通过了《关于批准设立重庆直辖市的决定》议案，重庆市成为中国继北京、上海、天津之后的第4个直辖市，市域面积达到8.24万平方千米，承载人口近3 000万人。直辖赋予了重庆市新的经济和政治资源，成为重庆市经济和社会发展的重要转折点，为重庆市的城镇化道路奠定了更好的经济和社会基础，重庆市城镇化进程步入了快速发展期。一方面，重庆城镇化发展水平也得到较快发展，1996—2014年新型城镇化发展质量总体呈上升趋势，意味着重庆市城镇化发展质量逐渐趋好。另一方面，重庆在发展时间上明显出现3个不同的历史阶段。第一阶段为2002年以前，该阶段城镇化速度呈缓慢增长变化，1996年城镇化率为29.5%，到2002年增长到34.4%，年均增长指数约为0.0278，虽曲线平缓，增长速度不快，但保持了良好发展势头。

这一阶段缓慢增长的主要原因是受到重庆市直辖后的政策刺激和制度安排所带来的发展利好形势，尤其是交通等基础设施建设带动城市建设提速，但由于以前改革中积累的问题没有得到完全解决，在产业、人口等方面和土地城镇化的配合还不够紧密，因而增长速度缓慢。第二阶段为 2003—2006 年，城镇化质量综合值呈现波动式下降的变化趋势，个别年份(2003—2005 年)年均增长指数为负数，导致该阶段年均指数为-0.015 3，表明城镇化质量原地徘徊，小幅回落。导致这一现象出现的主要原因可能是，该阶段重庆市一方面经济高速发展，另一方面高速发展给环境和社会带来很大影响和压力，导致在对城镇化质量综合值影响较大的社会、环境指标上下降明显，拉低了总体综合指数，反映出该阶段经济发展和社会、环境的矛盾较尖锐。第三阶段为 2007 年至今，重庆城镇化发展质量速度加快，年均增长指数为 0.051 3，2007—2010 年年均增长近 0.070，2014 年较 2006 年指数提高了 0.410，是 2006 年以前历年累计增加之和的近 3 倍。

1.2.3 重庆市扶贫开发历程

1. 扶贫初期

重庆市 1997 年直辖初期，全市一共有国家重点扶贫区县 12 个，省级贫困区县 8 个，分别是丰都、武隆、万州、涪陵、黔江、潼南、南川、忠县。全市共有 366.42 万人口处于温饱线以下，其贫困人口占全市总人口比重 12.19%，占农业人口比重 14.48%，贫困人口人均收入仅 539 元/年，且有 180 多万贫困人口的人均收入低于 400 元/年。贫困人口及贫困村主要集中分布在东南部的武陵山区和北部的大巴山区，其中 13 个贫困区县位于三峡库区范围，5 个贫困区县属少数民族聚集区。至 2007 年，由于大规模扶贫开发政策的推行，根据《重庆市人民政府关于建立健全"一圈两翼"对口帮扶机制的意见》，重庆市不断调整扶贫开发工作思路，将年人均纯收入 625 元至 825 元的相对贫困人口与 625 元以下的绝对贫困人口一并扶持，全市扶贫开发工作重心集中到 3 270 个贫困村，国家级扶贫开发重点县的农民人均收入已上涨至 2 736 元。农村的绝对贫困人口数量也由 1997 年的 220 万人减少至 53 万人。由重庆市 250 个市级部门和单位组建为 18 个扶贫集团，每个扶贫集团定点帮扶 1 个扶贫开发工作重点县。通过重庆市级扶贫集团的带动，18 个扶贫开发工作重点县也相应组建了扶贫集团，直接定点帮扶到贫困村。

2. 扶贫中期

同时，针对"大城市与大农村并存、大工业与大农业并存、较小范围的都市较发达地区与较大范围的农村贫困地区并存"的特殊情况，为配合国家相关扶贫开发政策，重庆市制定了《重庆市"五三六"扶贫攻坚计划》(1996—2000 年)，提出从 1996 年起，要集中力量基本解决好全市农村 366 万贫困人口的温饱问题。最终重庆市基本完成了"五三六"扶贫攻坚计划的目标任务，全市贫困人口的温饱问题已经基本全部解决。

根据 2001 年我国重新确定的 592 个扶贫开发工作重点县,重庆市扶贫工作的重点也据此进行了相应调整,将黔江、城口、万州等 14 个区县列入国家扶贫开发重点工作县,此外还将涪陵、潼南、忠县、南川等 4 个区县列为市扶贫开发工作重点县,明确将 203 个乡镇及 3 270 个贫困村作为新阶段扶贫开发工作的重点区域,贫困人口也在大规模减少。

2007 年,重庆市被列为全国城乡统筹扶贫开发示范区,国务院亦加大了对重庆市扶贫工作在资金等各方面的支持。2008 年重庆市武隆被国务院扶贫办确立为国家农村信息化扶贫工程试点县。2009 年重庆市扶贫工作以"贫困村整村推进、制度完善"为主题,坚持整村推进、连片开发、惠及到户的政策,全面积极推进扶贫工作。截至 2009 年,重庆市贫困人口约 122 万人。

3. 精准扶贫时期

2011 年,国务院印发的《中国农村扶贫开发纲要(2011—2020 年)》将集中连片特困地区作为扶贫攻坚的主战场,其中重庆地区主要涉及属于秦巴山区的渝东北地区以及武陵山区的渝东南地区。2013 年 11 月,习近平总书记在湖南省考察时,首次提出"精准扶贫"理念,中央规制了详细的精准扶贫工作机制。为贯彻党中央精准扶贫的重要指示,重庆将武陵山区和秦巴山区作为扶贫攻坚的主战场,突出"增收减贫"的思路,将 1 919 个贫困村作为扶贫工作的基础层面,坚持因地制宜、综合开发,全面推进整村脱贫及移民扶贫搬迁,并积极开展贫困人口动态监测调整工作,推进精准扶贫工作。

1.2.4 重庆市集中连片特困地区现状特征

1. 贫困概况

重庆是西部地区唯一的直辖市,亦是大城市与大农村并存的结合体,其农村地域十分广阔,贫困人口众多,且交通、饮水等基础设施较差,严重影响了贫困地区农民的生存和发展。由于重庆大部分地区都位于山地区域,而农村更是集聚在偏远山区地带,其多以自给自足的小农经济为主,加上交通不便,农业经济十分落后。随着我国经济社会的不断发展和扶贫开发工作的进行,重庆地区的贫困状况改善显著(图 1.7),但由于地区贫困人口基数相对较大,截至 2016 年年末,全市有 14 个国家级扶贫工作重点区县和 4 个市级扶贫工作重点区县,约 61 557 户贫困户、贫困人口 206 563 人[6],扶贫任务依然任重道远,十分艰巨。

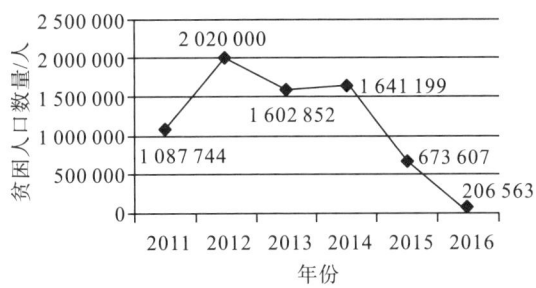

图 1.7　2011~2016 年重庆市贫困人口规模变化趋势图

资料来源：重庆市扶贫开发办公室。

2. 自然环境特征——生态环境敏感脆弱，后备耕地资源不足

重庆地处我国的西南部地区和长江上游地带，境内多山多河，主要有北侧的大巴山、东部的巫山、东南侧的武陵山、南部的大娄山，整体地势由南北向长江河谷倾斜，呈东南部地区地势较高、西部地势较低，地形起伏较大。境内河流有长江、嘉陵江、乌江、涪江、綦江、大宁河等[7]。地貌以山地地貌和丘陵地貌为主，山地面积占 76%，丘陵占 22%，河谷平坝仅占 2%。重庆主城更是以名副其实的"山城"而著称。

1) 生态环境脆弱敏感，自然灾害频发

集中连片特困地区分别位于渝东北地区的秦巴山区和渝东南地区的武陵山区，其复杂多变的山区地形以及较为密集的水系，导致重庆市集中连片特困地区在拥有得天独厚的生态资源优势（图 1.8）的同时，其生态环境十分复杂脆弱，人地关系日益紧张尖锐，地震、干旱、泥石流、水土流失等自然灾害十分易发，而人口、城镇密集区又与自然地质灾害高易发区在空间上高度耦合，这也大大加剧了地质灾害的危害性。

在国家层面上，《全国主体功能区规划》中将渝东北地区和渝东南地区划分为国家重点生态功能区，其肩负着国家自然生态保护、水资源保护以及长江中下游生态安全的重要使命。目前重庆市集中连片特困地区内森林公园、风景名胜区、湿地景观等众多，其生态环境建设也在不断加强，但仍然任重而道远。敏感脆弱的生态本底环境、巨大的生态保护压力以及日益突出的资源环境问题，致使连片特困地区的整体发展受到了严重限制，其资源优势也并未得到充分发挥。

2) 土地资源紧张，人均可耕地面积少

由于重庆市秦巴山区及武陵山区的地形以山地为主，生态环境复杂敏感，耕地资源十分有限，如城口、巫山、奉节以及巫溪等区县的耕地面积占比均远低于全国平均水平，且人均耕地面积亦普遍低于我国平均水平，同时重庆市耕地总面积持续而缓慢减少，2010 年重庆市耕地面积为 224.31 万公顷，人均耕地面积下降到0.068公顷，大大限制了地区的农业发展。总体来看，重庆市集中连片特困地区的土地资源承载力有限，耕地资源更是紧张有限，现状主要以农、林、牧业用地为主，山地较多，平地资源有限，耕地后备资源不足[8]。

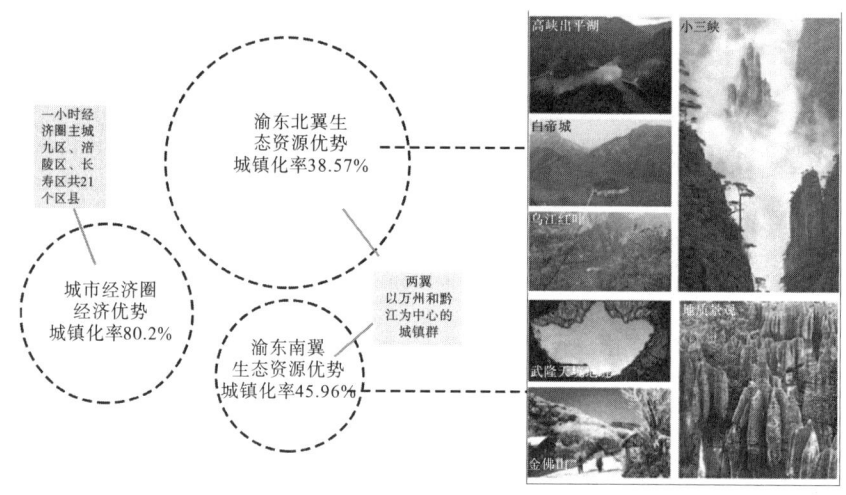

图1.8　渝东南、渝东北地区生态资源优势明显

3. 政策环境特征——扶贫力度不断加大，生态环境保护并重

1) 重庆市集中连片特困地区是重庆扶贫攻坚战主战场

目前我国已经步入决胜全面小康的关键时刻，为更好地解决农村贫困问题，国家制定了《中国农村扶贫开发纲要（2011—2020年）》，并确定了其发展总体目标：到2020年，稳定实现扶贫对象不愁吃、不愁穿，保障其义务教育、基本医疗和住房。贫困地区农民人均纯收入增长幅度高于全国平均水平，基本公共服务主要领域指标接近全国平均水平，扭转发展差距扩大趋势。随着国家不断加大扶贫力度，各类扶贫政策的推行使得重庆市集中连片特困地区的贫困问题也在不断地得到缓解。

2) 重庆市集中连片特困地区是生态保育区，同时也在《全国主体功能区规划》中将划定为重点生态功能区

在2011年国务院印发的《全国主体功能区规划》中，根据我国不同地区的资源环境承载力、现有开发密度和发展潜力，统筹谋划未来人口分布、经济布局、国土利用和城镇化格局，将国土空间划分为优化开发、重点开发、限制开发和禁止开发四类，逐步形成人口、经济、资源环境相协调的空间开发格局[9]。而重庆市渝东北及渝东南各区县均被划定为限制开发区和禁止开发区，从总体上看，其均属于我国重要的生态功能区。此外，自十八大以来，我国不断强调全面加强生态文明建设，十九大也明确提出要加快生态文明体制改革，建设美丽中国。因此，

加强生态文明建设,保护修复脆弱的生态环境,是重庆集中连片特困地区所要承担的重任。

总体来看,目前重庆市集中连片特困地区的政策环境主要包含各类推动地区发展建设的扶贫优惠政策,但同时也受自然生态环境保护的约束。这也表明,该类地区的发展建设必须坚持走绿色可持续发展道路,在不破坏生态环境的基础上发展绿色经济,最终实现脱贫致富。

4. 经济环境特征——地区经济水平落后,城镇化发展质量较低

1)经济增长总体平稳,但仍低于全市平均水平

2016年重庆市位于秦巴山区和武陵山区的贫困区内共实现地区生产总值1 754.21亿元,人均地区生产总值31 704元,其发展水平远远低于全市平均水平。而从经济增长速度来看,集中连片特困地区生产总值实现增速为9.63%,略低于全市增速,但与其大体保持一致,这也说明其发展速度总体较为平稳。通过分析重庆市集中连片特困地区各区县地区生产总值的发展情况可以发现,云阳、巫溪、丰都和奉节的地区生产总值年均增长率均领先于片区整体地区生产总值的平均增长率,说明这几个区县在集中连片特困地区的经济发展过程中发挥了积极的带动辐射作用,引领了贫困片区各区县的发展(表1.3)。

表1.3 重庆市集中连片特困地区各区县地区生产总值变化情况表

区县	地区生产总值/(亿元, %)			人均地区生产总值/(元, %)		
	2011年	2016年	年均增长	2011年	2016年	年均增长
武隆区	86.58	145.61	10.96	24 666.67	42 042	11.25
丰都县	99.77	170.56	11.32	15 368.15	28 836	13.41
秀山土家族苗族自治县	93.49	150.62	10.01	18 638.36	30 814	10.58
石柱土家族自治县	80.15	145.45	12.66	19 308.6	37 776	14.36
黔江区	129.19	218.84	11.12	29 031.46	47 187	10.20
奉节县	128.45	222.57	11.62	15 396.14	29 801	14.12
巫溪县	47.29	82.37	11.74	11 419.95	21 120	13.09
城口县	37.16	45.12	3.96	19 253.89	24 308	4.77
酉阳土家族苗族自治县	76.96	129.48	10.97	13 312.58	22 900	11.46
彭水苗族土家族自治县	76.49	128.69	10.97	14 032.29	25 619	12.79
云阳县	109.28	213.11	14.29	11 970.64	23 556	14.49

续表

区县	地区生产总值/(亿元，%)			人均地区生产总值/(元，%)		
	2011年	2016年	年均增长	2011年	2016年	年均增长
巫山县	63.42	101.79	9.92	12 809.53	22 182	11.6
集中连片特困地区	1 028.23	1 754.21	11.28	19380	31 704	10.34
重庆市	10 119.98	15 719.72	9.21	34 500	52 111.58	8.60

数据来源：《重庆统计年鉴2012》和《重庆统计年鉴2017》。

2) 产业结构明显落后，但近年有所改善

在经济发展方面，重庆市集中连片特困地区的三次产业增加值从2011年至2016年有了明显的变化与提高(表1.4)，分别从2011年的196.31亿元、440.31亿元、391.64亿元，增长至2016年的309.69亿元、767.74亿元、676.68亿元，五年来年均分别平均增长9.55%、11.76%、11.56%。尽管产业结构明显落后亟待更新，但整体来看均呈现不断增长趋势，产业结构也有所改善，整体仍以第二产业为主，第三产业发展也有较大提升。

与此同时，由近年来重庆市集中连片特困地区各区县产业结构的变化调整趋势可以看出，该类地区第一产业的占比情况普遍远远高于重庆市的平均水平，但与经济发展水平整体较为落后的渝东南、渝东北片区的整体平均水平大致相近。此外，从2011年至2016年，集中连片特困地区的三次产业的占比从19.09%、42.82%、38.09%调整为17.66%、43.77%、38.58%，主要调整变化表现在第二产业占比的提升，第三产业亦呈现出稳定的上涨态势，第一产业占比则呈现下降趋势，具体下降了不到2个百分点。通过其三次产业的增加值分析可以看出，尽管各区县的经济总体呈上升趋势，但仍然比较落后。

表1.4 重庆市集中连片特困地区各区县三次产业增加值变化情况表 （单位：亿元）

区县	2011年			2016年		
	第一产业	第二产业	第三产业	第一产业	第二产业	第三产业
武隆区	13.46	31.77	41.35	21.56	57.39	66.66
丰都县	20.23	43.54	36	32.16	80.98	57.42
秀山土家族苗族自治县	13.76	49.84	29.9	21.25	71.48	57.88
石柱土家族自治县	16.43	34.55	29.17	25.25	71.73	48.44
黔江区	13.78	71.55	43.87	22.03	115.38	81.42

续表

区县	2011年			2016年		
	第一产业	第二产业	第三产业	第一产业	第二产业	第三产业
奉节县	26.16	45.95	56.34	41.15	86.46	94.95
巫溪县	10.9	17.18	19.21	17.50	30.46	34.40
城口县	5.18	22.07	9.91	8.30	20.67	16.14
酉阳土家族苗族自治县	17.38	33.44	26.14	27.71	54.53	47.24
彭水苗族土家族自治县	16.04	30.67	29.78	25.24	53.23	50.21
云阳县	28.8	37.19	43.29	45.45	92.99	74.66
巫山县	14.18	22.57	26.68	22.09	32.44	47.26
集中连片特困地区	196.31	440.31	391.64	309.69	767.74	676.68
渝东南地区	124.29	386.13	362.04	90.86	272.21	174.91
渝东北地区	363.53	1 218.95	1 138.301	260.53	895.57	554.41
重庆市	844.52	5 543.04	3 623.81	1 303.24	7 755.65	8 500.36

数据来源：《重庆统计年鉴2012》和《重庆统计年鉴2017》。

3) 城镇化发展水平较低，城镇体系建设质量提升

在2011年至2016年间，重庆市集中连片特困地区各区县的城镇化率均实现了较大的增长，但各区县的城镇化水平均远远低于全市平均水平，城镇化发展速度较为缓慢。此外，通过对其城镇化率的年均增长率计算分析可以看出，各区县的年均增长率普遍高于重庆市城镇化率年均增长率的平均水平(表1.5)，一方面能够说明近年来政府扶贫力度的加大对于各贫困区县城镇化的提升有着重要的积极作用；而另一方面，仅从城镇化率来看待各贫困区县的城镇化发展的实质现状较为片面，随着近年来贫困地区农村人口流失现象的日益严重，造成了该类地区城镇化率普遍虚高，"半城镇化"现象严重。

随着近年来重庆市社会经济的发展以及扶贫攻坚工作的不断推进，各贫困区县的交通、电力、水利等公共基础设施都得到巨大改善。渝东北地区主要依托长江以及渝万客运专线、沪蓉高速公路等构成的东北线城镇发展轴，并形成了以万州为核心，奉节、开州为主要节点，其他城市和建制镇为基础的带状城镇发展区；而渝东南地区各区县则主要依托乌江、渝湘高速公路、渝怀铁路、毕黔铁路等构成的东南线发展轴，形成了以黔江为核心，秀山为主要节点，其他城市和建制镇为基础的点轴状城镇发展区[10]。

表 1.5　重庆市集中连片特困地区各区县城镇化率变化情况表(%)

区县	2011 年城镇化率	2016 年城镇化率	年均提高
武隆区	34.6	41.13	3.52
丰都县	36.1	43.31	3.71
秀山土家族苗族自治县	31.6	38.64	4.10
石柱土家族自治县	34	40.90	3.76
黔江区	40.8	47.49	3.08
奉节县	33.9	40.82	3.79
巫溪县	26.9	33.83	4.69
城口县	27	33.42	4.36
酉阳土家族苗族自治县	25.4	32.16	4.83
彭水苗族土家族自治县	26.8	33.70	4.69
云阳县	33.8	40.81	3.84
巫山县	31.6	38.35	3.95
重庆市	55	62.60	2.62

数据来源:《重庆统计年鉴 2012》和《重庆统计年鉴 2017》。

4) 城乡居民人均收入低于全市水平，生活质量稳步提升

根据 2017 年《重庆市统计年鉴》，重庆市集中连片特困地区的城镇居民人均可支配收入为 25 182 元，农村居民人均纯收入则为 9 337 元，两者均远远低于全市的城镇居民人均可支配收入水平 29 610 元，及农村居民收入平均水平 11 549 元(表 1.6)。但总体来说，无论是城镇居民的人均收入情况抑或是农村居民的人均收入水平，均得到了较大幅度的上涨，其生活质量水平也得到了不断的提升。此外，连片特困地区各区县的城乡医疗卫生、教育设施建设等都得到较大提升，且现代科技的引入为现代农业的发展提供了良好的外部条件，促进了农业现代化逐渐起步发展。

表 1.6　重庆市集中连片特困地区各区县城镇和农村居民收入情况表　(单位:元)

区县	城镇居民人均可支配收入		农村居民人均纯收入	
	2011 年	2016 年	2011 年	2016 年
武隆区	18 030	29 703	5 792	10 643
丰都县	15 765	26 268	5 991	10 770
秀山土家族苗族自治县	16 823	27 483	5 110	9 263
石柱土家族自治县	16 555	27 527	5 981	10 674

续表

区县	城镇居民人均可支配收入		农村居民人均纯收入	
	2011年	2016年	2011年	2016年
黔江区	16 007	27 164	5 452	9 820
奉节县	14 460	23 634	5 200	9 228
巫溪县	13 236	21 380	4 526	7 826
城口县	14 202	22 974	4 576	7 946
酉阳土家族苗族自治县	13 415	22 473	4 539	8 069
彭水苗族土家族自治县	14 670	24 482	5 215	9 294
云阳县	14 458	23 611	5 553	9 982
巫山县	15 570	25 483	4 867	8 537
集中连片特困地区	15 266	25 182	5 234	9 337
重庆市	20 250	29 610	6 480	11 549

数据来源：《重庆统计年鉴2012》和《重庆统计年鉴2017》。

5. 文化环境特征——多民族文化资源丰富，人口流失情况严峻

1）少数民族集聚，文化资源丰富

重庆市集中连片特困地区具有丰富多元的民族文化、传统的巴渝民俗文化、红色文化以及生态农耕文化等。重庆市集中连片特困地区分属于秦巴山区和武陵山区，特殊复杂的山地地形及悠久的历史变迁，经过长期的发展积淀形成了该地区强烈的地域文化特色和城市风貌特色。由于地区经济发展较为落后，受到外来文化冲击相对较小，其地区内尤其是乡村地区仍旧较好地保留了传统的地域民俗文化和传统。渝东北地区位于秦巴山区，其文化资源主要包含巴文化、秦文化、红色文化、绿色文化、茶文化等，而渝东南地区作为少数民族聚集地，则具有丰富多元的少数民族文化，还包括红色文化、生态文化等(表1.7)。

表1.7 重庆集中连片特困地区各区县文化特征一览表

山区	区县	具体文化特征
秦巴山区	城口县	红色文化、民俗文化
	巫山县	"巫文化"、民俗文化
	巫溪县	古镇文化、宗教文化、民俗文化
	云阳县	宗教文化、民族文化、喀斯特文化
	奉节县	廉政文化、诗城文化、"奉节人"活动遗迹、三国文化、宗教文化

续表

山区	区县	具体文化特征
武陵山区	石柱县	民族文化、土家文化、"土家啰儿调"、"玩牛"
	武隆区	茶文化、民族文化、民俗宗教文化、乌江文化、图腾文化、红色文化、喀斯特文化
	黔江区	南溪号子、土家族苗族文化、民俗文化
	彭水县	民族文化、民俗文化、"黔中文化"、乌江文化
	酉阳县	桃花源文化、民族文化、伏羲文化、土司文化、红色文化、遗址文化
	秀山县	边城文化、民族文化、红色文化、"秀山花灯"
	丰都县	道教文化、鬼城文化、巴渝文化、民俗文化、红色文化

资料来源：根据百度百科及各区县政府网站资料整理。

2）人口流失接近三成

由于重庆市集中连片特困地区的整体经济发展缓慢，其本地劳动力不断外流（表1.8）。据统计，其2013—2016年人口流出情况具体如图1.9所示，可以看出连片特困地区人口外流现象明显。2013—2016年期间，其人口输出数量总体呈上升趋势，截至2016年年底该地区12个县仍有约243万人流出，占地区户籍总人口的28.75%，地区常住人口则呈不断下降的态势。与此同时，地区外出务工劳动力比重逐年上涨。第三产业发掘不完善，片区特色文化未得到传承与延续，同时，集中连片特困地区的群众由于长期积贫积弱，对是否能脱贫缺乏底气，对能否持续摆脱贫困缺乏信心。在这种消极思想的作用下，贫困群众主动脱贫的积极性和主动性很难被充分调动。再加上教育资源配置相对滞后，当地群众受教育程度较低，有技术有知识的人才又不愿扎根在这些贫困地区，导致深度贫困地区面临着大量的人才缺口，扶志扶智的任务异常艰巨。大量的人口输出致使集中连片特困区缺乏人才与发展建设内在动力，难以实现就地城镇化。

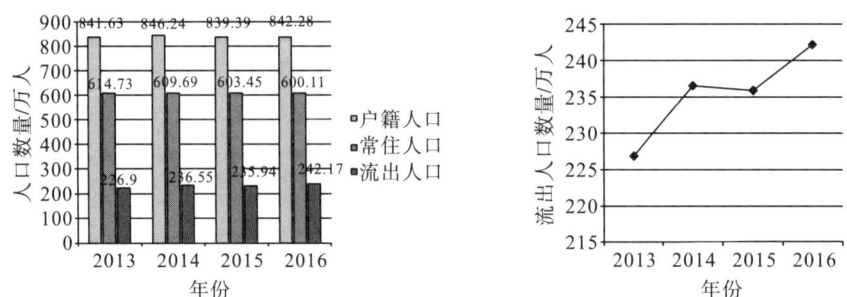

图1.9　2013—2016年重庆市集中连片特困地区流动人口变化情况

数据来源：依据2013—2017年《重庆统计年鉴》整理。

表 1.8 2016 年重庆集中连片特困地区各区县人口流动状况

区县	户籍人口/万人	常住人口/万人	流出人口/万人	外流人口比重/%
武隆区	41.44	34.6	6.84	16.5
丰都县	83.04	58.74	24.3	29.3
秀山土家族苗族自治县	66.69	48.63	18.06	27.1
石柱土家族自治县	54.76	38.34	16.42	30.0
黔江区	55.41	46.56	8.85	15.9
奉节县	106.63	74.04	32.59	30.6
巫溪县	54.54	38.9	15.64	28.7
城口县	25.24	18.49	6.75	26.7
酉阳土家族苗族自治县	85.35	55.16	30.19	35.4
彭水苗族土家族自治县	70.29	49.82	20.47	29.1
云阳县	134.96	91.28	43.68	32.4
巫山县	63.93	45.55	18.38	28.8
总人口	842.28	600.11	242.17	28.8

数据来源：依据 2013—2017 年《重庆统计年鉴》整理。

6. 空间环境特征——远离城市经济中心，区域内部发展不均衡

重庆市集中连片特困地区分别处于渝东北地区及渝东南地区，其均位于城市行政边界地区，距离重庆市经济中心及周边各省经济中心都较远，在地理区位上存在着明显的边缘性特征，受周边经济中心的辐射带动作用较弱。此外，受制于地形和交通，集中连片特困地区城镇空间分布存在着明显的非均衡特点，其人口和中心城镇主要集聚分布在地形较为平坦缓和的地区，且主要沿交通干线分布。这种空间格局也致使区域内部发展不均衡现象日益严重，地区内部、城乡之间发展差距日益拉大。

1.2.5 重庆"棒棒军"——重庆市贫困人口特征研究的另一个视角

山城"棒棒军"是重庆城市化过程中产生的一种富有地域文化特色的经济社会现象，主要是由于重庆的地形坡陡坎多造成，使用人力搬运成为人们解决货物运输的重要方式之一。在快速城镇化的背景下，大量剩余劳动力在城市寻找工作机会，两者的自然结合产生了一批靠劳动力谋生的体力劳动者。"棒棒军"主要是通过竹棒和绳子进行搬运，在城市的街头巷尾、车站、市场等寻找工作机会。因此，重庆"棒棒军"是重庆市贫困人口特征的一个新视角。

图1.10 重庆市"棒棒"

从另一个视角看重庆市贫困人口的流动，能折射出更多城镇化进程中的社会问题。在当前流动的城乡格局中，乡村劳动力的转移越发频繁，对区域城镇化发展有着较大影响。因此本书从重庆市"棒棒军"的角度切入，初步分析了进城务工群体的发展特征，为研究重庆市贫困人口特征，提供新思路。"棒棒"是重庆特有的临时搬运工，也是生活在城市最底层的劳动者。其存在，不仅是作为农民流动的一种形式，更具有区域特征，是历史继承和现实需要的共同产物。这个规模庞大的就业群体，多来自农村贫困地区，他们缺乏文化教育和技术手段。由于农业效益低下，为满足生活需求，被迫逃离农村进城务工，这成为越来越多农民的选择。

本研究以问卷调查法为主，结合深度访谈，采取随机抽样法，选取重庆市沙坪坝区、渝中区、江北区、九龙坡区及南岸区等5个区共300个"棒棒"作为样本（图1.10），共收回有效问卷292份，回收率97.3%，其中深入访谈32人。通过调研问卷及相关统计数据分析，对"棒棒"外出务工人口的城镇化行为进行研究，从而探索分析西部地区底层外出务工人员城镇化发展的特征机制。

1. 重庆"棒棒"群体的来源与地域特征

"棒棒"是重庆作为典型的西部山地城市特有的社会现象。因受制于地形，重庆城市中需要大量人力搬运工，"棒棒"就成了山城重庆的特殊群体，也是成为城市最底层外来务工人员的典型群体。"棒棒"不仅是重庆地域特色的农民工，同时也是中国城镇化进程中农民进城的缩影[11]。尽管他们受制于种种社会制度环境，在城市难以得到相应的保障与发展机会，但他们仍然艰难地改变着自己的生存方式。"棒棒"群体的城镇化现状，正是底层进城务工人员城镇化发展最低水平的真实写照，也是反映西部地区底层外出务工人员城镇化的典型案例。

2. 重庆"棒棒"的人口结构特征

调研显示，"棒棒"作为低端体力工作，其从业者基本为男性。并且，文化水平低下，几乎无其他技术能力的现象十分明显。意想不到的是，目前"棒棒"行业的群体年龄老龄化趋势十分明显，调研对象年龄主要分布在30至65岁，其中45至60岁以上的中老年群体占到了85%。通过访谈了解到，十年前，"棒棒"大部分是30岁左右的青壮劳力。而当前越来越多的乡村年轻人已经不甘心于做底层务工人员，他们要么选择通过技能提升等手段谋取更好的发展，要么宁可等待机会也不愿从事"棒棒"这样的底层职业，"子承父业"的现象在"棒棒"行业中几乎很少发生。

3. 重庆"棒棒"生存状况特征

重庆"棒棒"的生存状况特征——劳动方式以原始体力支出为主,劳动时间灵活,劳动场所非固定化,劳动安全保障缺乏,劳动收入兑现快并体现多劳多得,劳动关系为临时雇佣关系。由于工作性质的原因,"棒棒"群体在城市中并没有固定的工作环境,而是处于一种流动式游离状态,他们的工作环境往往与服务群体紧密相关,因此一般都会游离在各大型商业服务设施或交通站点等服务需求量高的地方。在居住情况方面,底层进城务工群体一般都选择租住单间或与工友、家人一起租住廉租房、简易房。其居住空间主要分布在距离平时工作较近的老旧住宅区,一般聚集在解放碑、朝天门、龙头寺火车站、菜园坝火车站等繁荣中心的边缘灰空间地。重庆渝中区、大渡口区等曾为"棒棒"修建居住空间,也称"棒棒军公寓",但均因"数量少""地方偏""租金不便宜""是政绩工程"等原因而少有人问津。由于经济原因,进城务工人员往往会选择租金极为低廉的房子居住,居住环境品质较差。通过调查与分析,可以得出山城重庆"棒棒军"的生存状况具有边缘化和社会地位凝固化这一显著特征。

4. 重庆"棒棒军"的整体发展特征

通过对重庆"棒棒军"的来源地域特征、人口结构特征、生存状况特征的分析,可以看出"棒棒军"从事最简单的体力劳动,社会生活保障远低于大众平均发展水平。社会经济地位处于非主流、被忽视的边缘。"棒棒军"年龄普遍较高,文化程度低,大部分没有专业技能,人力资本低下。同时他们也很少得到政府和社会团体提供的帮助和服务,社会资本匮乏。双重资本的匮乏,使得"棒棒军"难以找到高回报的工作,只能从事简单的体力劳动,其社会经济地位必然处于边缘化状态。因此,可以得出人力资本和社会资本匮乏是其边缘化的根本原因,边缘化的不断延续使得山城"棒棒军"的人力资本与社会资本处于缺失状态,他们很难向社会上层流动,导致其经济与社会地位长期处于低水平,并有凝固化倾向。

1.3 小　　结

本章主要对重庆市集中连片特困地区的贫困现状进行了客观描述和科学的分析总结。从贫困规模上看,重庆市集中连片特困地区贫困量大,且主要分布在集中连片特困地区的农村中;从贫困程度看,贫困覆盖面广、贫困程度深。同时基于时空格局分布及其空间特性从多维视角对贫困现象进行了再审视,主要分析了重庆市集中连片特困地区贫困人口分布的时空格局和空间相关性,以及基于家庭视角的贫困人口迁移特征和贫困地区外出务工农民家庭发展需求特征,以重庆市集中连片特困地区(武陵山区)7 个区县为例，试图得出重庆市集中连片特困地区贫困人口分布的影响因素和贫困村空间分布特征。最后针对重庆市连片特困地区发展转型现状问题进行总结，提出了七大"发展之困"，包括：①城镇化进程缓慢，对外开放度低；②城镇空间格局松散，社会发展不平衡；③"空心化"严重，劳动力大量流失；④返贫现象频繁，代际传递明显；⑤地区资源转化率低，生态优势未发挥；⑥扶贫资源有限，开发式扶贫门槛高；⑦城镇建设品质差，贫困空间格局固化。总而言之，重庆市集中连片特困地区面临的发展困境具有许多共性特征：贫困人口占比高、基础设施差、生存环境差、产业带动能力差、因病致贫人口和贫困老人脱贫任务重。

参 考 文 献

[1] 刘慧. 我国扶贫政策演变及其实施效果[J]. 地理科学进展, 1998(04): 81-89.

[2] 黄健英. 民族地区农村经济发展研究[M]. 北京: 中央民族大学出版社, 2006: 9.

[3] 黄承伟, 覃志敏. 我国农村贫困治理体系演进与精准扶贫[J]. 开发研究, 2015(02): 56-59.

[4] 游俊, 冷志明, 丁建军. 中国连片特困区发展报告(2014～2015)[M]. 北京: 社会科学文献出版社，2015:2-19.

[5] 彭岚兰. 成渝经济区与长三角联动发展的机制和对策研究[D]. 上海: 华东师范大学, 2005.

[6] 2016 年度全市农村扶贫对象动态调整工作总结. http://www.cqfp.gov.cn/contents/327/98504.html.

[7] 李桂华, 陆世泰, 王兰. 神奇的热土[M]. 北京: 社会科学文献出版社, 2001.

[8] 熊遥. 重庆市秦巴山区连片扶贫及扶贫绩效研究[D]. 重庆: 重庆工商大学, 2016.

[9] 熊理然, 成卓, 李江苏. 主体功能区格局下中国人口再布局实现机理及其政策取向[J].城市, 2009(02): 62-67.

[10] 许骏, 易德琴, 尹晓水, 等. 新型城镇化背景下重庆小城镇发展策略研究[C]. 中国城市规划学会, 2013:19.

[11] 黄颖. 流动中的社会整合——对重庆"棒棒"群体城市生存轨迹的观察和思考[D]. 北京: 中国农业大学, 2006.

第 2 章 重庆市连片特困地区贫困人口时空分布格局

本章主要针对重庆市集中连片特困地区贫困问题进行多维解析，将从不同视角剖析其贫困现象及其内在成因和影响因素，包括其人口时空分布格局、贫困趋势等，通过分析多方收集的数据、资料等，务求对重庆市集中连片特困地区的贫困现状概况有一个全面客观的深入了解，并作为下一步探究重庆市集中连片特困地区益贫式城镇化路径的基础。

2.1 重庆市集中连片特困地区的贫困趋势

2011—2016 年间，重庆市集中连片特困地区采取了一系列扶贫措施，扶贫工作也取得了一定成效，但该片区的贫困状况依然很严峻。资料显示，2014 年年底，重庆市精准识别出贫困人口 165.9 万人，主要来自农村地区，贫困村 1 919 个，贫困发生率为 7.1%。

2.1.1 贫困规模

2011 年，重庆市贫困人口 1 073 946 人，其中集中连片特困地区 611 658 人，约占全市贫困人口的 57.0%，约占全市总人口的 2.09%。随着 2011 年国家贫困标准线的提高，2012 年重庆市集中连片特困区贫困人口 1 062 244 人，约占全市贫困人口的 52.59%，约占全市总人口的 3.6%。近几年来，在中国经济进入"新常态"大背景下，我国城镇化发展进入"新常态"阶段，贫困地区城镇发展速度愈加缓慢。特困地区城镇化发展结构、动力等均面临重大调整。就重庆市而言，2014 年到 2016 年少数集中连片特困地区人口甚至呈现减量化发展趋势（图 2.1），城镇发展速度与一般地区相比较为缓慢。尽管人口呈现减少趋势，目前贫困地区的生态景观却亟待改善。随着渝东南、渝东北地区强调推进发展区域生态旅游，这也为贫困地区的乡村旅游发展带来了新的机遇，但长期的贫困落后致使贫困地区无论是在特色景观环境方面还是旅游服务提供方面都十分缺乏竞争力与发展优势。加强集中连片特困地区生态景观建设、提升乡村人居环境刻不容缓，因为从整体来看，尽管 2013 年至 2016 年贫困地区人口呈下降趋势，但贫困人口的绝对数量仍然庞大(图 2.1)。

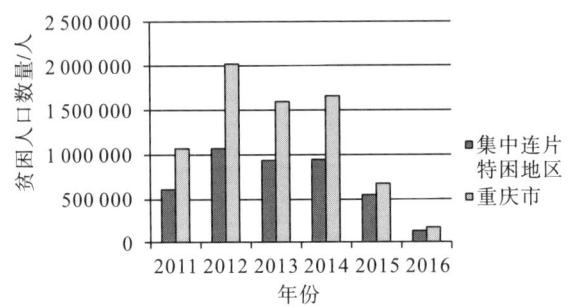

图 2.1　2011—2016 年重庆市及其集中连片特困地区贫困人口变化图

数据来源：重庆市扶贫开发办公室。

此外，贫困地区其敏感的生态环境一定程度上限制了产业开发，重庆市集中连片特困地区都位于国家重要的生态保护功能区，生态环境的脆弱敏感，受相关政策的限制发展以及巨大的环境保护压力，大大提高了连片特困地区各区县产业发展的门槛，各区县的相关产业开发建设均受到了较大的制约影响。尽管具有良好丰富的生态资源，但由于经济实力较差、缺乏内在自生发展动力，其难以将地区的生态资源优势有效地转化为经济优势，生态经济效益低下，这也致使该类地区往往容易陷入环境保护与经济建设相互制约矛盾的发展困境之中。

2.1.2　贫困化程度

据统计，2014 年重庆市集中连片特困区共 1 725 个贫困村，占全市贫困村总量的 67.91%，覆盖面依旧十分广泛。此外，2011 年该片区农民人均纯收入为 5 234 元，2016 年增长至 9 337 元，农民人均收入大幅提高，但仍旧低于全市 10 505 元的平均水平，其贫困发生率为 11.39%，远远高于全市 5.55% 的平均水平，表明该片区的贫困程度仍然很深。

重庆集中连片特困地区从产业结构上来看存在一个产业发展的通病，即：有自然资源优势的地区虽以第二产业为主，但劳动生产率过低，还有承接发达地区低端产业链现象，对自然资源产生巨大消耗的同时产能却很低；有生态、人文旅游资源的地区虽以第三产业为主，但整体业态发展依然没有脱离"门票经济"，服务水平偏低、设施不完善，第三产业并没有对地方经济形成强而有力的驱动力。

所以，重庆集中连片特困地区的产业结构基本趋同于此处两个类型，也是导致贫困面广、贫困程度深的重要原因之一。

人口分布是指人口在某一时期内在一定地理空间上的集散状态和存在形式，它是一种特殊的社会经济现象。重庆市的贫困人口主要分布在渝东南、渝东北地区（图2.2、图2.3），并主要集中于集中连片特困地区的12个国家贫困重点区县。其中贫困人口规模和密度最高的是奉节县、酉阳县，其人口密度分别为6.86人/km^2、6.07人/km^2。由于贫困区县都集中位于大巴山、武陵山区域，境内地势起伏较大、交通不便、生态环境脆弱敏感等客观环境严重限制了地区的社会经济发展，同时也加速了人口的迁移流失，造成贫困人口的集中分布现状。

2012年，党的十八大报告提出了加大对革命老区、民族地区、边疆地区、贫困地区扶持力度，深入推进新农村建设和扶贫开发的宏伟目标。《中国农村扶贫开发纲要(2011—2020年)》中也明确了将14个集中连片特困地区作为扶贫攻坚主战场的思路。重庆区域内涉及集中连片特困地区的区县主要包括属于秦巴山区的渝东北部分区县，以及属于武陵山区的渝东南部分区县，分别为城口县、云阳县、奉节县、巫山县、巫溪县、酉阳县、彭水县、丰都县、秀山县、石柱县、黔江区和武隆区等12个区县，其总面积3.8万平方千米，占全市总面积的45.24%。其中秀山县、石柱县、黔江区、奉节县、城口县、酉阳县、彭水县等都属于革命老区，秀山、石柱、酉阳、彭水等区县亦是少数民族聚集区县。

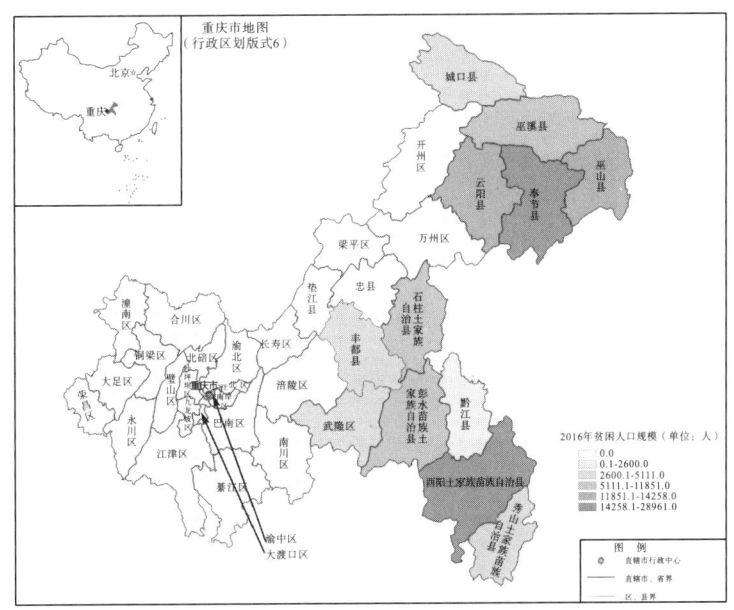

图 2.2 2016年重庆市贫困人口规模分布图

[底图审图号：渝S(2018)038号，底图无修改。数据来源：重庆市扶贫开发办公室。]

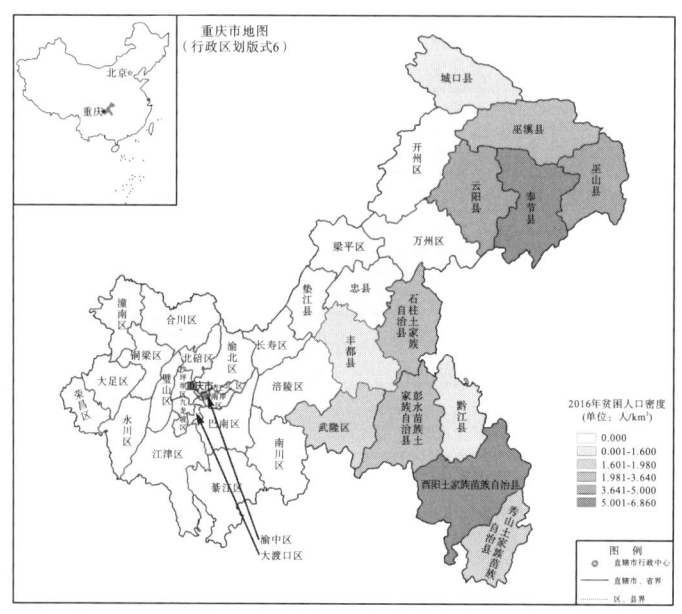

图 2.3　2016 年重庆市贫困人口密度分布图

[底图审图号：渝 S(2018)038 号，底图无修改。数据来源：重庆市扶贫开发办公室。]

2.2　多维视角下贫困现象的再审视
——基于时空格局分布及其空间特性

在前文对贫困现状的研究基础上，为更深入研究重庆市集中连片特困地区贫困现象背后的本质，本节将从多维视角对贫困现象进行再审视，基于时空格局分布及其空间特性，对其贫困人口分布的时空格局和空间相关性，以及基于家庭视角的贫困人口迁移特征和贫困地区外出务工农民家庭发展需求特征进行分析。以重庆市集中连片特困地区(武陵山区)7 个区县为例，试图得出重庆市集中连片特困地区贫困人口分布的影响因素和贫困村空间分布特征。

2.2.1　重庆市集中连片特困地区贫困人口分布的时空格局

1. 人口增长速率的时空格局

在测定人口的增长速度时会经常用年均增长率作为衡量指标，具体含义是指在一段年限内人口平均每年的增长速度，它能够较好地反映出地区人口的增长速度。通过计算分别得出重庆市集中连片特困地区各贫困区县在 2011—2013 年和

2013—2016 年两个时段的人口年均增长率,从而分析这 6 年间各区县农村贫困人口增长率在重庆市域范围内的差异(图 2.4、图 2.5)。通过计算得到,2011—2013 年重庆市集中连片特困地区农村贫困总人口增长率为 23.60%,2013—2016 年该地区农村贫困总人口增长率则为-63.51%。整体来看,重庆市集中连片特困地区的农村贫困总人口增长率整体上经历了较大幅度的缩小。其主要原因是由于 2011 年我国统一大幅度提升了贫困标准线,因此 2011 年后贫困人口规模大幅提升,导致 2011—2013 年集中连片特困区贫困人口规模总数呈逐步增长的态势,因此其增长率为正值,而在 2013—2016 年该地区的贫困人口增长率则呈大幅度减少趋势,表明其贫困人口规模总数在整体上呈现出明显的负增长的态势。

同时,分别对 2011—2013 年、2013—2016 年这两个时期贫困人口总数增长率处于同级别的县域个数进行统计(表 2.1、表 2.2)。可看出,2011—2013 年,县域贫困人口增长率主要集中在 2.57%～18.83%(4 个),2013—2016 年,县域贫困人口增长率则主要集中在-49.00%～-39.00%(4 个)和-52.00%～-49.00%(3 个)。可看出重庆市集中连片特困地区各区县的贫困人口增长率总体上呈现一个先增长后急剧降低的情况。

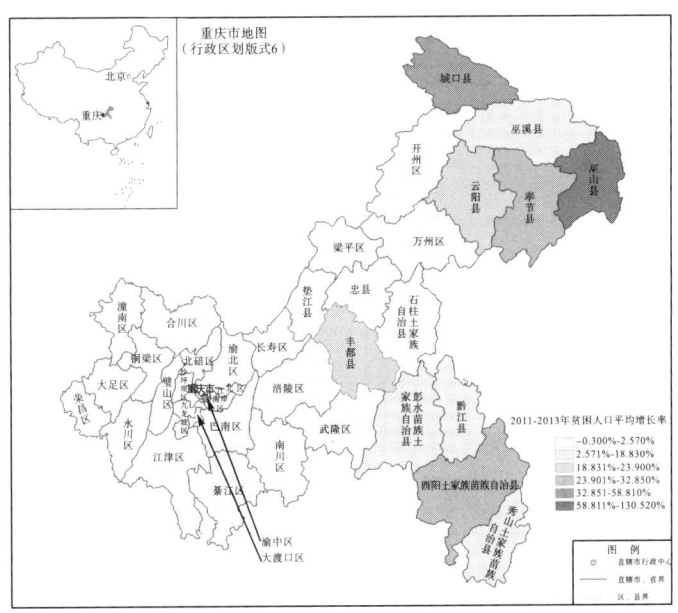

图 2.4　2011—2013 年重庆市连片特困地区各区县贫困人口增长率分布图

[底图审图号:渝 S(2018)038 号,底图无修改。数据来源:重庆市扶贫开发办公室。]

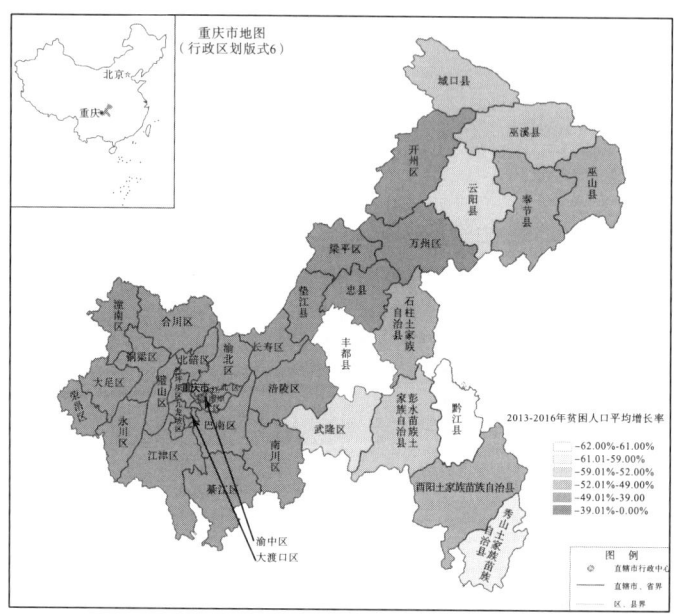

图 2.5 2013—2016 年重庆市连片特困地区各区县贫困人口增长率分布图

[底图审图号：渝 S(2018)038 号，底图无修改。数据来源：重庆市扶贫开发办公室。]

表 2.1 2011—2013 年重庆市集中连片特困地区县域贫困人口增长率分类表

级别	范围	区县数量/个
Ⅰ	−0.30%～2.57%	2
Ⅱ	2.57%～18.83%	4
Ⅲ	18.83%～23.90%	2
Ⅳ	23.90%～32.85%	2
Ⅴ	32.85%～58.81%	1
Ⅵ	58.81%～130.52%	1

表 2.2 2013—2016 重庆市集中连片特困地区县域贫困人口增长率分类表

级别	范围	区县数量/个
Ⅰ	−62.00%～−61.00%	2
Ⅱ	−61.00%～−59.00%	1
Ⅲ	−59.00%～−52.00%	2
Ⅳ	−52.00%～−49.00%	3
Ⅴ	−49.00%～−39.00%	4

通过 ArcGIS10.2 对各阶段集中连片特困地区各县域的人口增长率进行对比分析。2011—2013 年,重庆市集中连片特困地区各区县人口年均增长率主要呈正增长,只有武隆区的贫困人口年均增长率呈负值。与此同时,年均增长率较高的区县主要集中在渝东北地区,分别为城口县、巫山县、奉节县。2013—2016 年,随着扶贫攻坚力度的加大,该阶段贫困人口的年均增长率均呈负值,其中贫困人口减少速率最快的区县为丰都县、黔江区两个区县,其次是云阳县、武隆区和秀山县。

对比两个阶段贫困人口年均增长率的变化,可发现全市集中连片特困地区各区县贫困人口减幅最大的是巫山县,其次是城口县、丰都县。而贫困人口年均增长率的变化,也与各区县的扶贫政策、人口流动、经济产业发展等一系列因素息息相关。

2. 人口数量的时空格局

本书通过分析计算重庆市集中连片特困地区 12 个区县在 2011 年、2013 年、2016 年三个年份中的人口数量,来反映自 2011 年以来 6 年间各县域单元贫困人口规模在空间上的变化情况(表 2.3),并利用 ArcGIS10.2 制成县域贫困人口数量的空间分布图,从而结合图表进行分析。

表 2.3 重庆市集中连片特困各区县人口数量

地区	2011 年		2013 年		2016 年	
	贫困人口/人	占全县/市人口比重	贫困人口/人	占全县/市人口比重	贫困人口/人	占全县/市人口比重
武隆区	50 254	14.42%	50 027	14.32%	5 111	1.47%
丰都县	48 913	7.65%	73 568	11.86%	4 000	0.67%
秀山土家族苗族自治县	48 982	9.85%	65 157	13.25%	4 500	0.92%
石柱土家族自治县	45 964	11.17%	48 352	12.12%	10 242	2.65%
黔江区	32 159	7.21%	44 766	9.88%	2 600	0.56%
奉节县	69 790	8.52%	116 680	14.86%	26 500	3.52%
巫溪县	57 799	14.11%	81 634	20.52%	10 000	2.56%
城口县	15 070	7.92%	38 001	19.94%	5 012	2.69%
酉阳土家族苗族自治县	70 912	12.34%	125 128	22.19%	28 961	5.20%
彭水苗族土家族自治县	78 652	14.55%	102 747	19.57%	11 851	2.34%
云阳县	81 163	8.91%	124 582	13.82%	14 258	1.59%

续表

地区	2011 年		2013 年		2016 年	
	贫困人口/人	占全县/市人口比重	贫困人口/人	占全县/市人口比重	贫困人口/人	占全县/市人口比重
巫山县	12 000	2.45%	63 766	13.57%	14 000	0.30%
重庆市	1 073 946	2.09%	1 602 052	5.39%	173 335	0.57%

数据来源：重庆市扶贫开发办公室。

通过分析渝东南地区和渝东北地区的贫困区县历年来贫困人口规模的变化趋势（图2.6），并结合各贫困区县贫困人口空间分布的总体特征，可以看出：渝东南地区的贫困人口总量要高于渝东北地区，并且其贫困人口的减少幅度更大。同时，在2011年，大部分区县的贫困人口规模都集中为1万～2万人，在2013年大部分区县的贫困人口规模主要集中为4万～5万人，而2016年大部分区县的贫困人口规模则主要集中为0～1万人。通过对贫困人口比例的分析，可以看出：2011年除巫山县外，其他贫困区县的贫困人口比例都远远高于全市平均水平。2013年随着贫困人口规模大幅提升，各区县贫困人口比重亦大幅提升，普遍高于全市贫困人口比重2～4倍。随着党的十八大提出2020年全面建成小康社会，2013年国家提出精准扶贫战略，扶贫攻坚进入冲刺阶段，2013年至2016年重庆市各区县扶贫绩效显著提升，贫困人口及其所占比重急剧下降。此外，也可看出酉阳、石柱、彭水、奉节等革命老区、民族区县的贫困人口占比较大，且各区县贫困人口占比均高于全市平均水平（图2.7）。

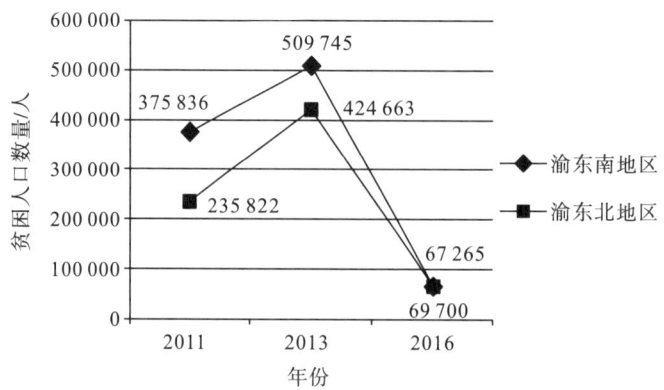

图 2.6　历年重庆市集中连片特困地区各片区贫困人口数量变化趋势

数据来源：重庆市扶贫开发办公室。

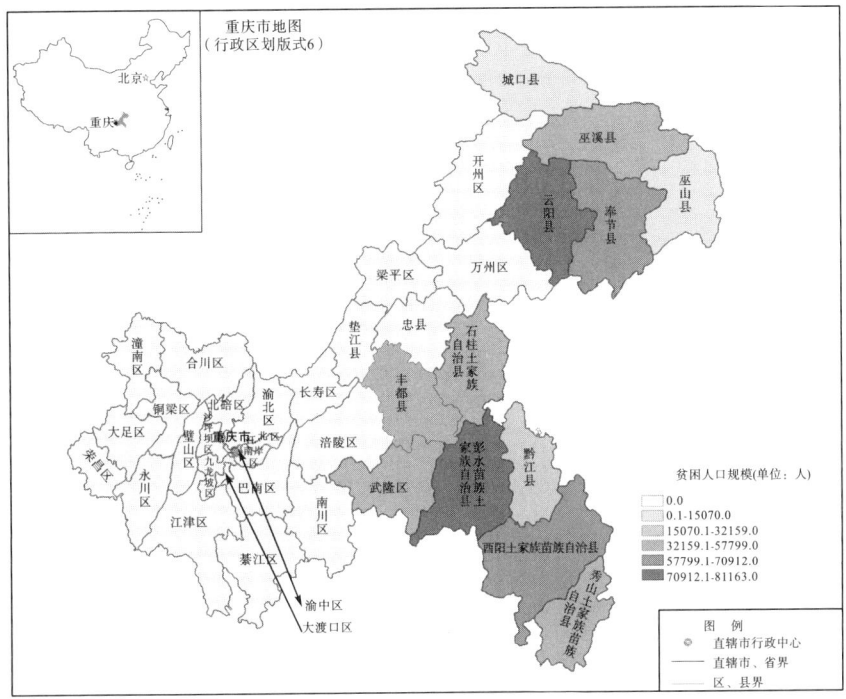

(a) 2011年

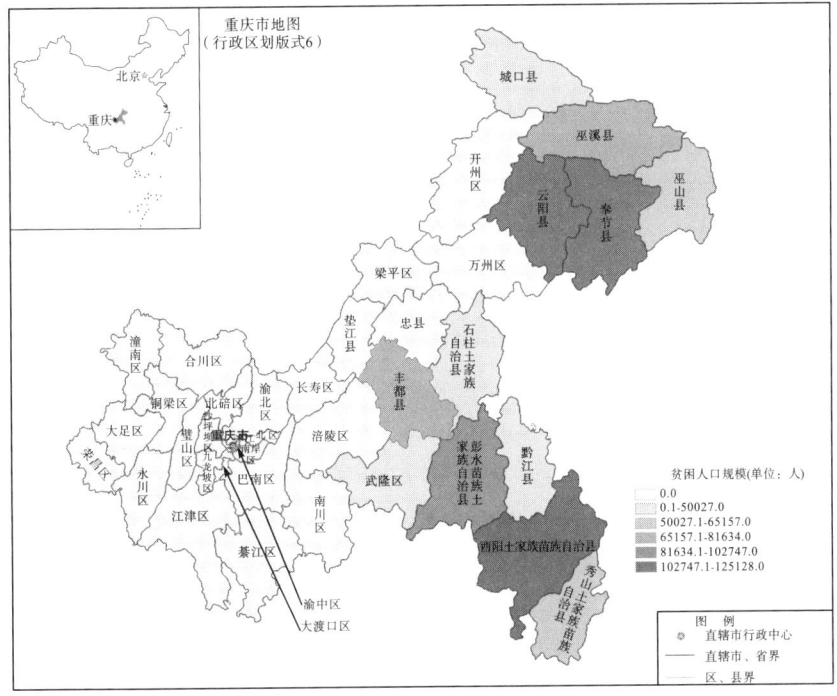

(b) 2013年

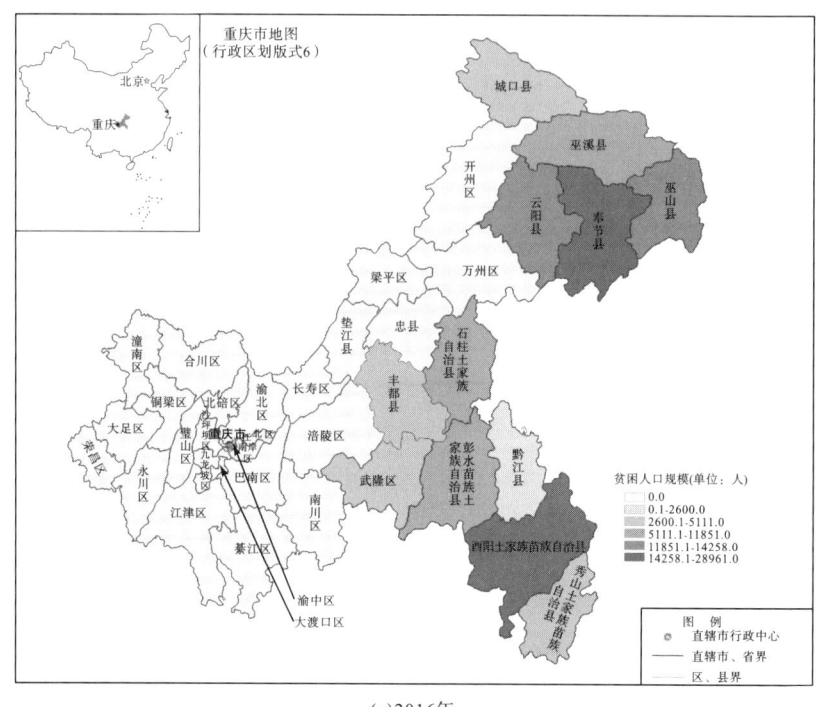

(c)2016年

图 2.7　历年重庆市集中连片特困地区各区县贫困人口数量分布图

[底图审图号：渝 S(2018)038 号，底图无修改。数据来源：重庆市扶贫开发办公室。]

3. 人口密度的时空格局

通过对 2011 年、2013 年、2016 年三个年份各区县的贫困人口密度数据的计算，利用 ArcGIS10.2 绘制重庆市集中连片特困地区县域贫困人口密度分布变化图（图 2.8）。

2011 年，重庆市集中连片特困地区各区县的贫困人口平均密度为 15.97 人/km^2，其中巫山县为贫困人口密度最小区县，仅为 4.29 人/km^2，而云阳县则为贫困人口密度最高区县，为 23.65 人/km^2，其他大部分区县的人口密度主要集中在 14~19 人/km^2（7 个）。而 2013 年各贫困区县的贫困人口平均密度则增长至 24.10 人/km^2，其中贫困人口密度最小的是城口县 12.11 人/km^2，最高的为云阳县 36.29 人/km^2，大部分区县的人口密度则集中在 20~28 人/km^2（7 个）。至 2016 年，该地区各区县的贫困人口密度已经降低至 3.31 人/km^2，人口密度最小的依然是城口县 1.60 人/km^2，最高的为奉节县 6.86 人/km^2。

通过 3 个年份的贫困人口密度图对比分析，可以看出人口密度呈现先增长后降低的趋势，贫困人口密度最大的县域与最小的县域之间的差距亦由 2011 年的 19.36 人/km^2 降低到 2016 年的 5.26 人/km^2，说明各区县贫困人口密度的差距在逐渐缩小，趋于平衡。

第2章 重庆市连片特困地区贫困人口时空分布格局

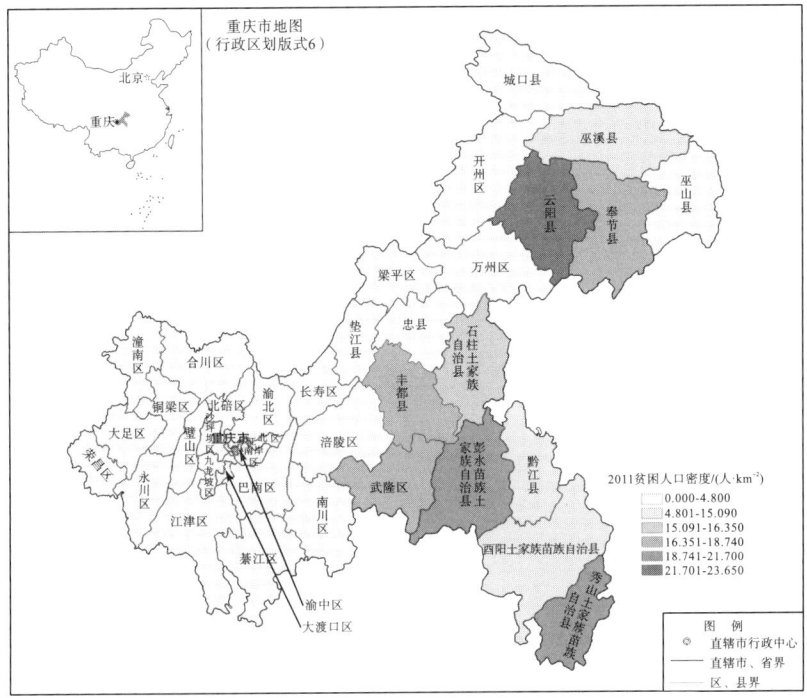

(a)2011年

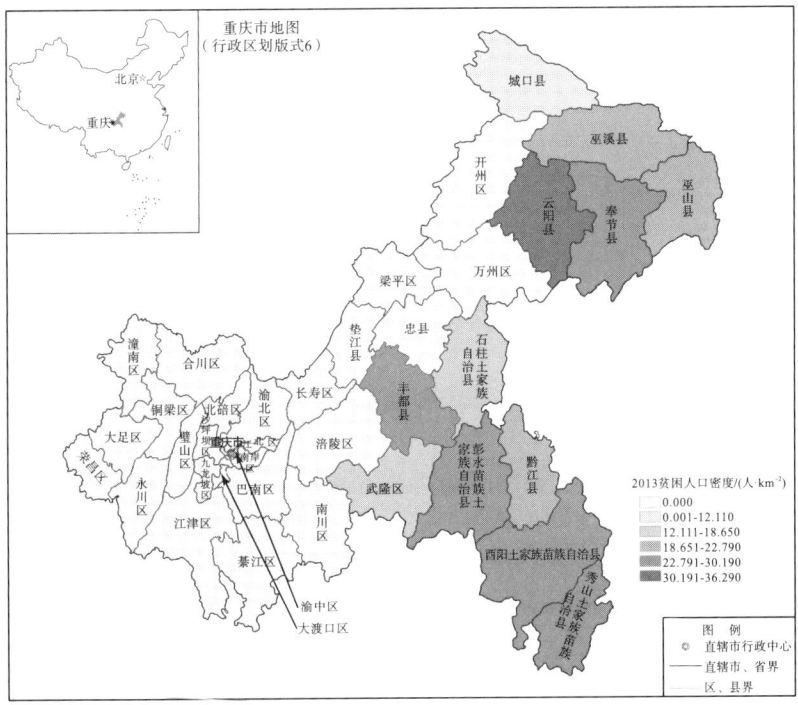

(b)2013年

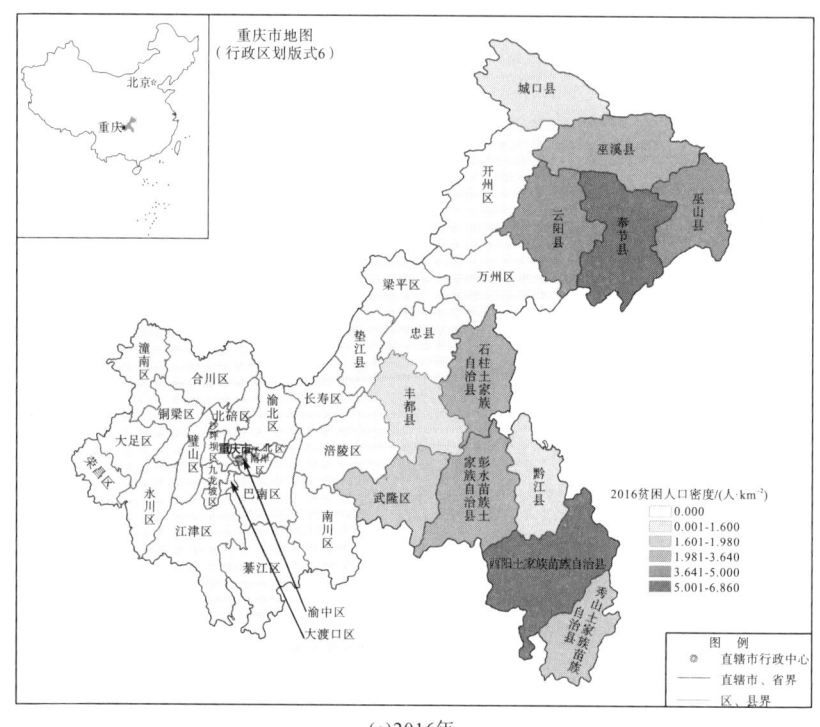

(c)2016年

图 2.8　历年重庆市集中连片特困地区各区县贫困人口密度分布图

[底图审图号：渝 S(2018)038 号，底图无修改。数据来源：重庆市扶贫开发办公室。]

2.2.2　贫困人口分布的空间相关性

1. 空间自相关概述

空间自相关分析是地理学中一种重要的空间关系分析方法，是用于判断分布在空间上不同区位的某种事物属性之间是否存在关联关系或相互依赖关系的一种重要方法，是对事物空间集聚性的一种衡量[1]。通常来说，地理空间位置越相近的两种事物之间其相关性越大，而距离越远则相关性越小。空间自相关系数则是用来衡量其空间相关程度的重要指标：若邻近的两个事物之间具有相似的分布、发展趋势，则说明存在正相关性；若其呈现出相反的发展趋势，则不存在空间相关性[2]。

对重庆市集中连片特困地区各区县贫困人口分布进行空间自相关分析，能够反映出区域内各区县贫困人口分布的空间关系，判断其是否存在空间聚集性。因此本书运用空间自相关分析方法对重庆市集中连片特困地区的贫困人口的相关属性数据进行空间相关性分析。

空间自相关分析主要包含全局空间自相关分析以及局部空间自相关分析，其常用的统计指标分别是全局 Moran's I 和 Getis-ord G_i^*。

1) 全局空间自相关

Moran's I 全局自相关指数是用于分析衡量事物属性之间在整体研究区域内的空间分布模式和聚集程度，其取值范围为-1～1，正值表示事物属性之间呈正向相关，负值则表示事物属性之间存在负向相关，而 0 则表示事物属性之间没有相关性，这表示该类事物在空间上呈现随机分布。Moran's I 全局自相关指数的计算公式如下：

全局 Moran 指数 I 的计算公式为

$$I = \frac{n\sum_{i=1}^{n}\sum_{j=1}^{n}w_{ij}(x_i-\bar{x})(x_j-\bar{x})}{\sum_{i=1}^{n}\sum_{j=1}^{n}w_{ij}\sum_{i=1}^{n}(x_i-\bar{x})^2} = \frac{\sum_{i=1}^{n}\sum_{j\neq i}^{n}w_{ij}(x_i-\bar{x})(x_j-\bar{x})}{S^2\sum_{i=1}^{n}\sum_{j=1}^{n}w_{ij}}$$

其中：n 为研究区域内的空间单元样本量；x_i、x_j 表示 i 空间单元和 j 空间单元的属性值；而 w_{ij} 则表示空间权重矩阵的各类元素，即空间单元 i 与 j 的相互邻近关系。当空间单元 i 与 j 相互邻近时，w_{ij} 值为 1，反之，w_{ij} 值为 0，其取值范围在[-1, 1]。

此外，对于 Moran's I 指数，可以使用标准化统计量 Z-Score 来检验 n 个空间单元之间是否存在相关关系，Z-Score 的计算公式为

$$Z = \frac{I-E(I)}{\sqrt{\text{VAR}(I)}} = \frac{\sum_{j\neq i}^{n}w_{ij}(d)(x_j-\bar{x}_i)}{S_i\sqrt{w_i(n-1-w_i)/(n-2)}} \quad (j\neq i)$$

$E(I_i)$、$\text{VAR}(I_i)$ 分别是指理论期望值和理论方差值。Moran's I 的数学期望值 $E(I_i)=1/(n-1)$。当 Z 值为正值且显著时，说明其事物属性之间存在正向空间相关，即其在空间分布上呈现聚集性分布；当 Z 值为负值且显著时，说明事物属性之间存在负向空间相关，即其在空间分布上趋向分散；而当 $Z=0$ 时，说明事物属性在空间上呈现随机分布的特征。此外，由于全局 Moran's I 指数的取值范围在[-1, 1]，当其指数值越接近于 1，则表明贫困人口属性值的空间分布正向相关性越强，贫困人口数量及密度的高值区存在明显的聚集现象；而当其值趋近于 0 时，表明其空间相关性不高；当其值接近于-1 时，则表明贫困人口规模及密度的高值与低值区聚集在一起。

2) 局部空间相关性

全局空间自相关主要是从全局整体区域反映贫困人口的空间分布格局，但是却不能反映出局部空间事物属性的聚集情况，局部空间自相关能够更清楚地揭示事物属性在各空间单元的分布格局，反映出贫困人口相关属性值在区域内部空间的聚集状况。相比之下，全局空间自相关性存在着一定的局限性，而局部空间相关分析则能够较为准确地探测出区域内部高值簇(热点)或者低值簇(冷点)在空间上聚集的具体位置，弥补全局分析的不足之处。

Getis-ord G_i^* 指数为局部空间自相关分析的常用指标,其取值范围并不限制于[-1,1]。若其值为正则表明贫困人口规模或密度的高值区县相互聚集在一起,或低值区县相互聚集在一起。若其值为负,则呈现出负相关性,其在空间上会表现出"低—高""高—低"的聚集趋势,其计算公式如下:

$$G_i^*(d) = \frac{\sum_{j=1}^n W_{ij}(d)X_j}{\sum_{j=1}^n X_j}$$

检验 Getis-ord G_i^* 指数的标准化统计量计算公式如下:

$$Z(G_i^*) = \frac{G_i^* - E(G_i^*)}{\sqrt{\mathrm{VAR}(G_i^*)}}$$

其中 $E(G_i^*)$、$\mathrm{VAR}(G_i^*)$ 分别是指理论期望值和理论方差值。

2. 人口数量的空间自相关分析

1)人口数量的全局自相关分析

通过 ArcGIS 10.2 分别计算出 2011 年、2013 年、2016 年三个典型年份的重庆市 38 个区县的农村贫困人口规模的全局 Moran's I 指数(基于 Rook 邻接矩阵)、预期指数、方差 $\mathrm{VAR}(I_i)$、标准化统计量 $Z(I)$ 及 P 值,其具体结果见表 2.4。

表 2.4 2011 年、2013 年、2016 年重庆市贫困人口数量的 Moran's I 指数值

年份	2011 年	2013 年	2016 年
Moran's I	0.407 6	0.427 9	0.323 9
预期指数	-0.025 6	-0.025 6	-0.025 6
方差 $\mathrm{VAR}(I_i)$	0.005 8	0.005 8	0.005 3
$Z(I)$	5.679 0	5.968 4	4.803 8
P	0.000 0	0.000 0	0.000 002

从表 2.4 可看出,人口数量规模在 2011 年、2013 年和 2016 年三个研究时段内的典型年份的 Moran's I 值均为正值,并且全部通过了 1%置信水平上的显著性检验。这表明在研究时段内,从重庆市全域来看,38 个区县的贫困人口的数量分布在空间分布上具有显著的空间正相关性,即贫困人口规模在空间上呈现出明显的聚集性特征,具有贫困人口数量高值的区县相互邻近,而低值区域亦是如此。

此外,通过对 2011—2016 年这 6 年间重庆市 38 个区县的贫困人口数量分布的 Moran's I 值进行分析,发现其呈现出先增大后减少的态势。可以看出,2011—2013 年,全局 Moran's I 值逐渐增大,说明这一时期各区县的贫困人口数量在空间上的正相关性趋势不断增强,即贫困人口数量在各区县空间分布模式呈现出聚集特征显著增强的态势;而在 2013—2016 年,其全局 Moran's I 值有所减小,反映出这一时期内各区县贫困人口数量在空间上的正相关性趋势又逐渐减小。但从

整体上来看,自 2011 年新一轮的扶贫攻坚战打响以后,随着我国整体扶贫力度的不断加大,贫困人口规模数量不断减少,各区县贫困人口规模分布的空间自相关则不断降低,空间集聚度和关联性也持续降低。

2) 人口数量的局部自相关分析

利用 ArcGIS10.2 的空间热点探测工具,分别计算出重庆市 38 个区县在 2011 年、2013 年、2016 年三个时间点上的 Getis-ord G_i^*,通过所求出的 G_i^* 值,生成 2011—2013 年、2013—2016 年的重庆市各区县贫困人口规模和密度的空间格局演化图,并根据 Jenks 最佳断裂法将贫困人口规模从高到低依次划分为 4 级,分别为热点区、次热点区、次冷点区以及冷点区(图 2.9)。从图中可以看出,3 个重点研究年份的贫困人口规模高值簇(热点区)呈现出较为明显的空间集聚特征,低值簇(冷点区)的集聚特征亦十分明显,该区域主要聚集在重庆主城区周围,且其贫困人口规模分布呈现出由西向东递增的阶梯式空间布局模式。

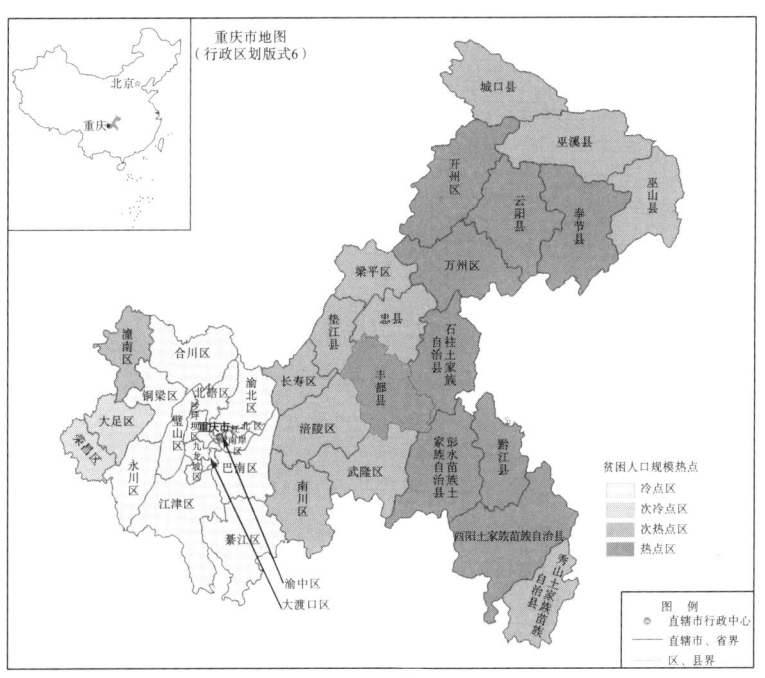

(a)2011年

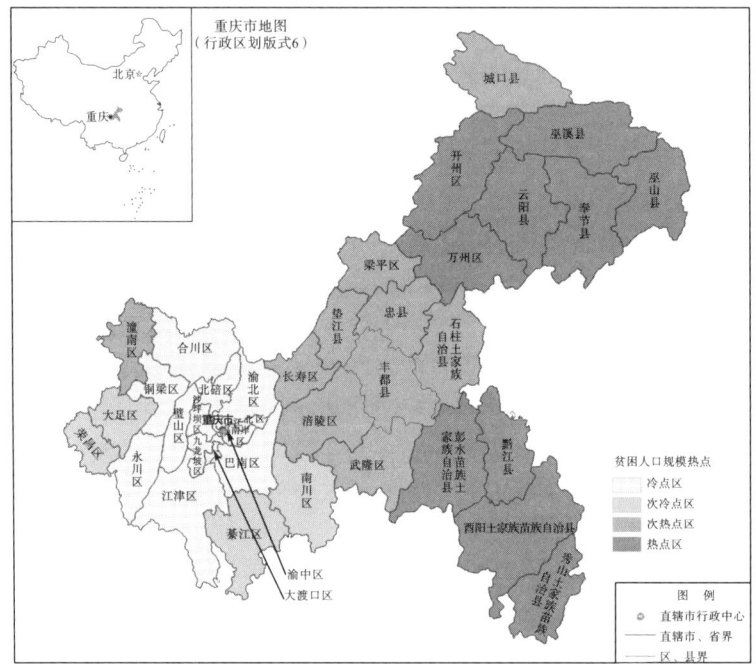

(b)2013年

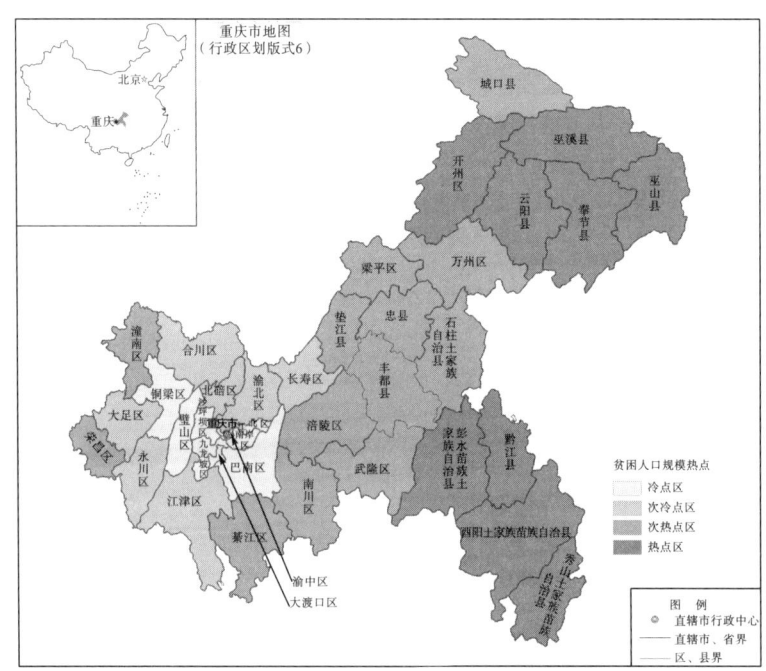

(c)2016年

图 2.9　2011—2016 年重庆市各区县贫困人口规模空间格局演化

［底图审图号：渝 S(2018)038 号，底图无修改。］

此外，可以看出：2011—2016 年贫困人口规模的高值热点区集聚区，在逐渐向以云阳县和奉节县为核心的渝东北和以彭水县、黔江区为核心的渝东南集中连片特困地区集聚，并且渝东北地区的贫困人口规模高值热点区在 2011—2016 年来有逐渐向北偏移并且扩大的趋势，而渝东南地区贫困人口规模高值热点区则呈现向南偏移缩小的趋势；而次热点区主要分布在重庆中东部地区呈扩大趋势；次冷点区和冷点区则主要分布在重庆主城区周围及重庆西部地区，冷点区呈逐渐缩小趋势，而次冷点区呈扩大趋势，其变化主要发生在江津、合川、永川、渝北等区县。

3. 人口密度的空间自相关分析

1) 人口密度的全局自相关分析

人口数量的全局自相关分析：

借助软件 ArcGIS 10.2 平台计算出 2011 年、2013 年、2016 年重庆市各区县的贫困人口密度的全局 Moran's I 指数(基于 Rook 邻接矩阵)、预期指数、方差 VAR(I_i)、标准化统计量 $Z(I)$ 及 P 值，结果见表 2.5。

表 2.5　2011—2016 年重庆市贫困人口密度的 Moran's I 指数值

年份	2011	2013	2016
Moran's I	0.705 5	0.868 7	0.417 3
预期指数	-0.025 6	-0.025 6	-0.025 6
方差 VAR(I_i)	0.005 9	0.006 0	0.005 6
$Z(I)$	9.491 0	11.539 7	5.904 0
P	0.000 0	0.000 0	0.000 0

从表 2.5 可看出，重庆市各区县农村贫困人口密度在 2011 年、2013 年和 2016 年这三个年份的 Moran's I 值均为正值且全部通过了 1%置信水平上的显著性检验。这表明 2011—2013 年、2013—2016 年重庆市各区县单元农村贫困人口密度的分布存在显著的正向空间自相关性，即具有高密度贫困人口的各区县单元在空间上相互邻近，而贫困人口密度较低的各区县在空间分布上亦存在聚集特征，重庆市内各区县农村贫困人口密度在空间上呈现出集聚分布现象。此外，2011—2016 年的 Moran's I 指数总体呈现出下降的趋势，这也反映出该时期重庆市各区县农村贫困人口密度分布的空间自相关程度逐步下降。

2) 人口密度的局部自相关分析

通过 ArcGIS10.2 中的空间热点探测工具，生成 2011—2013 年、2013—2016 年的重庆市各区县农村贫困人口密度分布的格局演化图(图 2.10)。其结果同样反映出这三个典型年份的农村贫困人口密度的高值簇(热点区)亦呈现出显著的空间聚集特征，其农村贫困人口密度的低值簇空间分布的聚集特征亦十分明显。与人口规模高值热点区、低值冷点区的分布相似，重庆市各区县贫困人口密度的高值热点区从2011—2016年主要经历了由中东部集聚向渝东南、渝东北集中连片特困地区分散集聚的过程，次热点区则呈现了由中、北、南部分散向中部集聚的过程，人口密度分布的次冷点区呈逐渐扩大趋势，而冷点区呈缩小趋势。可以看出，至2016年，在重庆市域范围内贫困人口密度呈阶梯式空间分布格局，其值由西向东依次递增。

通过表2.6可以看出，重庆市各区县农村贫困人口密度的高值热点区的比例及数量，均呈现出先降低而后又增加的波动变化。通过具体分析，2013年相比2011年减少了3个，其比例由21.05%下降至13.16%，而2016年相较于2013年则又有所提高，但在整体数量上变化不大。而次热点区则呈现出相反的变化情况，即先增多后减少。次冷点区呈现先减少后增多的趋势，但总体趋势只增加了1个区县单元。相比之下冷点区的变化较为稳定，2016年相较于2011年仅减少2个区域。结合图2.10可以看出，在2016年，贫困人口密度的高值热点区主要分布在大巴山区和武陵山区，这两个区域均属于国家集中连片特困地区，并在空间上形成了明显的"孤岛式"分布格局。

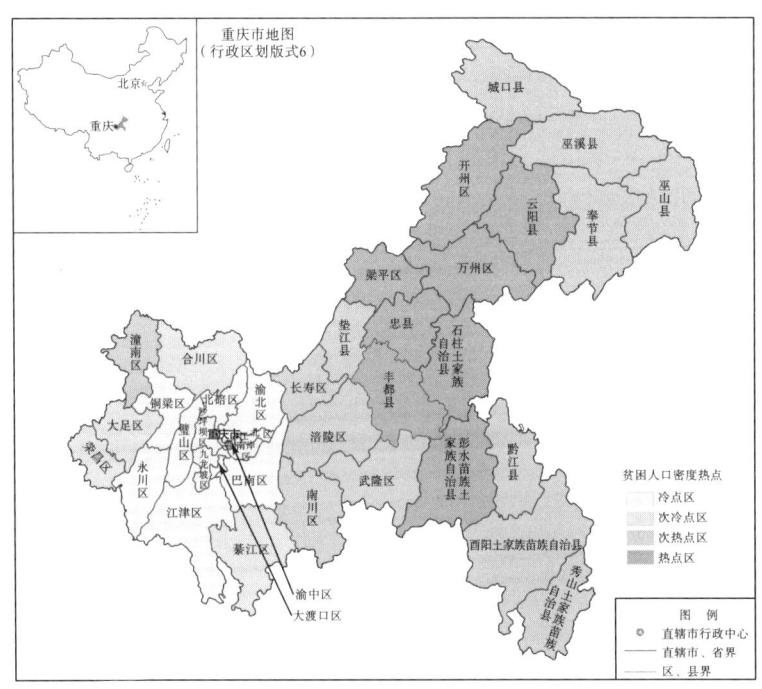

(a)2011年

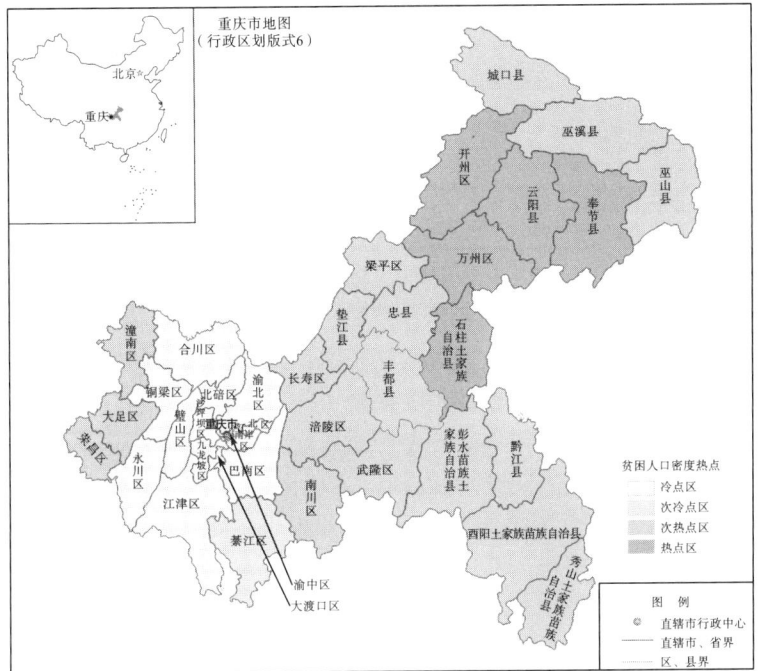

(b)2013年

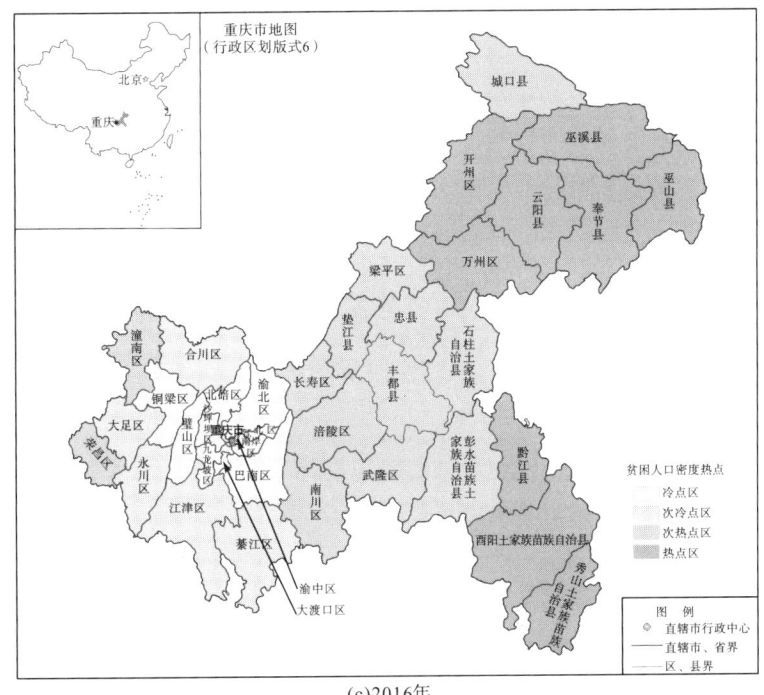

(c)2016年

图 2.10　2011—2016 年重庆市各区县农村贫困人口密度空间格局演化

[底图审图号：渝 S(2018)038 号，底图无修改。]

表 2.6 人口密度的冷热点个数与比例

年份	热点区		次热点区		次冷点区		冷点区	
	个数	比例/%	个数	比例/%	个数	比例/%	个数	比例/%
2011	8	21.05	14	36.84	4	10.53	12	31.58
2013	5	13.16	19	50	1	2.63	13	34.21
2016	9	23.68	14	36.84	5	13.16	10	26.32

总体来看，2011—2016 年，重庆市贫困人口分布呈现不均衡状态。从空间分布的总体特征看，其贫困人口呈现由西向东递增的阶梯式空间布局模式，且通过空间自相关分析，贫困人口规模及密度在全市的分布存在较强的空间相关性。贫困人口规模及密度的高值主要集中分布在渝东南、渝东北属于集中连片特困地区的各区县。至于重庆市集中连片特困地区各区县的贫困人口分布状况，2011—2016 年，随着扶贫攻坚力度的加大及城镇化的推进，贫困人口数量及密度主要呈现先增长后急剧减少的态势，其中贫困人口减幅最大的是云阳县，6 年来其贫困人口共减少 66 905 人。

2.2.3 基于家庭视角的贫困人口迁移特征

通过数据统计和实践调研发现，目前集中连片特困地区贫困面临着大量的人口流失现状，而外出务工则是乡村劳动力流动迁移的主要原因。家庭作为社会生活和城镇化发展的微观载体和基本单元，是影响个体行为决策及发展的重要因素。在我国过去 30 多年的城镇化进程中，城乡社会发展中大量"城市病""乡村病"都与乡村家庭的离散流动相关，期望实现家庭城镇化是大量外出务工农民的本质诉求[3]。因此基于微观家庭视角，本书随机选取武隆区内 10 个贫困村针对其乡村人口外出务工情况进行调研，共发放问卷 320 份，回收有效问卷 300 份，回收率 93.8%。通过调研问卷数据分析及深入访谈，本书对贫困地区外出务工农民的迁移特征及发展诉求进行分析研究。

1. 贫困地区外出务工农民迁移的宏观特征

从宏观上来看，目前贫困地区外出务工群体的主要迁移形式表现为以个体迁移特征为主。通过问卷调查结果分析可以看出：个体迁移类型的外出务工农民占比为 54%(图 2.11、图 2.12)，部分家庭成员迁移的占比为 33%，且其中有 90% 属于主干家庭，表现为夫妻双方或含子女共同外出务工，老人则留守乡村务农；另 13% 的比例则属于家庭性整体迁移，其中主干家庭占比为 34%，二代核心家庭占比为 66%，具体形式则多表现为夫妻双方共同进城务工，而子女在城市打工或就学。该调查结果也反映出在贫困地区的外出务工家庭中，老人及儿童等弱势群体留守乡村现象十分普遍。

从外出务工农民迁移的时间特征上来看，其在空间上的迁移具有十分明显的周期性特征。节假日、农忙时期都是外出务工农民的返乡高峰期，有 85%左右的外出务工人员都保持着至少半年回家一次的频率。而通过农户深入访谈结果来看，目前武隆区的贫困地区普遍都存在着严重的乡村劳动力流失现象。调查中很多村民都表示村内大部分有经济能力的家庭都已迁居至城镇或主城区，而经济能力相对较差的家庭则大都选择外出务工，处于"候鸟式"迁移状态，这可以看出近几年来外出务工农民城乡转移趋势逐渐向家庭整体性迁移转变。

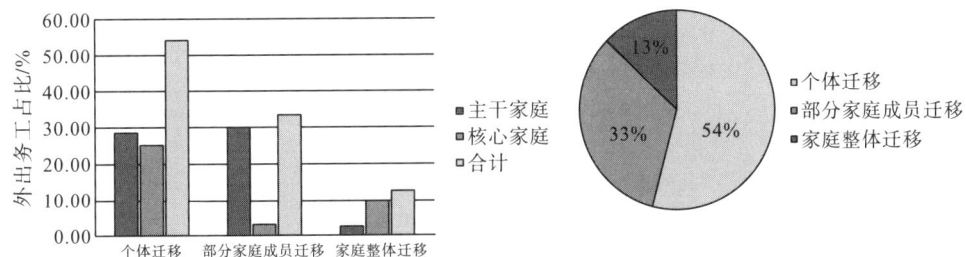

图 2.11　贫困地区外出务工迁移模式

资料来源：实地问卷调研。

图 2.12　贫困地区外出务工人员各类迁移模式比例

资料来源：实地问卷调研。

1) 贫困地区外出务工农民的转移方向及趋势

据问卷分析，武隆区的贫困外出务工农民在重庆市内流动的比例高达 80%，这表明空间上的小尺度迁移(向附近城镇或重庆主城区流动)是外出务工农民的优先选择，而跨省市迁移仅占比 20%(图 2.13)。分析其中原因得出：由于当地城镇发展受限，就业岗位缺乏且环境较差，大部分外出务工村民更愿意选择前往重庆主城区或县城工作，短距离的迁移更能够减少其迁移的时间、金钱成本，在务工的同时兼顾家庭的稳定发展。且选择该种迁移模式的外出务工农民的年龄层主要集中在 30 至 50 岁，而 45 至 55 岁的劳动力则更偏好选择去外省市工作。该调查结果也与近年来外出务工农民的短距离流向趋势特征相吻合。

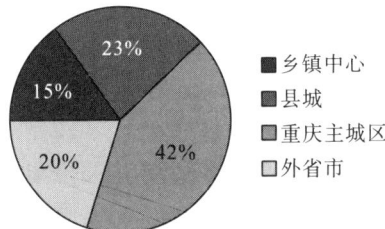

图 2.13　外出务工农民工作地分布

资料来源：实地问卷调研。

2) 贫困地区外出务工农民迁移的动力机制

由于集中连片特困地区的农业现代化发展十分薄弱，目前传统的农耕模式仍然广泛地在大部分乡村地区使用，仅依靠微薄的农耕收入来维持家庭成员的发展，致使其家庭生活与日俱增的消费需求难以为继。从地理位置上看，集中连片特困地区大多数处于区位偏远，经济发展十分滞后的深山区，其在交通、社会、经济等方面均形成了封闭隔离式的"贫困孤岛"，而这种隔离也间接强化了农民脱离农村的愿望。为了提升生活水平、满足家庭经济开支需求，大量的乡村农民被迫选择外出务工，以寻求更好的发展机会。从马斯洛需求层次理论角度来看，乡村农民选择外出务工这种行为决策仍然属于低层次需求，仅限于满足自身家庭最基本的生理、安全的需求，"谋生"是他们迁移行为的最主要动力因素（图2.14）。

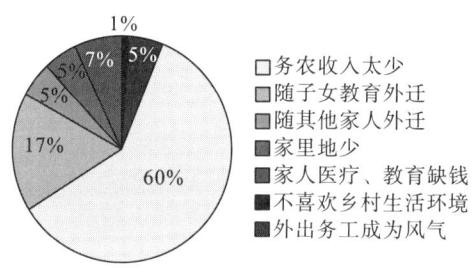

图 2.14　贫困地区人员外出务工原因

资料来源：实地问卷调研。

此外，随着经济发展、社会进步，外出务工农民的需求也在逐渐发生变化，在满足其最基本的生存需求外，其对于医疗教育、文化娱乐等设施的多元化需求与日俱增。而这也主要集中体现在家庭对于子女教育问题的关注上，越来越多的家庭愿意付出更多的距离、时间和经济成本，送子女去城市就学，以获取城市更高品质的教育资源。在调研中发现，因子女上学问题而选择外迁务工的人员比例为17%。可见，引起贫困地区农民外出务工的内在机制已不再由"谋生型"单一主导，"综合发展型"也成为其重要影响因素之一，农村贫困人口对于教育、医疗、交通等公共服务资源的需求都日益提高。

3) 贫困地区外出务工农民迁居城市意愿

通过对目前贫困地区人口迁居城市意愿的调查结果分析，有80%的受访者表示目前并没有迁居至城市的意愿，绝大多数农民都选择通过在城市务工，为之后回乡养老攒足生活成本（图2.15）。而这其中的主要原因并不是因为相比于城市，乡村有较好的就业环境或公共服务或生活条件可以满足其家庭的生活需要，而是他们在结合考虑生活成本、土地收益、生活习惯各方面因素，综合得失所做出的理智决策。而在不考虑迁居至城市的外出务工人员中，其中40%表示之所以不选择在城市定居的主要原因是没有长期稳定的工作,且由于自身工作技能的缺乏,加之城市生活的成本较高,即便选择在城市定居也难以保证基本生活质量;另外37%的受访者也表示房价太高也是其不选择在城市定居的原因之一。同时,目前仅有13%的外出务工农民在重庆市区购买了房屋,而另外87%的人则选择租住廉租房等。此外,也有部分受访者表示城市里人际关系相对冷漠,很难适应,其更适应在乡村中生活。

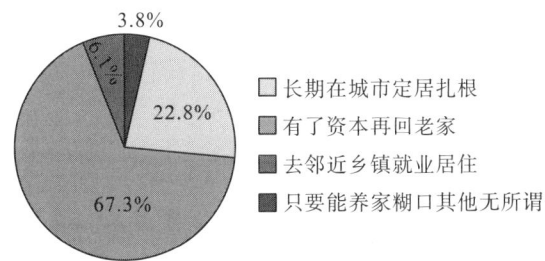

图 2.15　外出务工农民定居城市意愿

资料来源:实地问卷调研。

在有意向迁居城市的务工农民中,城市能够提供更好的教育及其他公共服务是促使其做出决定的重要因素。同时随人外迁也是主要因素之一(图 2.16)。此外通过调查还可看出,之所以外出务工农民选择迁居城市的意愿不高,主要是受到客观因素如经济原因等方面的影响限制,客观现实因素才是制约务工人员难以在城市立足的根本原因。

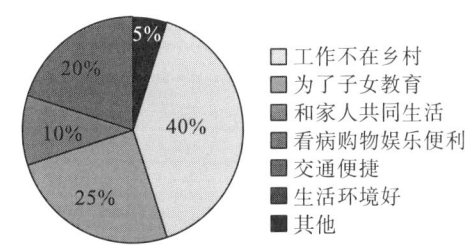

图 2.16　贫困地区外出务工农民定居城市的主要因素

资料来源:实地问卷调研。

此外,通过对受访者的年龄差异及家庭结构的分析,可以看出外出务工农民迁居城市的意愿也存在着明显的代际差异现象。年龄层处于中年以上的外迁务工群体的家庭大都属于较为稳定的主体家庭结构,对个人和家庭来讲稳定才是家庭主要需求,因此回乡定居是其个人乃至整个家庭基于理性的利益取舍所做出的最优选择。而相比较之下由年轻人组成的家庭则更有追求更好生活的动力，同时上升空间也比较大，因此选择扎根城市定居的意愿相较而言也更强。

2. 贫困地区外出务工农民迁移的微观特征

1) 贫困地区外出务工农民家庭的迁移模式

通过问卷分析，贫困地区外出务工农民家庭迁移模式主要包含以下几种：

第一类是二代核心家庭的迁移模式，约占 38.7%。其中子女仍在就学的家庭约占 60.2%，具体情况为丈夫在外打工就业，多在节假日或农忙时节返乡，而妻子负责留守务农照顾子女[图 2.17(a)]；在这其中约有 37.5% 的家庭由于经济条件较好，夫妻双方都在城市务工，选择让子女在所在城市就学[图 2.17(b)]。在子女已经就业的家庭中，选择举家外出务工的占比约为 61%，另外 39% 的家庭则选择丈夫及子女在外工作，妻子仍留守乡村继续留守务农。

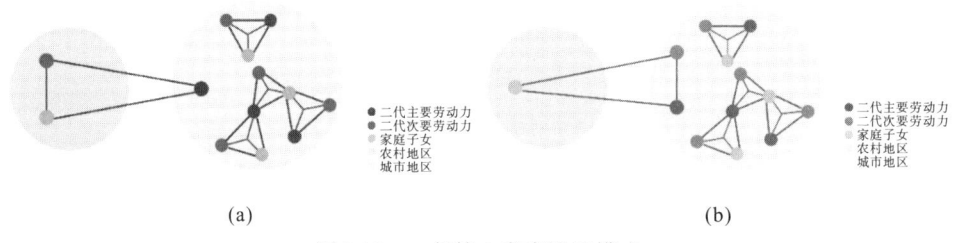

图 2.17　二代核心家庭迁移模式

第二类是三代主干家庭的迁移模式，约占 61.3%。其中 61.4% 为子女仍处在学龄的家庭，通常表现为丈夫外出务工，妻子留守务农照顾老人及子女[图 2.18(a)]。少部分家庭（占比约 26%）则表现为夫妻双方共同外出务工，老人留守务农负责照顾子女。剩余 38.6% 的三代主干家庭为子女已经工作的家庭，其中选择丈夫及子女外出务工，妻子留在乡村照顾老人及务农的占比约 72%[图 2.18(b)]，其余则选择举家外出务工，而老人则留守乡村顾家。

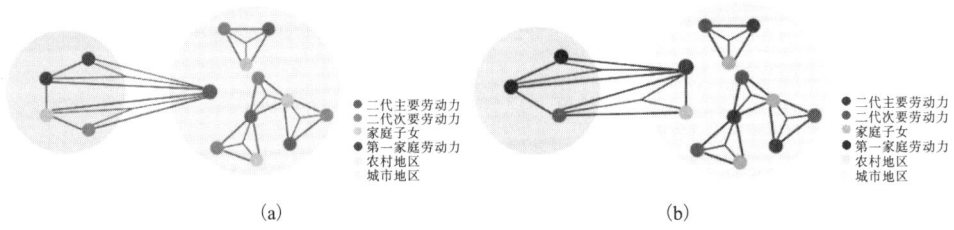

图 2.18　三代核心家庭迁移模式

上述的问卷分析结果能够反映出，不论其家庭结构为二代核心家庭抑或是三代主干家庭，其首要目的都是实现家庭利益的最大化，在此前提下，男性劳动力作为家庭发展的主要支撑,外出务工已成为其首要选择。除经济因素外,家庭迁移的决策还受到其他因素影响,例如子女的教育、照顾老人、耕种收入等,在此情况下,每个家庭都会根据自己的实际条件和发展需求做出相应选择。一般来讲,子女的发展是家庭决策的首要顾及对象,妻子是否留守农村很大程度上由子女入学情况决定,同时老人也在留守过程中承担着对于子女的教育工作。而子女可以参加工作或不需要照看的情况下,为实现家庭关系和谐及利益最大化,夫妻双方都会选择外出务工。妻子外出务工多选择从事家政等服务行业,老人则留守农村兼顾耕种以降低家庭平均生活成本。

可以看出,在当前的乡村人口迁移模式中,其无论哪一种迁移模式都无法从根源上改变贫困地区乡村家庭的家庭成员在空间上支离破碎的状态。这种情况对家庭内部关系的和谐稳定造成了很大影响,同时也引起了一系列连锁反应,造成了种种社会问题。造成这种"半城镇化"状态的根本诱因,是贫困地区乡村家庭自身因为本地就业形势严峻、经济基础薄弱等问题(图 2.19),结合家庭发展需求所做出的"最优选择",同时合理的家庭代际分工也使得所有家庭成员劳动力得到了充分发挥。可以看出,经济制约是导致贫困地区"半城镇化"现象的重要因素,为实现经济利益而选择牺牲家庭的完整性、稳定性是绝大多数家庭为维持家庭可持续发展所做出的必然选择。但这一选择也为乡村地区的发展带来了更多的挑战与现实问题,例如乡村留守弱势群体的发展问题。

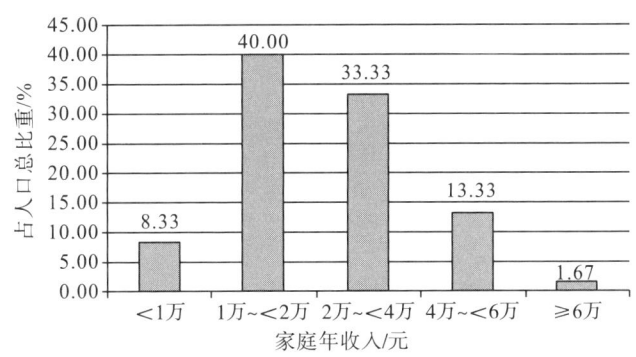

图 2.19 贫困地区外出务工家庭年收入水平

资料来源:实地问卷调研。

2)底层外出务工农民的家庭生产生活方式

(1)生产方式:以进城务工为主导的城乡二元兼业模式

从统计贫困地区家庭城乡二元兼业情况来看,外出务工是家庭主要的收入来源,占比约 88%,其次是农业生产占比约 9%,另有少量从事个体经营、养殖等行业。在这种城乡二元兼业模式下,家庭劳动力得到了充分的发挥,外出务工的同时也兼顾了农业生产活动,很大程度上降低了家庭收益风险,也成为这些家庭的必然选择。但低端的务工不能为家庭提供长期稳定的经济收益，加之乡村与城市之间难以逾越的经济差距，更增加了其迁居城市的难度，加深了贫困地区家庭对于城乡二元兼业模式的依赖性。乡村人口城镇化的关键在于就业情况，城乡二元兼业模式在最大程度降低家庭收益风险的基础上，也实现了家庭收益最大化，一定程度上弥补了乡村发展机会少及经济实力薄弱的问题[4]。通过分析调查结论，很大一部分务工农民没有选择离家较近的小城镇，而是选择了兼业成本较高的重庆主城区，主要原因是这些小城市大部分城镇化发展水平不高，无力充当劳动力蓄水池的角色。

目前，三代主干家庭主要通过代际分工实现兼业，二代核心家庭则通过夫妻间的协作实现兼业。在所有的调查对象中，外出务工的同时依然保持着耕作务农的家庭占比约47%（图2.20），同时83%的外出务工家庭表示即便农田闲置，依然不愿意完全放弃农业生产，未来回乡依然会将农业生产作为家庭收入来源之一（图2.21）。绝大多数务工农民依然将土地视为赖以生存的经济保障及精神寄托，传统的自给自足式的耕地务农成为他们回乡养老的最终选择。也正因为如此，在乡村城镇化发展未来较长一段的时期内，乡村家庭依然不会放弃农业生产而选择完全迁居城市。进城务工成为城镇化的一个缩影，土地依然是精神寄托，这是乡村城镇化过程中面临困难的悲观反应。

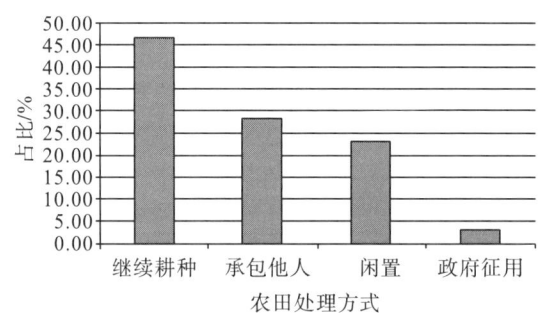

图 2.20　外出务工家庭农田处理方式

数据来源：实地问卷调研。

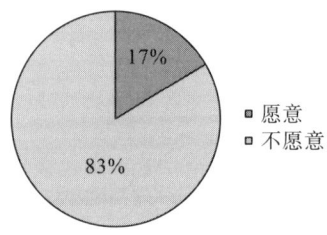

图 2.21　外出务工家庭脱离农业生产意愿情况

数据来源：实地问卷调研。

(2)生活方式：城乡公共服务无法应对需求

乡村落后的公共服务设施与城镇对比所反映出来的巨大差异也是务工农民选择迁居城市的重要推动力。务工农民家庭成员在空间上支离破碎的分布状态，使得其对于城乡公共设施有着不同的需求。对留守乡村的人员来说，日常生活中所需的公共服务设施基本依赖于村镇级，而村镇级公共服务设施资源的匮乏程度与人们日益增长的更高的需求形成了主要矛盾。从目前的调查来看，提升乡村地区公共服务资源成为仅次于提高就业收入的主要需求之一（图 2.22）。反观外出务工农民，他们的主要精力集中在如何提高经济收入，而对于城市中公共设施的使用十分有限，使用率也较低，除必要的商业、医疗、交通设施外，较少涉及其他城市公共服务设施，这也从侧面造成了贫困农民难以融入城市生活的现象。

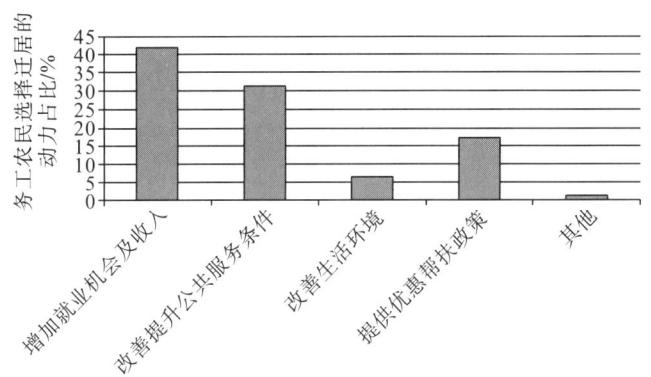

图 2.22　外出务工农民对乡村地区发展的需求

资料来源：实地问卷调研。

近年来国家进一步加大农村扶贫力度，提出了精准扶贫等一系列政策举措，有很大一部分乡村地区的公共服务设施得到了很大改善，涵盖了医疗、交通等方面，现在各个行政村基本能够实现便利的交通。但是依然能清晰地看到，在医疗、教育、养老等基础设施的建设方面仍然与乡村人民的期望需求存在一定的差距，难以满足留守在乡村的孤寡老人、儿童、妇女的生活需要。此外，当地城镇的公共服务设施缺位现象依然普遍存在，其在数量与质量上都难以满足地区人口的需求，这也在一定程度上降低了乡村居民对于本地公共服务设施的使用意愿，部分经济实力较好的家庭更愿意以更高的经济、时间成本来获取更高品质的公共服务。而这一现象在推动城市公共服务发展水平进步的同时，也致使乡镇级公共服务设施的使用效率日益低下，陷入发展困境，城市与乡镇之间公共服务设施的差距也越来越大。大量的人口流失不仅降低了乡镇、农村各类公共基础设施的使用效率，也大大增加了乡镇公共服务的建设成本，导致乡镇以及乡村地区的公共服务设施发展陷入更进一步的恶性循环,城乡之间的公共服务水平差异日趋固化。

2.2.4 贫困地区外出务工农民家庭发展需求特征

关注贫困地区外出务工农民的发展问题是应对当前半城镇化现象,解决地区贫困问题的突破口,也是促进新型城镇化健康有序发展的重要内容。通过调研分析可看出贫困地区外出务工农民家庭发展需求主要有以下特征。

1. 基于生计发展需求的合理分工

外出务工与迁居城市均是贫困地区进城务工农民根据其地区外部发展环境以及家庭内部的发展需求,基于合理的家庭分工所做出的最终决策。限于生计需求,多数进城务工农民的职业生涯极其短暂,并不是长久之计,同时高昂的城市生活成本亦导致其个体乃至整个家庭都很难融入城市生活之中,对于城市的公共生活及公共设施的参与使用度极低。因此,贫困地区农民目前暂居大城市务工只是权宜之计,对绝大部分人而言,回归乡土才是回归家庭的理性路径。

2. 再生产性与双重理性兼并

贫困地区以家庭为单元的城镇化行为具有明显的再生产性与双重理性的基本特征[5]。而其反映在具体的乡村地区发展过程中,即是家庭所做出的所有决策,都是基于尽可能满足其可持续再生产以及实现效益最大化的目的。乡村外出务工农民往往以牺牲家庭完整性来实现生存资金的积累,满足经济需求是他们进行各种决策的主要出发点。此外,为降低生活成本,进城务工农民亦牺牲了种种生活品质需求。这一现实情况是引发目前种种相关社会问题、导致城乡社会不稳定和谐的原因之一。大部分乡村进城务工农民目前极难实现家庭整体性的城镇化迁移,融入城市仍是遥远的梦。

3. 趋向发达地区追求更高的发展机会

集中连片特困地区各区县的县城、乡镇的产业空心化现象十分普遍,导致缺乏发展动力,难以承接乡村地区大量的剩余劳动力。与此同时巨大的城乡经济发展差异,贫困地区公共服务设施的严重滞后性、地区就业发展环境的萧条等因素都是致使贫困地区乡村农民选择外出进城务工的重要推动力。由于当前中小城镇发展的不足,难以为当地居民提供良好的发展机会以及高品质的社会服务,促使越来越多的农民为了追求更好的发展机会以及生活环境,而选择牺牲大量的时间、距离成本,甚至家庭的完整稳定性。而贫困地区乡村劳动力的不断流失、乡村人才精英的日渐缺乏,也导致贫困地区陷入了贫困的恶性循环,其地区"空心化"现象更为严重。

4. 以家庭为单位的城乡公共服务需求难以满足

当前贫困地区的中心城市、县城、乡镇、村层级均没有建构起以家庭为单位的城镇化公共服务体系。以家庭为单位的个体发展诉求在当前的城乡公共服务体系中并未得到很好的反映。面对大量人口前往大城市工作生活，妇女、儿童、老人等弱势群体留守乡镇、农村这一现实，目前我国的城乡公共服务体系均未有效地为这一特殊群体提供相应的公共服务，包括进城务工农民在城市的公共服务需求量的提升问题，乡村留守群体对教育、养老、医疗等服务的需求问题等，也均未得到解决，还引发了一系列社会问题，使社会公平及和谐稳定受到影响。

5. 教育是促进农村家庭离散与耦合的重要因素

目前贫困地区的家庭城镇化多处于离散的状态，大部分贫困地区家庭个体实现了就业、居住或公共服务的暂时城镇化，但要实现家庭全面的城镇化发展仍存较大困难。与此同时，在实现家庭整体城镇化发展的过程中，子女教育问题成为重要的凝聚家庭完整性的核心，是影响乡村家庭迁移的重要因素，越来越多的家庭为了追求更好的教育质量而迁移至城市，这已经成为促进乡村家庭完全城镇化的重要驱动力。

2.2.5 重庆市集中连片特困地区贫困人口分布的影响因素

通过对现有文献的梳理可总结出致贫原因主要包括人口增长、贫困文化、制度问题、要素缺乏、经济辐射、产业基础以及地理区位等，而重庆市秦巴山区及武陵山区的贫困主要是由于其特殊的地理环境及发展要素缺乏。而贫困人口分布的变动，也与近年来区域城市发展建设以及扶贫工作的开展紧密相关。

1. 自然生态因素

通过前文分析，重庆市贫困人口集中分布在秦巴山区以及渝东南武陵山区。渝东北地区地处川陕渝鄂四省市的交界地带，是重庆的东北"门户"。渝东南地区则位于四川盆地东南部大娄山和武陵山两大山系交汇的盆缘山地，地处渝鄂湘黔四省市交界地带，是重庆市内唯一集中连片，也是在全国范围内为数不多的以土家族和苗族为主的少数民族聚居区。渝东北、渝东南地区地处山区，生态环境脆弱，加之三峡工程引发了该区域大规模的移民搬迁工程，对地质环境造成了诸多影响，致使地质灾害频繁发生，水土流失情况严重。据《2018年重庆市水土保持公报》，渝东北三峡库区沿线轻度侵蚀以上的水土流失现象呈条带状集中分布于开州、云阳、巫山、奉节等区县，其中水土流失面积比例最大的为云阳县、开州区，高达48.35%、47.05%。同时，由于山地地形限制且用地紧张，渝东北、渝东南地区大部分区县的城市建设用地都与地质灾害易发区高度重合，特别是丰都、云阳、奉节、巫山、城口等区县，这既增加了生态地质环境的压力，也使得防治灾害的成本加大，人与自然的矛盾更加尖锐。受生态环境影响，渝东北地区一直处于长期缺乏投入的缓慢发展状态，致使该区域由曾经的繁荣转向没落。但近年来随着国家政策扶持以及大量的资金投入，渝东北地区已逐渐恢复生气。

尽管自改革开放以来，地处乌江流域的渝东南地区在科技、教育、卫生、体育等事业的发展上取得了一定进步，但仍存在发展不均衡的状况。除黔江外，其他区县的经济发展水平都较为落后，这与地区内少数民族的分布状况有着重要关系。主要是由于少数民族主要分布在交通不便的边远山区，经济发展水平低，且至今仍保留着其自身独特的社会生产和生活组织方式，民族地区已经成为渝东南武陵山连片特困地区社会经济发展水平亟待提升改善的重要区域。

整体来看，大量的贫困人口都居住在生态环境恶劣的山区，可耕地面积较少，更不适宜大规模种植农作物，导致生产单一，农民增收困难。而偏远的交通区位也致使地区受到经济中心辐射带动作用有限，且与外界物质、信息交流均存在障碍，这也导致地区的经济发展与市场存在一定的盲目性与错位性。

2. 产业基础因素

山地农业是重庆市集中连片特困地区发展的重要经济组成部分和动力，其各区县基本以农业为主导性产业，且主要以传统的种植业为主。但由于地形复杂、耕地种植面积有限、生态环境脆弱等因素影响，其农业难以实现规模化发展，加之农业现代化发展普遍落后，生产方式效率低下。一方面，该类地区的粮食种植面积逐年缩减，农业收入很难实现农户的增收脱贫，传统的农业产值由2011年至今呈现出逐年趋减的趋势。另一方面，产业扶贫已被国内外诸多成功实践案例证实为是脱贫致富的有效方式[6]。在结合地区资源优势的基础上，积极发展相关产业带动地区经济发展，从而实现地区的脱贫致富。

从整体来看，产业基础薄弱是重庆市集中连片特困地区贫困问题的主要原因。由于集中连片特困地区区位边缘化现象明显，距离区域经济政治中心较远，其整个片区往往处于区域产业分工合作之外或弱势地位。而就地区内部而言，该类地区中产业发展的比较优势明显，其辐射带动能力较强的产业以绿色食品、农副产品加工、特色生态农业、乡村旅游等特色产业为主，然而这些优势产业却并未得到良好发展，普遍规模偏小且分布零散，难以形成地区的特色产业体系，缺乏对地区经济发展的带动辐射能力。与此同时，乡村产业起步发展缓慢，普遍以传统农作物种植为主，随着近年来乡村旅游业的发展逐渐带动了乡村地区相关产业的发展，但目前仍处于探索发展阶段，发展现状较为混杂。

具体来看，目前重庆市秦巴山区内7个区县已初步形成了以柑橘、蔬菜种植、牛羊养殖、中药材等为主的特色优势产业体系，但其产业发展依然存在产业链较短、产品附加值较低、产业现代化水平不高等问题。其农产品深加工发展不足，仅在丰都、巫山、云阳等地有所发展，且其产品加工品质较差，更缺乏产品推广及品牌效应。例如，奉节脐橙、云阳纽荷尔脐橙等水果虽然享誉全国，但尚停留在鲜果初加工环节，产品附加值较低、农业产业结构"同构"、产业链"缺位"、产品"低位"、生产方式"低效"，且其资源利用开发亦存在错位不合理的现象[7]。至于工业方面，其发展亦存在资源环境消耗类产业的占比偏高、传统产业比重较大、产业链延伸度有限等问题，缺乏整体统筹的产业体系规划，致使产业发展的同质化现象严重，缺乏市场竞争力，地区产业之间亦缺乏合作，重复无序建设情况较为严重，这也造成了资源、资金等的双重浪费。

渝东南地区则存在区域产业发展不平衡、目标定位不明确等问题。尽管近年来渝东南地区依托其生态自然资源优势而大力发展旅游业、生态农业，并且较好地促进和带动了地区发展，但从整体上看其仍以传统的一产为主，农业收入占比较大。此外，地区落后的城镇化发展水平，伴随着的是基础公共服务设施水平低下、文化教育产业滞后，包括产业的现代化、规模化发展都面临着诸多限制。

与此同时，集中连片特困地区内大多数劳动力的受教育程度普遍偏低，知识技能较差且劳动力素质低下，致使其所能从事的产业活动十分单一有限，劳动力收入低下。此外，该地区乡村劳动力外出务工现象普遍，劳动力流失情况严重，致使地区空心化现象日渐严峻，导致地区的生产发展缺乏劳动力支撑推进，无法实现规模化的产业发展，内生动力的缺乏导致难以实现从根本上解决地区的贫困问题，实现可持续发展。通过实地调研可知，目前贫困地区的外出务工人员多为中青年劳动力，大多年轻人不愿继续从事农业生产且缺乏相关技能，而老人、妇女、儿童等弱势群体则留守乡村，"六一三八七〇部队"现象尤为突出。这也导致了贫困地区缺乏可持续发展动力，陷入贫困的恶性循环之中。

3. 基础设施因素

基础设施建设是推进城镇化快速发展的重要内容与保障，也是贫困地区经济发展的重要支撑内容。近年来随着社会经济增长，重庆市集中连片特困地区的基础设施发展均取得了较大的改善提升，但是相比于重庆市基础设施建设的整体水平，其设施建设情况仍旧十分滞后，尤其是在交通、水利设施等方面。其主要原因是受制于复杂脆弱的生态环境和地形，基础设施建设难度较大且成本高昂，加上贫困地区乡村居民的离散分布，财政资金投入有限，其基础服务设施的建设难以实现全面覆盖，这也导致了贫困地区的生产生活水平严重滞后。

近年来，随着扶贫工作的深入推进，各贫困区县的基础设施得到很大改善，但相比之下其基础设施建设水平仍旧落后，主要是交通道路设施的建设。由于历史欠账原因，目前地区的交通基础设施较为滞后，导致原本就地处边缘的贫困区县的区位劣势更加严峻，片区交通体系不完善，对外交通处于市域交通网络末梢，公路运输是其主要方式，导致区域之间交流联系不畅；内部交通则主要存在生产生活性道路建设不足，乡村道路交通设施建设滞后、道路硬化情况较差等问题。而在教育、医疗等公共服务建设方面，亦存在质量低下、建设不足的问题，难以满足现代居民日益提升的公共服务需求，不仅影响了地区人口的生活发展需求，亦影响了城镇化发展质量的提升。

4. 扶贫政策因素

随着扶贫攻坚工作已进入最后冲刺阶段，尽管我国的扶贫力度不断加大，但部分地区仍出现了扶贫绩效递减、贫困人口的脱贫难度增大甚至出现返贫的现象。为解决区域性整体贫困问题，国家每年都会投资上千亿元用于扶贫脱困，这些专项扶贫资金主要是用来创新扶贫的投融资机制，支持易地扶贫搬迁，从根本上解决贫困问题。据了解，重庆市近年来也已用36.7亿元财政专项资金扶贫，2016—2017年，全市完成农村建卡贫困人口搬迁计划16.7万人，并完成随迁非建卡贫困人口3.7万人[①]。奉节、云阳、巫溪、石柱等区县亦提出各类举措全力推动高山生态扶贫搬迁，确保彻底改善贫困人口的生存条件。但目前这种短期"输血式"的大量扶贫资金投入，以及以移民搬迁扶贫为主的扶贫模式，尽管能够短期内产生较好的脱贫效果，使贫困人口大量减少，但并不能够长久持续且容易引发更多的地区后续发展问题，如搬迁农户的个人生存发展、土地整合流转、安置区建设等一系列问题。这样不仅容易出现大量返贫现象，而且容易导致城乡建设无序混乱，难以实现真正的脱贫致富。

2.2.6　贫困村空间分布特征：以渝东南为例

为进一步探究农村贫困人口的空间聚集特征及其影响机制，以贫困问题更为严重、贫困人口更为聚集的贫困村为代表，进一步聚焦贫困村的空间分布问题。在经过近30年的扶贫历程后，我国农村贫困空间的分布特征及致贫原因发生了本质性的改变，不再是经济普遍发展落后、相关政策不到位所导致的大面积贫困，而是基于地理资源禀赋差异、生产环境条件等一系列限制因素所造成的具有明显地缘性特征的空间集聚性的"点状"贫困。而当前贫困空间主要集中在我国各集中连片特困地区，地域性差异导致农村贫困的致贫因素呈现出多元化趋势，传统同质化的促进经济增长及政策供给制度已经难以有效解决贫困地区日渐复杂的贫困问题。相应的扶贫政策制度更需要由针对普遍大尺度区域的视角转向微观空间尺度视角。这里，以重庆市集中连片特困地区(武陵山区)7个区县为例，对贫困村空间分布特征的分析，更利于对贫困空间形成机理和致贫因素的了解，从而为相应的扶贫政策制度的调整改变提供有效的支撑和依据。

1."大分散、小集中"的空间格局

根据ArcGIS 10.2的核密度分析，渝东南武陵山区贫困村集聚特征较为明显，呈现出由多中心向双中心演变的趋势(图2.23)。2013年，渝东南武陵山区贫困村空间分布表现为多个核心聚集区及多个次级聚集区格局，主要集中于研究区西北部的丰都、武隆等三峡库区范围，东南部的彭水、酉阳等少数民族地区。经过近年的扶贫工作推进，贫困人口及贫困村数量都有了较大下降，贫困村在空间上的聚集程度也普遍降低。2016年，渝东南集中连片特困区贫困村空间分布则主要集

---

① 重庆高山生态扶贫搬迁进展顺利，http://www.cqagri.gov.cn/zw/Details.aspx?topicId=677792&ci=4169&psi=6。

中于西北部的丰都、武隆等区县，以及西南部的秀山县，并在区域内形成多个核心聚集区。

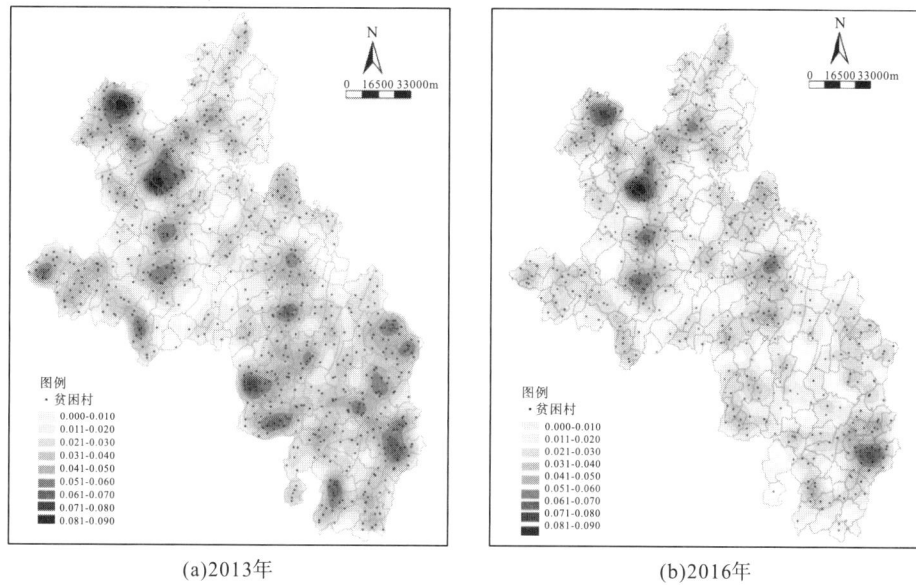

(a)2013年　　　　　　　　　　(b)2016年

图 2.23　渝东南集中连片特困地区贫困村分布核密度分析图

在 2013 年渝东南武陵山片区所拥有的贫困村数量前 20%的乡镇，贫困村数量占片区贫困村总数的 48.1%，而拥有贫困村数量后 20%的乡镇，贫困村数量占全部总数的 3.5%。2016 年，渝东南武陵山片区拥有贫困村数量前 20%的乡镇，贫困村数量占片区贫困村总数的 37.8%，而拥有贫困村数量后 20%乡镇，贫困村数量则占贫困村总数的 6.7%。

由图 2.23 也可看出，贫困村在空间上整体呈现出"大分散、小集中"的格局。通过 ArcGIS 10.2 分别对 2013 年及 2016 年的贫困村空间数据进行空间自相关分析，其 Z 值分别为 2.35 和 3.69，均可以将其视为高度集聚事件。通过热点分析，可以进一步判断 2013 年和 2016 年贫困村的主要聚集区。如图 2.24(a)显示，2013 年渝东南武陵山区贫困村空间分布存在两个核心聚集区，核心区位于丰都县南部的南天湖镇、栗子乡和三建乡，以及酉阳县南部与秀山县交界处的龙潭镇、板溪乡、麻旺镇等乡镇。2016 年，渝东南武陵山区贫困村空间分布则主要存在 3 个核心聚集区[图 2.24(b)]，分别位于武隆区东南部的石桥乡、巷口镇，丰都县北端的许明寺镇、三元镇，以及丰都与武隆区、彭水县交界处的南天湖镇、暨龙镇、接龙乡等乡镇。总体来看，相比于 2013 年贫困村核心聚集区在全域范围内分散的布局，2016 年贫困村空间的核心聚集区范围则大大缩小，主要分布在区域西北部的武隆、丰都及石柱等区县。

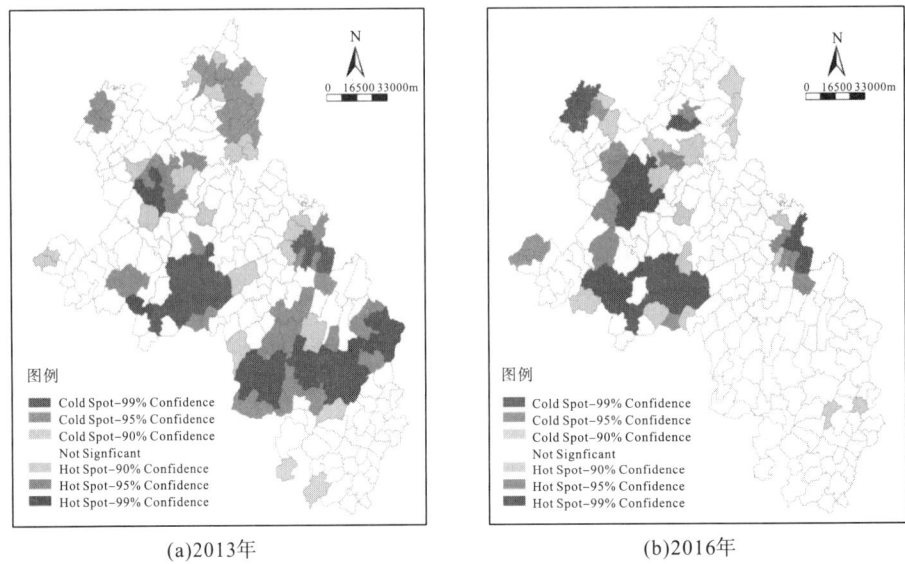

(a)2013年　　　　　　　　　　(b)2016年

图 2.24　渝东南连片特困地区贫困村分布热点图

2. 多处于行政单元边缘及地形较为复杂地区

通过分析可以看出，贫困村集聚区主要分布在区县边缘交接区，如石柱、丰都、彭水三县交界处，彭水与武隆交界处，以及酉阳与秀山的交界处，均是贫困村空间分布密度较高的地区。与此同时，地形起伏也与贫困村分布有着密切联系，渝东南是我国四川盆地东南部大娄山与武陵山两大山脉相交汇的盆缘山地，具有典型的喀斯特地貌。通过图 2.25 可看出，贫困村主要分布在地形较为复杂、海拔较高、生态环境较为脆弱的山区。分析其原因，首先是乡镇交接之处多为不同行政辖区之间的天然空间屏障，其地理环境一般较为复杂恶劣，区域交通道路等基础设施较为滞后，地区发展的自然生态基础较差；此外，这类地区一般远离区县经济行政中心，受到中心区域的带动辐射较弱，且与外界在物质、信息等方面交流缺乏，其社会、经济、文化等都较为闭塞，地区公共服务设施发展滞后，致使乡村居民生活质量难以得到保障；与此同时，该类地区的贫困地区产业发展较为落后，往往以传统的农业种植为主要经济来源，依靠其自身发展能力很难实现脱贫致富。

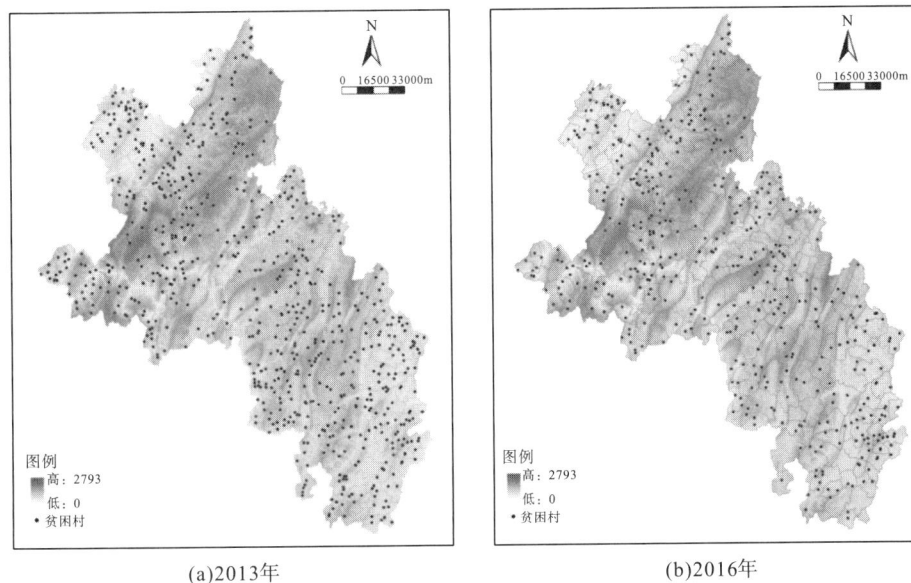

(a)2013年　　　　　　　　　(b)2016年

图 2.25　渝东南连片特困地区地形与贫困村分布关系

3. 三峡库区及少数民族地区是贫困村的主要聚集地

渝东南地区是一个集"老、少、边、山、穷"为一体的连片贫困区域，其贫困问题十分突出。通过对贫困村分布的具体微区位进行分析，发现贫困村核心聚集区主要集中在三峡库区及少数民族地区。丰都县、武隆区及石柱县都是三峡库区生态经济区中的重要区县，无论是 2013 年还是 2016 年，这些区县都是贫困村的核心聚集区域。此外，不论是由于自身发展条件受限抑或是政策制度等原因，民族地区的贫困问题更为复杂突出。通过分析观察，贫困村主要集中分布在丰都县苦竹沟水库、鹦鹉水库、白江洞水库等水库密集区，以及酉阳县金山水库、大叶沟水库、龙洞湾水库等水库密集区。2013 年，这些水库密集区周围 15 千米范围内贫困村数量约为 178 个，占贫困村总数约 25.2%。2016 年，随着东南民族地区贫困状况的改善，贫困村核心密集区北移，主要集中在三峡库区范围，贫困村主要分布在丰都县保和镇、社坛镇等水库密集区周边，这些水库密集区周围 15 千米范围内贫困村数量约 96 个，占贫困村总数的 16.7%。随着库区移民扶贫搬迁等工作的进行，除了贫困村数量的减少，在空间分布上，贫困村的分布亦在逐渐远离主要库区密集区，其数量随着距离主要库区距离的增加而增多。

4. 存在远离城镇附近的趋势

2013 年到 2016 年间，贫困村空间分布存在着逐渐远离乡镇中心的趋势。通过分析，2013 年乡镇中心 6 千米范围内贫困村数量为 561 个，占贫困村总数的

79.57%。其中到乡镇中心 2 千米范围内的贫困村数量为 90 个，2～4 千米范围内的贫困村数量为 244 个，4～6 千米范围内的贫困村数量为 227 个。2016 年乡镇中心 6 千米范围内贫困村数量为 458 个，占贫困村总数的 79.83%。其中，乡镇中心 2 千米范围内数量为 69 个，2～4 千米范围内的贫困村数量为 188 个，4～6 千米范围内贫困村数量为 202 个(图 2.26)。可以看出，从 2013 年到 2016 年，乡镇中心 4 千米范围内贫困村比重由 47.38%下降至 44.70%，4 千米以外的贫困村比重则由 52.62%上升至 55.30%，呈现出逐渐远离城镇的趋势。

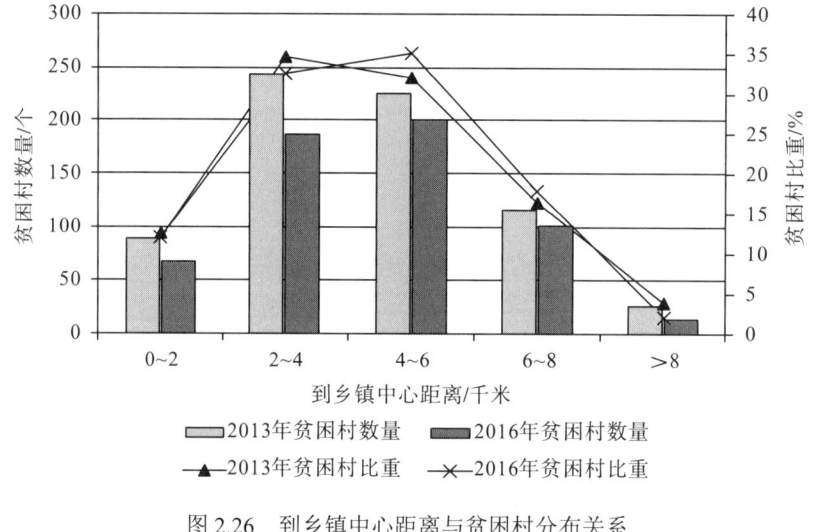

图 2.26 到乡镇中心距离与贫困村分布关系

2.3 发展之困——重庆市连片特困地区发展转型现状问题总结

本节主要提出重庆市集中连片特困地区发展转型面对的七大现状问题，囊括城镇化进程、社会发展、经济结构、劳动力、城镇空间格局、城镇建设品质等多方面存在的问题。

2.3.1 对外开放度低，城镇化进程缓慢

从重庆市集中连片特困地区看，首先，大多数贫困村住房、道路、桥梁及卫生等基础设施建设落后，农田水利设施建设、农机装备改造、农业技术推广等方面比较薄弱，加之网络信息不畅，贫困面广量大，地理位置偏远、交通方式单一，

没有形成综合交通运输网络，造成这些地区对外开放程度一般较低、物流成本高等问题，严重制约了农村经济发展，也限制了扶贫项目的落地投入。

其次，与发达地区相比，贫困范围广，贫困程度深，脱贫基础脆弱，城镇化主体动力不足，其城镇化发展速度一直较为缓慢，且区域带动作用有限，产业发展单一。受山地地形条件等多因素限制，集中连片特困地区经济活动多为小规模、孤立零散的形式，不成体系，且缺乏合理产业发展策略和布局，未形成大规模优势产业，导致区域产业经济发展滞后，城乡产业经济链接水平低下和区域经济辐射带动作用不强。城镇发展中第二产业格局分散，不能形成产业集聚效应，造成这些地区城镇化进程缓慢。

此外，由于缺乏对资源特色的深入挖掘、产业链过短、产业结构趋同、产业单一、农产品同质化现象严重、缺乏品牌效应等问题，加之贫困地区信息化发展较为滞后且区域交通不便，其与外部市场的信息物质等方面的交流十分有限，导致当前农业发展缺乏市场竞争力与抗风险能力，常常难以应对瞬息变化的市场需求，对农户造成损失。

以上反映出来的地区产业结构"连片雷同"现象进一步减缓了这些地区的城镇化进程。

2.3.2 城镇空间格局松散，社会发展不平衡

重庆贫困地区县域城镇空间格局松散，各乡镇发展极不均衡，公共服务建设成本高居不下，城镇社会发展不均衡。现状贫困地区由于分布较为分散，且多数山地村庄规模较小，一个行政村多包涵几处分散的自然村。调研发现，目前各行政村的村委会、医疗诊所等服务设施基本都具备，但对于商店超市、幼儿园、小学等公共服务设施却相对缺乏且质量较差。其社会发展差距拉大，表现出独特的城镇体系的单体性和城镇协作的松散性。

城镇快速建设伴随着乡村地区公共性的衰弱，农村贫困地区人口转移后，区域社会结构组织松散。随着社会经济的发展，乡村居民的价值取向变得更为多元复杂，传统乡村道德伦理则呈现出碎片化、边缘化的态势，传统的基于血缘、地缘关系的乡村社会秩序已经在市场经济的冲击下逐渐被瓦解，从而导致乡村地区和小城镇城市化的发展缺乏内生动力，陷入了贫困的恶性循环之中，未形成有序体系结构，城镇空间格局松散，社会秩序亟待重构。

受经济发展水平和财政能力的限制，当前重庆市贫困地区的公共服务设施和基础设施普遍比较滞后。此外，贫困村庄在聚集程度、规模以及自然条件方面的差异，使得政府在对其进行投资建设时，更倾向于选择规模较大且相对聚集、自然条件较好的村庄进行优先建设，这也导致了区域内贫困地区设施建设完善度的

差异。其发展不平衡现象亦较为严重，很多贫困村庄尤其是自然村甚至连基本的吃水问题都难以解决，这类村庄已逐渐陷入贫困的"恶性循环"之中。当前贫困地区社会公共服务的缺失不足成为导致其难以脱贫的重要原因。

贫困地区滞后的公共服务水平已经难以满足居民日益增长的对于高品质公共服务的需求，这也致使当前贫困地区居民的生活品质及发展都受到了较大限制，从而加深了其贫困程度。重庆贫困地区仍然存在大量适龄儿童的上学困难问题，其家庭需要花费更多时间、资金成本来让儿童接受义务教育。同时，乡村留守的孤寡老人的基本生活也难以得到保障。

2.3.3 "空心化"严重，劳动力大量流失

"空心村"是我国城乡二元结构的社会体制所塑造的独特农村聚落空间形态，对集中连片特困地区而言，其劳动力流失现象较一般乡村更为严重。一方面，由于特困地区整体经济发展缓慢，耕地务农收入微薄，且当地就业机会有限，乡村主要的青壮年劳动力多选择外出务工，迁往城市、城镇；另一方面，对于相关医疗、文化、体育、科技等公益性设施的需求也是乡村人口外流的重要因素。

"空心村"劳动力的大量流失使得发展乡村旅游、现代种养业等无人可用，导致本不该衰弱的农村地区日渐凋敝，致使原本稳定的乡村社会结构发生翻天覆地的变化。传统的乡村"熟人"社会关系日渐淡化，乡村发展缺乏凝聚力，村民对于乡村的依恋感和归属感也几近消失，也由此引发了种种"乡村病"，如"空心村""老龄化"现象，缺乏发展动力，文化衰败等。此外，目前留守在乡村地区的村民大部分仍旧保留着传统的根深蒂固的小农思想，长期自给自足的小农生活限制了村民自我发展的能力及动力，很多村民都存在"等、靠、要"等思想，这种现象在偏远的贫困地区更为明显。受社会环境的制约，在缺乏相应激励机制的状态下，村民缺乏自我发展动力，严重阻碍限制了乡村的经济发展。

目前重庆市集中连片特困地区农村的生产生活均以"386199"弱势群体为主体，其社会人口结构的老龄化现象更加严重，不仅对乡村的产业发展造成不良影响，而且使得乡村社会的整体发展逐渐丧失内生动力。根据国家统计局发布的《2017年农民工监测调查报告》，2017年中国农民工总量达到28 652万人，增长1.7%，增速比上年提高0.2个百分点(图2.27)。在农民工总量中，外出农民工17 185万人，比上年增加251万人，增长1.5%，增速较上年提高1.2个百分点。区域发展差距进一步加大，贫困地区农村劳动力持续大量外流，农村"空心化"现象加剧。

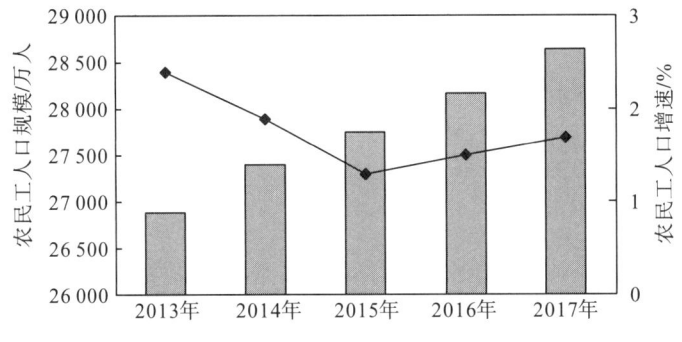

图 2.27 中国农民工总量及增速

资料来源：国家统计局《2017 年农民工监测调查报告》。

根据《2015 年度重庆市人力资源和社会保障事业发展统计公报》，2015 年重庆市全年新增城镇就业人员 71.82 万人，比上年增长 2.4%。其中，城镇登记失业人员就业 27.71 万人，就业困难人员就业再就业 12.1 万人。年末全市城镇登记失业人数 14.26 万人。年末全市农业富余劳动力非农就业累计 810.3 万人，其中当年新增 18.3 万人。返乡农民工就业创业 31.6 万人。数据表明，重庆市农村劳动力存在大量向城镇转移现象，农村"空心化"现象加剧，尤其是集中连片特困地区，可以见其劳动力流失的现象及后果均十分严重。

2.3.4 返贫现象频繁，代际传递明显

根据国家统计局统计，至 2017 年年末，中国仍有 3 046 万人未能脱贫，在我国现有贫困人口当中，有 2/3 属于返贫性质，其中因病致贫返贫居多。据重庆市扶贫办数据统计，重庆市每年的返贫率为 5%，重庆市内的大部分贫困村落本都处于高山等自然灾害较为严重的地区。

受农村发展资源与环境条件、扶贫政策的持续性、脱贫人口自身素质等影响，贫困地区脱贫人口在一定程度上可能返回原来的贫困状态[8](图 2.28)。中国农村脱贫返贫率最高可达 30%，且随着贫困标准的提高返贫率逐步上升；"每年的贫困人口中约有三分之二在下一年会脱贫，同样下一年的贫困人口约有三分之二是新返贫的人口"，脱贫人口返贫问题严重影响到扶贫开发工作进程和贫困人口福祉。

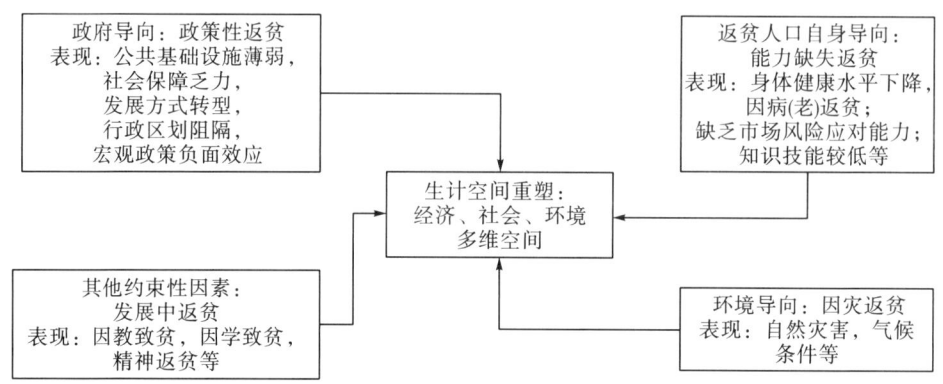

图 2.28 脱贫人口返贫风险与生计空间重构分析框架[9]

因病致贫返贫是造成贫困的重要因素，尤其是农村，因病致贫返贫是农民贫穷的主要和重要原因之一。国务院扶贫办建档立卡数据显示，2015 年年底全国贫困户中因病致贫占 44.1%。截至 2018 年 3 月底，重庆市已脱贫 40 万户 143 万人，未脱贫 7 万户 23 万人，其中因病致(返)贫家庭 4 万户 13 万人。重庆市集中连片特困地区返贫现象较为突出，包括自然灾害返贫、重病医疗和子女教育返贫、资源开采和生态破坏返贫、人情债务返贫等，返贫原因种类多样，发生频率高，削弱了扶贫成效的长期持续性。

为解决因病致贫返贫问题，重庆市设立了健康扶贫医疗基金。据重庆市卫生健康委信息显示，2017 年以来，重庆市共有 12.6 万人次享受健康扶贫优惠政策，贫困人口报销比例达 85%，2017 年全年资助 55.19 万城市困难群众参加医疗保险，资助 115.92 万农村困难群众参加新型农村合作医疗。截至 2018 年 3 月底，重庆市贫困人口 9 种大病集中救治 18 172 人次；贫困人口慢病签约服务实现全覆盖，服务管理 88 440 人，占需服务人数的 97.5%；重病兜底保障 23 591 人，占需保障的 97.3%。

贫困代际传递(intergenerational transmission of poverty)也是扶贫工作成效面临的一大局限性，即指在一定的社区或阶层范围内贫困以及导致贫困的相关条件和因素在代际之间延续，使后代重复前代的贫困境遇。2010 年，重庆市扶贫重点县 7～15 岁(义务教育阶段)学龄儿童在校率为 97.7%(图 2.29)，与全国平均水平相比，扶贫重点县 7～15 岁学龄儿童在校率仅低了 0.3 个百分点，接近全国平均水平。2010 年扶贫重点县 15～50 周岁的青壮年劳动力平均受教育年限 8.1 年，青壮年文盲率 7%，相较全国 4.08%的文盲率，其受教育程度低下，贫困代际传递现象凸显。

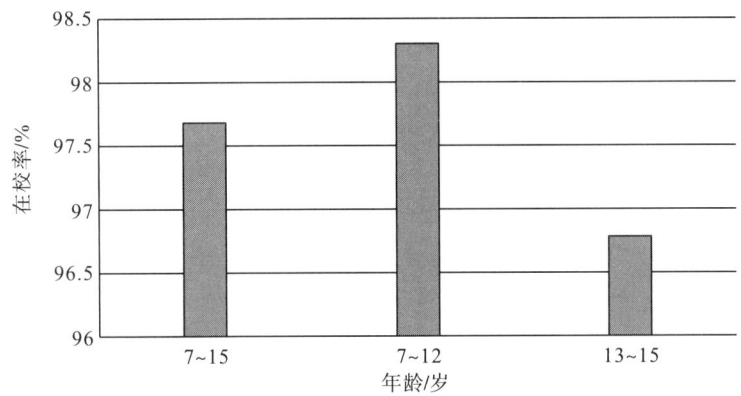

图 2.29　2010 年重庆市特困地区学生在校率统计图

2.3.5　地区资源转化率低，生态优势未发挥

在我国 14 个集中连片特困地区国家扶贫开发工作重点县中，绝大多数分布于山区或高原，特别是群山连绵区。但是，除了大西北等地区的环境贫困性贫困，很多山区特有的资源优势没有转化为经济优势，所以也没办法转化为财富，反而走入了生态和贫困互为遏制的困境，造成资源性贫困。重庆市集中连片特困地区在生态保护上具有特殊的重要地位，生态保护要求限制了常规的工业发展以及建设开发行为。单靠当地力量无法完成经济转型，从而陷入了经济发展动力不足的困境，反过来又限制了当地生态优势的发挥。存在资源富足性贫困现象，"富裕的贫穷"凸显。

目前贫困地区的农业发展大部分对自然环境的依赖性较高，农产品具有较强的季节性，而很多村庄的农业结构又较为简单，以传统的自给自足的小农经济为主，导致其农业发展对自然灾害的抵御能力以及外部市场等因素变化的适应能力较差；并且同一区域的乡村资源存在相似性，因此其农产品的同质性较强，致使市场竞争较为激烈。这样最终导致集中连片特困地区各区县主要产业雷同、产业链发展不充分现象严重，缺乏支柱产业，未形成城镇产业群落体系、规模经济和特色产业集群化布局，造成资源利用不充分和宏观经济效益的下降[10]，区域内的资源优势难以转化为经济优势；而且也不符合产业分工要求，影响产业之间的互补和升级，造成集中连片特困地区内部不必要的损耗，丧失了各区县个体的相对优势和县域经济组团的整体优势[11]。

此外，过度开发不仅未发挥其生态优势，反而对生态资源造成了一定破坏。在传统注重速度的城镇化发展背景下，重庆市集中连片特困地区自身资源丰富，生态和文化多样性突出，却不能有效转换成为发展资源以支持地区发展。如忽视乡村传统文化的传承与保护的问题，大多数贫困地区的发展建设都较为混乱盲目，缺乏对乡土特色文化的传承。且由于用地紧张，乱搭乱建现象较为严重，致使传统的乡村空间肌理遭到蚕食破坏，许多文化特色浓厚、具有历史文化价值的老旧建筑、公共空间等日渐衰败、消失殆尽，乡村记忆难以延续保留。

2.3.6 扶贫资源有限，开发式扶贫门槛高

随着新型城镇化的不断推进，山区的经济振兴、生态环境保护和城镇建设越来越受到重视。重庆市集中连片特困地区是国家"11+3"个集中连片特困地区中的一部分，又是典型的山地和生态敏感区域。近年来诸多政策表明，重庆市集中连片特困地区发展已经成为国家战略层面的重要命题，相关帮扶政策和战略部署层出不穷。

涉及重庆市集中连片特困地区的政策文件有《中国农村扶贫开发纲要（2011—2020年）》（中发〔2011〕10号）、《中共中央、国务院关于深入实施西部大开发战略的若干意见》（中发〔2010〕11号）等；强制性生态环保要求有《全国主体功能区规划》（国发〔2010〕46号）和《全国生态功能区划》等；更有"两个一百年""全面建成小康社会""中国梦""精准扶贫"等政策目标对贫困地区提出的最新要求；重庆市有《重庆市集中连片特困地区区域发展与扶贫攻坚规划（2011—2020年）》《重庆市集中连片特困地区扶贫特色优势产业发展与建设规划》等政策。整体来看，国家从宏观层面不断加大对重庆市集中连片特困地区的扶贫财政投入，同时对其城镇化建设和城乡规划提出"区域统筹发展""城乡一体化""新型城镇化""生态文明"等更高的发展要求；区域层面相关规划文件多为面状发展策略的梳理和战略构想；省域层面则主要侧重于厘清重庆市集中连片特困地区的战略地位和发展方向。值得我们注意的是，尽管中观层面面向策略制定确实进一步深化和明确了地区发展道路，实施以来扶贫工作也确有成效，但扶贫资源依然有限。

在村镇层面，由于现行的开发式扶贫门槛较高，一些集中连片特困地区的极端贫困村呈现"孤岛"现象，搭不上脱贫快车，反而陷入更深的贫困。许多难以达到开发式扶贫要求，不具备相关发展优势和能力的贫困地区，被排斥在扶贫项目之外，难以实现脱贫致富，这也是目前开发式扶贫所存在重要问题。尽管其能够改变传统以往"输血式"救济扶贫的被动局面，但当下开发式扶贫的门槛较高，其扶贫对象主体必须具备一定的基础条件和发展潜力，才能够参与开发式扶贫。当前很多扶贫项目的投入建设都难以实现预期的扶贫成效，大量的资金成本投入，并未能有效地促进贫困地区的发展，造成原本就有限的扶贫资源的浪费。

2.3.7 城镇建设品质差，贫困空间格局固化

重庆市集中连片特困地区基本都是以山地为主，地形起伏较大，生态敏感性较高。而这些地区本地经济发展水平较低，地方财政经济基础薄弱导致城镇开发受限，环境容量较小，旧城区以原地发展为主，城镇建设密度大，建设品质不高，城市内部整体环境品质差，集中连片特困地区城镇化发展与发达地区一样面临"粗放城镇化"造成的"阵痛"问题。主要体现在以下几个方面：

一是集中连片特困地区位于多山环绕地带，用地条件受限，难以支撑高品质环境建设；二是城市可利用土地资源有限和单中心集聚模式下的大量人口，导致城市人口密度过高，空间拥挤，交通堵塞，城市建设品质低下；三是城市山水等生态资源丰富，却没有得到有效的利用。

此外，粗放式的土地利用现状使得原本就紧张的贫困地区人地关系矛盾逐步加深，使得贫困空间格局进一步固化，村内乱搭乱建、空间侵蚀现象较为普遍，严重影响了村容村貌，限制了村庄高效发展。贫困地区尤其是偏远农村地区道路线路弯曲、路况不佳、联系不畅。在发展过程中与周围发达地区形成空间塌陷易呈现"经济孤岛"特征，贫困村一般公共资源基础差，投入产出不成正比，由于其自然地理、开发历史以及自身产业结构等多重因素影响，其"欠发达、欠开发"标签随着时间流逝有愈发"坚固"的趋势，贫困空间格局容易发生固化现象。

2.4 小　　结

经过 30 多年的扶贫开发，我国农村地区扶贫形势依然严峻，深度贫困问题比较突出，返贫现象时有发生，尤其是集中连片特困地区脱贫难度大，返贫比例高，主要由于全国集中连片特困地区边缘化明显，多数处于山地特征突出的省际边界区，而大部分特困地区位于生态保育责任重大的国家生态功能区，同时在国家"两横三纵"战略格局边缘。这些地区的中小城市或者城镇缺乏产业发展机会，同时公共服务设施落后，居民生活质量难以保障，对人口的集聚能力较低，难以发挥对乡村地区的发展带动和农业服务支撑作用。特殊的自然、社会、经济特征使得连片特困区的城镇化难以按平原地区、发达地区的同一模式。

重庆市集中连片特困地区由于地理区位生态环境等缘由贫苦问题突出。其分别处于渝东北地区及渝东南地区，均位于城市行政边界地区，距离重庆市经济中心，以及周边各省经济中心都较远，在地理区位上存在着明显的边缘性特征，受周边经济中心的辐射带动作用较弱。但重庆城镇化率依然持续升高，重庆市城镇

化经历起步阶段、徘徊阶段、稳步发展阶段、快速发展阶段四个阶段。作为我国中西部地区面积最大、人口最多的特大型城市，重庆也是西部地区唯一的直辖市，亦是大城市与大农村相并存的结合体，其是典型的山地型城市，农村地域十分广阔，贫困人口众多，且交通、饮水等基础设施较差，地区经济水平落后，城镇化发展质量较低，严重影响限制了贫困地区农民的生存和发展。重庆地处我国的西南部地区和长江上游地带，境内多山多河，生态环境敏感脆弱，后备耕地资源不足。

目前我国扶贫力度不断加大，因此，在精准扶贫的背景下，保育生态发展产业，提高片区生计资本，加强生态文明建设，保护修复脆弱的生态环境，是重庆集中连片特困地区所要承担的重任。

参 考 文 献

[1] 马颖忆，陆玉麒，张莉. 江苏省人口空间格局演化特征[J]. 地理科学进展，2012，31(02)：167-175.

[2] 王劲峰，廖一兰，刘鑫. 空间数据分析教程[M]. 北京：科学出版社，2010.

[3] 王兴平. 以家庭为基本单元的耦合式城镇化：新型城镇化研究的新视角[J]. 现代城市研究，2014，12：88-93.

[4] 罗震东，夏璐，耿磊. 家庭视角乡村人口城镇化迁居决策特征与机制——基于武汉的调研[J]. 城市规划，2016，07：38-47，56.

[5] 夏璐. 分工与优先次序——家庭视角下的乡村人口城镇化微观解释[J]. 城市规划，2015，39(10)：66-74.

[6] 汪磊. 精准扶贫视域下我国集中连片特困地区致贫成因与扶贫对策[J]. 贵阳市委党校学报，2016(04)：29-33，47.

[7] 张臻，彭瑶玲，陈敏，等. 生态约束下欠发达地区"生态-产业"协同发展问题及对策研究——以三峡库区为例[C]// 中国科学技术协会，广东省人民政府. 第十七届中国科协年会——分1经济高速发展下的生态保护与生态文明建设研讨会论文集，2015：5.

[8] 王萍萍，闫芳. 农村贫困的影响面、持续性和返贫情况[J]. 调研世界，2010(3)：5-6.

[9] 郑瑞强，朱述斌，王英. 连片特困区扶贫资源配置效应与优化机制[M]. 北京：社会科学文献出版社，2017.

[10] 李建勇. 中国省级政区利益冲突机理分析及其应对机制研究[D]. 上海：华东师范大学，2006.

[11] 严香翠. 兰州——西宁城镇密集区合作的方式与途径研究[D]. 西安：西北大学，2010.

第3章 贫困地区城镇化的发展内涵及价值转变

3.1 发展之变——益贫式导向下的贫困地区发展转型

3.1.1 益贫式城镇化发展理念的引入

1. 城镇化理论研究的缘起及路径依赖

研究是对事物发展规律和机制的分析、研判、预测。事物发展轨迹会因为其基础、环境、理念等沿袭路径依赖。研究同样有路径依赖，研究的缘起和学术领域会引导理论的走向。城镇化理论研究源于人类经济行为研究，其研究的路径依赖无疑是驱动区域经济发展的动力。

城镇化(urbanization)理论研究缘起空间经济学，如克里斯·泰勒的中心地理论、刘易斯的二元经济结构论、托达罗的人口流动模型以及钱纳里和赛尔奎因的就业结构转换理论等，均是基于宏观层面城市经济增长与运行效率的最大化，认为空间的集聚效应能够促进经济要素的集聚，从而促进城市整体的发展。

城镇化理论发展至今，诸多专业领域根据其自身发展的需求，从不同角度对城镇化理论进行了扩充延伸，特别是社会、人文、自然领域，产生了如城乡一体化理论①、统筹城乡理论、内涵式发展理论②、"流空间"理论③等新的理论动态。城镇化理论研究呈现综合化、复杂化的趋向。但总体来看，理论研究的路径依赖效应仍十分明显，增量经济仍旧是城镇化研究的核心。但经典的"涓滴效应"(the trickle down hypothesis)理论(强调实施"先增长后再分配"的发展战略，是"效率"导向的理论典范，衍生了"核心-边缘"理论、增长极理论[1]等)表明，世界各国

---

① 顾益康、绍峰（2003）从促进城乡共同发展的角度出发，认为城乡一体化就是要改变计划经济体制下形成的城乡差距发展战略，建立起地位平等、开放互通、互补互促、共同进步的城乡社会经济发展的新格局。
② 内涵式城镇化是以人为本，着眼于城镇发展的全面性、协调性和可持续性的城镇化，新型城镇化必然是内涵式城镇化发展道路。
③ Castells 于 1989 年出版了《信息化城市：信息技术、经济在结构与都市——区域过程》一书，在该书中"流空间"这一概念被首次提及。岑迪等在《"流空间"视角下的新型城镇化研究》亦提到基于传统"场空间"理论的城市规划已不能适应具有"流空间"特征的城镇化进程，新型城镇化应运用"流空间"理论来预测其发展趋势。

城镇化实践并未在公平方面取得理想的效果,一些国家的经济增长甚至伴随着对穷人利益的削弱,即"贫困化增长"[2]。这也引起众学者对经济增长与减贫之间关系的重新思考。

2. 益贫式增长理论

贫困不仅是物质的匮乏,还包括低水平的教育与健康,风险和面临风险的脆弱性,以及不能表达自身的需求和缺乏影响力,是指福利被剥夺的状态[3]。贫困既有制度供给的缺陷性,又有贫困地区内在的特殊性和历史必然性。制度和资源一样具有稀缺性,当有效制度供给不足的时候,经济发展和社会进步就要受到制约[4]。城镇化政策作为制度工具之一,对通过空间建设手段调节人口分布和公共资源的分布具有重要作用。

随着世界性贫富差距问题的不断恶化,在20世纪末世界银行提出了"益贫式增长"理论(pro-poor growth)。它以经济增长—收入分配—贫困三角关系理论为研究基础,以减贫政策研究为落脚点,主要探讨经济增长和收入分配的减贫机制,以及如何建立使贫困人口参与到经济增长中并获得好处的政策机制[5]。

益贫式增长定义可分为相对益贫式增长与绝对益贫式增长。相对益贫式增长指穷人平均收入增长比非穷人快,穷人从经济增长中获得的收益比非穷人更多;绝对益贫式增长指穷人获得的增长的绝对利益要等于或多于非穷人获得的增长的绝对利益[6]。

3. 益贫理论指导下城镇化理论研究视角转变

"城镇化是一种世界性的社会经济现象,是伴随着工业化,居住在乡村的人口向城市和城镇转移的过程。"而这种转移,并非只是表面居住地的转移,更是内在农民生活方式、生活质量、思想文化、文明水准的"转移"提升,其本质便是"以人为本"的城镇化[7]。城镇化发展的实质便是效率与公平的博弈过程,所以城镇化不仅包括农村人口向城镇转移的过程,同时也包括乡村人口享受城镇化成果的过程。在关注宏观经济层面问题的同时,更要关注微观层面人的城镇化,保障人民最低的基本生存和发展权。

针对传统城镇化研究,益贫理论的最大启示是研究视角的转型,从传统经济要素的关注转向弱势人群的关注。益贫式视角下城镇化理论认为单纯地强调增长不是发展的全部,经济增长的分配效应和贫困人口的参与程度同样重要。从城镇化指导下的物质空间层面而言,贫困人口对经济发展的参与度、政府公共物品的供给与贫困人口的相关程度等均是其关注的重点。

4. 益贫式城镇化的实施必要性

在扶贫攻坚的历程中,基层政府和民众对脱贫攻坚的总体性支配、社会力量与贫困群体在脱贫攻坚时间中的缺位或参与不足,导致基层反贫困实践容易陷入结构化困境之中。表现在集中连片特困地区,正好其发展困境如同前文中提到,呈现出日渐尖锐且固化的趋势。这种结构化的矛盾得不到针对性的解决,在一定程度上消解了脱贫攻坚的社会效益，而且严重影响和制约了我国脱贫攻坚的战略目标、国家利益和贫困群体生存发展权利的最终实现。

在城镇化发展中，这一矛盾的出现是由于贫困问题的复杂性，我国集中连片特困地区的城镇化是一种多重约束条件下城乡要素的重新分配，因此其在城镇化进程中的实施路径模式更应采取特殊的推进手段。什么样的城镇化发展路径能够有助于优化脱贫攻坚的治理结构、走出结构化困境，引导贫困群体成为脱贫攻坚最大的受益者，是值得思考的问题。

益贫理论指向下的城镇化路径应更加关注贫困地区城镇化的适应性和指向性问题。适应性强调发展路径应体现当地政策、经济、社会、生态、空间等要素特征，城镇化路径提出必须符合当地环境、生态条件；指向性则强调发展路径与贫困人群的受益性，产业的选择、基础设施和社会服务设施的供给应是以贫困人口受益数量和质量为前提。

益贫理论指向下的城镇化路径经历了从"以权力为中心"到"以贫困群体为中心"、"以物为中心"到"以人为中心"的改变，它一改以前以经济效益增长为导向的城镇化路径，强调基层脱贫攻坚发展模式的新探索。它要求城镇化发展路径以贫困群体为发展中心，一切城镇化发展初衷和目标都应该惠及贫困群体。因此，益贫理论指向下的城镇化首先应当以贫困群体为中心，应当尊重和理解贫困群体基本的社会权利作为反贫困的行动纲领，以提升贫困群体的可持续生计能力为发展的重要内涵。其次，益贫理论指向下的城镇化路径主张修复和重建以贫困群体为导向的城乡空间组织网络。在城镇层面，能够使这部分人群同样便捷地享用城镇的公共服务、参与城镇发展的生产活动。在乡村，主张建设贫困群体为核心的乡村社区自治组织，提升乡村社会组织能力来促进乡村生活的整体发展，积极应对贫困乡村的公共性衰落、村落空心化、社会组织松散化等困境。在资源下乡、项目进村的扶贫背景下，如何提升乡村的"造血"功能，促进其内生型发展是益贫式城镇化的实施导向。

益贫式城镇化发展观主张将贫困群体视为发展的主体和目标，并通过启迪该群体的发展意识和发展自觉，通过对他们城乡空间的组织、修复乃至重建，拓展他们的生存机会、生存选择、发展潜力和生存能力，最终使贫困群体摆脱贫困的困扰，实现整体的发展。

总的来说，传统的城镇化路径往往忽视了贫困地区的特殊性，而益贫式增长更加关注社会公平与减贫问题，能够有效避免国家经济增长飞速而社会发展缓慢的尴尬局面，有利于可持续经济社会的发展，被认为是有效减贫脱困的最佳经济增长模式，这与我国集中连片特困地区的社会经济发展需求不谋而合。

3.1.2 益贫式理论下我国集中连片特困地区城镇化发展转型

1. 城镇化水平测度模式的转型：从城镇数量导向转向农村贫困人口导向研究

城镇化作为一种复杂的经济社会现象，其科学度量标准的确定多元化，涉及众多数理模型[8]。传统城镇化研究中，普遍存在过于关注城镇化率本身的问题，城镇人口占总人口的比重几乎代表了城镇化水平，同时也包括了经济总量、各类产业发展状况、基础设施及公共服务设施建设水平等信息，其源头均是以经济数量增长为最终指向。理论衍生的政策造成人口规模扩张下的土地城镇化，而土地城镇化则是地方政府的最直接利益根源。这一导向的后果则是一些地区盲目地追求城镇化率的增长，一味地扩张城市、城镇用地规模，过度引导农民进城，而忽视了弱势群体的基本发展权。

集中连片特困地区积贫积弱已久，难以与全国同步实现工业化和城镇化的协同，外部干预和内生动力培育缺一不可，甚至外力扶植在这类地区发挥着更加举足轻重的地位。所以，城镇化水平的测度不应一味追求农转非的数量，而应更加关注贫困人口的发展质量，关注贫困人口共享经济增长所带来的城镇化的溢出效应，重视贫困人口的生存发展需求。

因此，该类地区城镇化水平衡量不应继续放在以非农人口数量为主的衡量模式上，而应更加关注贫困人群是否更好、更公平、更优先地享受到城镇化红利的问题，更加关注贫困个体、家庭、群体的诉求，以"以贫困人群为指向"的城镇化绩效评价是自下而上引导政府行为的有效手段。建立益贫式理论指导下的城镇化绩效定量评价方式，在关注地区经济发展的同时，更应关注贫困人口的生活质量的改善问题、地区公共物品的供给使用情况、贫困个体的经济收入及就业状况等生存发展问题。应从贫困与公共服务设施关联性角度，分析公共服务设施的数量、规模、布局等变化和贫困人口变动的关系，在重视空间公平的基础上提升资源配置效率。

2. 益贫指向的城镇化路径转型：从"非均衡"式城镇化转向"益贫式"城镇化

传统的城镇化路径更多地被认为是如何促进经济增长，不论是"大城市论""小城镇论"或是"中等城市论"，均强调城市建设与经济发展的重要性[9]，对"效率"的追求远大于"公平"。在城乡二元制结构下，我国传统的粗放型城镇化发展路径容易使城乡发展的不平衡、不协调更为严重。同时，传统的城镇化路径亦忽视了贫困地区的特殊性，自身的发展条件的限制导致其无法按照传统的发展路径来实现城镇化，导致区域间城乡差异越来越大，区域内贫困问题"孤岛化"，贫困问题日渐尖锐。

益贫指向下的连片特困地区城镇化路径实施过程中必须突出"国家干预、民生为本、因地制宜"的原则。"国家干预"意味着针对广大集中连片特困地区，仅靠其自身力量难以实现城镇化的健康、可持续发展，必须从全国一盘棋的角度认识该问题，从宏观政策方面给予贫困地区发展上的引导与帮助，从国家层面加强对山区经济的扶持力度。第二次世界大战之后许多发达国家都相继实施了"山区振兴计划"，如法国所推出的"冰雪规划"，利用山地资源发展冰雪产业以振兴阿尔卑斯山区经济，此类做法都对我国贫困山区的发展有借鉴意义。"民生为本"则强调城镇化应以贫困人口的生活改善为根本目的，从贫困人口的生存发展需求出发，切实提高贫困人口的生活质量，并结合国家"精准扶贫"政策，对贫困人口提供精准帮扶，有效解决由于贫困所带来的一系列社会问题。同时政府还需制定构建完善的社会保障体系及地区人才发展战略，为地区的长久持续发展提供内生动力。"因地制宜"原则是应识别集中连片特困地区不同发展阶段，拟定适合的经济发展战略，在产业发展方面有所为有所不为，将发展重点放到适合当地特点的绿色、特色经济上来。同时，针对同一山区，不同行政区经济发展往往具有高度的产业同构性特征，应积极引导，突破"行政区经济"，围绕山区特色，形成跨区域发展机制，共建山地生态品牌。

3. 城镇化空间模式的转型：由传统效率优先的空间模式转向适应性的均衡空间模式

传统的城镇化空间研究可以追溯到典范的克里斯·泰勒"六边形"模型。这一模型在平原地区能较好地整合行政、交通、公共服务、集聚点规模等要素，体现了效率最大化的原则。集中连片特困地区各县(市)域多为典型的山地地形，高山、河谷等割裂了部分城镇之间的联系，基础设施建设成本高昂。交通不便是制约贫困人口出行、发展的最大障碍。传统网络模式在山地城镇体系格局中建设成本极高，并且这一模式会促进人口在高程相对较高的山区纵深地带聚居，不利于生态保育[10]。

集中连片特困地区城镇化空间模式应首先突出空间建设在引导贫困人口脱贫过程中发挥的决定性作用，强调贫困人口就业和聚居空间之间的关系；在条件许可的情况下，城镇能吸纳进城劳动力，但在条件不许可的情况下，农业等产出和聚居点的关系极为密切，一切贸然实行拆村并点等建设行为均有可能加剧贫困人口的再贫困和返贫现象出现。总体来看，益贫式的城镇化空间应是因地制宜、适应性的均衡空间模式。

益贫式理论下的集中连片特困地区的城镇化空间模式，首先要与益贫人口的业态相结合，坚持产城融合的发展途径。由于贫困人口多分布在乡村地区，呈现小、散、多样性聚居特征，这类地区发展应积极引导迎合相应地方业态的发展，如种植、旅游等适应性城乡统筹的模式，业态发展应以受益贫困人口为主要衡量指标，结合国家生态移民、对口援建等外部政策，因地制宜地改善聚居环境。其次，针对该类地区特殊的自然生态环境，其城镇化空间发展模式应该顺应符合生态系统的特征，采用适应性的聚居空间模式，以适应性的规模形态在空间上形成

"大分散、小集中"的整体布局，弱化纵深山区的不利条件，加强各类发展要素的空间聚集与联系，破除贫困孤岛化现象，实现城镇空间的均衡化发展。再次，应重点关注该类地区的移民迁建问题，其中包括生态移民、水利工程移民等迁建中的社会稳定、经济持续等问题。

4. 公共物品供给模式转型：从均衡布局转向贫困人群优先扶持

世界发展报告(2014)指出，发展中国家的贫困问题是公共服务的非公平问题。公共物品(public goods，主要指政府投入的基础设施和社会服务设施)提供往往跟政府财力相关，城市发展初期，优先资源往往布局在效率最高的地方；经济发展到一定程度，公共资源投入相对有保障，均等化、公共文化服务圈等以均衡布局为导向的公共物品提供模式被推行。农村公共投资和公共服务是推动新阶段中国农村益贫式增长的重要政策工具[11]。

作为经济水平极为滞后的集中连片特困地区，城镇贫困和乡村贫困并存，但重点是村、乡乃至镇一级的公共服务设施缺乏问题。集中连片特困地区公共服务设施投入有限，应更加珍惜资源的利用。应针对贫困人群分布情况，从民生、切身利益做起，如教育、医疗、商业网点等服务设施，可通过公共服务设施的布局和使用向贫困人口倾斜，同时也引导贫困人口的空间合理布局；结合相应扶贫、移民等政策，在投入有限的前提下，采取见效快的公共服务设施建设方式，提供公平导向下公共服务设施的适应性供给模式。与此同时，农村扶贫基金往往政出多头，教育、卫生、道路、教育、水利、生态设施等扶贫资金各行其道，建立完善的统筹机制是利用好各种扶贫资金的重要保障。

更深一步的公共服务设施投入应考虑到贫困人群的使用结构，其中以家庭为单位的使用结构和公共设施的关系应尤为重视。以人为本的城乡空间就要重视个人和家庭的空间行为、空间联系和空间格局、空间需求，益贫式的城镇公共物品供给也应基于对贫困人口的时空变迁特征分析，从家庭的完整性、聚合性和其日常生活质量视角，对就业、居住、公共服务进行耦合式规划安排，在公共投入受限的前提下对城市公共服务设施进行适用性规划布局，以降低交易成本，提高人群的就业机会，提升其教育医疗等公共服务水平，比如以村为单位建设的一校一室一站①等，构建全面覆盖的公共设施服务网点。同时增强该类地区社会流动性，提升公共服务设施的适应性与使用效率，促进城乡公共服务设施的均等化。益贫式发展路径需要抓住时代机遇，利用好后发优势，如全球信息化等为偏远山区带来了重要的发展契机。集中连片特困地区多为传统农业市县，不可能一下子走高科技的路线，应积极扶持山区信息化建设，做足网络经济，促进山区经济发展，以弥补该类地区交通不便、信息不畅等缺陷。

---

① 一校一室一站指以村为单位建设学校、医疗卫生室、文化活动站等最基本的服务设施。

5. 城镇化政策供给的转型：由"效率优先"转向"公平正义"的政策供给模式

从广义上来讲，几乎所有的规划政策都是区位导向的，而区位导向型政策是国家通过财政优惠与补贴等方式来推动地区发展，提升社会福利的重要手段[12]，其本身便具有效率优先的特征。扶贫政策作为区位导向型政策的一种，普遍存在见效快却难以持久的弊病，其主要原因还是在于过于注重效率优先，且缺乏诸如空间建设手段的契合，这些输血式扶贫政策只能缓解一时，却无法从根本上解决问题。

对于城镇化政策来说，是否深刻地了解并满足贫困人群具体社会需求十分重要。城镇化政策往往是容易倾向宏观、均质。而不少扶贫政策，过于注重短期内扶贫成效，却忽视了较为长期的人居环境建设，缺乏对空间效应的引导，不利于扶贫效应的持久性、可持续性和适应性。尽管各类政策扶持力度不断在加大，却并不能彻底解决改变集中连片特困地区的贫困现状，贫困问题仍日益尖锐突出。

益贫式理论指导下的城镇化政策应更注重公平性与适宜性问题，注重城镇建设的配合，它是将短时间输血式扶贫向长期式造血式扶贫转移的空间载体和重要组成部分。益贫式城镇化是彻底解决贫困问题的重要抓手，而城乡建设的空间设施布局则是支撑其长效发展的有力手段。面对地区贫困差异性问题，在城镇化建设中，应结合该类地区的特殊情况，相关政策应提高地区适应性，提高弹性，积极探索"收放有度"的适应性城镇建设模式政策。与此同时，城镇建设在遵循效率优先的基础上，将资源投入到更具优势与规模经济的地方的同时，还应注重公平正义，遵循贫困人口的流动与分布原则，向没有享受到优惠政策的地方进行适度转移，从整体上改善集中连片特困地区的贫困问题。

3.2 贫困地区的益贫式城镇化发展建设

3.2.1 贫困地区益贫式城镇化的建设目标

1. 实现普惠性的区域平衡

"益贫式增长"是真正惠及穷人的经济增长模式，区域的整体平衡应是其发展的核心目标之一。重庆市集中连片特困地区作为国家14个集中连片特困地区组成部分，其贫困现象突出，贫困人口众多，是制约地区发展的根本原因。重庆市集中连片特困地区发展的核心目标是"脱贫致富"，只有在城镇化建设和决策制定过程中始终坚持益贫原则，让广大贫困人民脱离贫困的窘境，才能少走弯路，多见成效。

2. 达到公平性的区域分配

"益贫式增长"更应关注公平、经济增长和贫困三者之间的关系。毋庸置疑，当前城镇化模式路径下，依然是以极化驱动和城市优先为主，城市扩张速度高于质量、农民"被城镇化"、掠夺式开发、区域差距和城乡差距不断拉大等问题接踵而至，从目前的情形来看，传统的城镇化模式是一种城市的功利性的城镇化，而不是真正有利于贫困农民的城镇化。而特困山区的城镇化要把握好的关键问题就是广大贫困农民的公平城镇化，即"益贫式"城镇化。

3. 走向包容性的社会格局

未来城乡之间更趋于流动、频繁交流的状态格局，过程中为保障区域的可持续发展，要素间、人与人之间的网络更应形成包容的特征环境。益贫式特殊的城镇化道路应注重从"物的城镇化"向"人城镇化"转型，走以人为本、包容性的城镇化道路是区域实现经济社会现代化的前提，公共服务、人群交往的包容性必须成为益贫式城镇化的核心目标。益贫式城镇化应当保障容纳作为全体居民的基本生存权利、基本社会保障体系以及发展主体的身份认同，使特困地区全体人民能够共享城镇化、经济繁荣与社会进步的成果。

3.2.2 益贫式城镇化发展的建设重点

1. 县城集中化重心培植，发展动力主心逐步形成

连片特困地区的贫困往往是规模化的贫困，区域内没有突出的功能主心，缺乏可以统领带动周边发展的核心动力。因此在益贫式城镇化指导下，对于集中连片特困地区的发展应尽快集合资源，重点培育县城形成区域发展极核，继而带动统筹周边发展要素，协调有序地促进脱贫进程。

集中连片特困地区的发展极核需尽快形成一定的经济效益。经济增长极能够对该区域的经济发展产生极化效应，增长极的极化效应是通过推进企业和产业综合体的技术创新活动以及生产的集聚和辐射作用促进和带动区域经济迅速增长。即增长极能吸引经济发展的各要素由周围落后地区流向发达的经济活动中心地区，使其获得规模经济效益和集聚经济效益[13]。

对于区域核心片区县城，还应尽快找准其发展定位进行功能转型，以及分工的再分化与传递，利用已有的基础设施、完善的公共服务、丰富的文化娱乐活动和良好的教育科研条件，全力打造生产性服务业，全力推进生活性服务业。通过提供广泛的人力资本职业培训体系和构建精细化、均等化的现代公共服务体系，提高核心片区的综合服务水平，并优先考虑贫困人群的公共利益，使核心片区成为能够尽快辐射、带动周边发展、再分工的发展动力主心。

2. 乡村减量化精明发展，劳动力回输自下而上持续滚动

对于一个区域来说，尤其是连片集中的贫困地区，域内的平衡发展始终是重要的内容目标。益贫式城镇化对于连片特困地区的空间布局模式应有别于传统的追求量上的集中或增长，而应形成各司其职、各得其所的发展模式，尽快拉动贫

困区域公平发展,进而形成城镇化布局的高效集中与均衡发展。这也意味着区域内有的贫困点需要向减量化、精明化的方向发展,而功能交汇地区则需强化紧凑式发展。使整个区域集中、分散有机结合,形成区域核心带动周边,周边根据地理、交通等条件情况针对性布置,联动化发展。

益贫式城镇化下周边贫困乡村应避免孤岛现象的产生或延续,有重点发展,例如生态旅游、绿色工业发展方向等,再依据功能的需求,合理适量布局。对于自然环境恶劣、生产效率低下及生活质量落后的地区,进行生态移民、易地搬迁等空间置换的布局安排,进而进行资源整合重置。不是"遍地开花",而是有针对性的区域减量化分散发展,将资源、重点投入到条件较好、发挥潜力较大的贫困地区。对于有特色的产业,融合互联网+多模式组合,促进区域产业网络联动。充分考虑信息经济的传播效应,在农产与二、三产结合基础上,探索线上推广、运营模式,扩展特色产品的传递渠道,并作为各类农业、工业基地与周边区域联合驱动、产业对接,打造创新化的区域网络产业体系。

另一方面益贫式城镇化的发展中农民是乡村产业发展的重要主体,乡村劳动力的素质在很大程度上决定了乡村产业,乃至整个乡村的发展未来。目前乡村发展环境整体较差,因此越来越多的乡村劳动力选择外出寻求更好的发展机会。为避免人口流失问题的日渐严重,乡村地区需要新技术、新知识、新理念、新型劳动力的投入来重新激活产业的发展。积极培育乡村能人,加强自下而上劳动力的驱动,通过加强对乡村居民的文化教育、现代农业技能、相关信息技术以及管理技能等的培训,提升乡村劳动力的生存发展能力和视野思维。积极培育乡村精英,并通过相关优惠政策吸引外流精英回乡创业,鼓励乡村能人自主创业,如结合乡村各类优势资源及现代信息技术,依托"互联网+"促进现代农业的高效发展,发展农民网商,以此来弥补山区地理区位交通的缺陷,拓展各类农副产品销售渠道并借助网络平台提升乡村特色产品的品牌效应。通过乡村产业的创新发展为乡村居民提供更多的就业机会,从而促进流失人口以及各类社会资源向乡村回流,实现乡村发展的复兴,全方面地有效带动其他乡村农民发家致富。例如我国台湾地区通过制定相关农业企业化辅导制度来培养乡村人才,如针对中青年实行"漂鸟计划",鼓励更多的年轻人体验、学习相关的农业种植技术,为农业发展注入新鲜活力的血液;而对于有意愿从事农业生产活动的中年人则通过制定"园丁计划",从政策优惠、知识技能培训等方面提升农民专业技能;而对于已经从事农业活动的农民,则通过"深耕计划"的实施来提升农业现代化专业技能及经营管理技能,从而促进传统农业的转型发展[14]。

3. 完善基础公服设施,构建贫困优先的民生普惠格局

我国集中连片特困地区虽然在国家连年的"扶贫"政策的帮扶下,贫困现状有所改善,但是依然摆脱不了该区域资源匮乏的现实,尤其是对于公共资源的占有上更是如此。因此在益贫式城镇化指导中,基本公共服务是在适应当前社会和经济发展特点的前提下，为保证公民最基本的发展和生存权，最大限度地向全体公民提供无差别、均等化和基础性的服务项目。其具体应包含基本教育、医疗卫生、文化体育、商业金融、养老保险和社会救济等内容。

益贫式城镇化强调基本公共服务设施的均等化不是平均化和均衡化，它是根据不同社会发展阶段、不同区域不断调整的。第一，基本公共服务设施享有机会的均等化是其最终均等化的前提条件；第二，由于我国地域广博，区域间发展极度不均衡，因此从均等化的主体来看，在发展现阶段，其重点应该在城与乡之间的均等化，消除区域范围内基本公共服务设施的城乡差距；第三，从均等化的客体来看，要确保基本公共服务设施均等化的结果大致相当；第四，从均等化的内容来看，由于区域的差异性，要首先做到对均等化差距的识别，在识别差距的基础上，有针对性地布局均等化的内容。尤其对我国集中连片特困地区的基本公共服务设施均等化，更要做到"精准识别"，切不可"一刀切"。

在资源有限的现实条件下，效率与公平问题是公共服务设施均等化需要同时兼顾又相互掣肘的两极。若过于强调公平，则必然导致设施在空间上分布较为分散，难以保证设施成规模化、体系化，也就直接影响到最终设施的服务水平；相反，若以结果为导向，过于强调效率，则在空间上设施的布局必然趋于集中，进而会降低设施对于每个使用个体的时空可达性。然而随着几十年的城乡交通体系建设，我国各个地区的交通条件极大改善，个体对于时空的占有区域也在不断提高。这就为益贫式城镇化中兼顾时空公平和设施规模效益提供了更为便利的条件。同时从个体对于设施服务水平和最终结果视角看，不少被服务对象已经"用脚投票"——牺牲时空可达性而选择那些服务水平更高但可达性差的公共服务设施，可见当下提高设施的服务水平已是当务之急。

4. 挖掘乡土文化资源，着力推动美丽乡村旅游发展

重庆市集中连片特困地区益贫式城镇化过程中，产业发展依然是以土地、劳动力密集型的企业为主，资本薄弱、技术落后、人才匮乏等限制因素，导致其大部分地区继续走传统产业的粗放式发展的老路，三次产业间未形成有效联动发展，对资源以及生态环境造成了巨大损耗。重庆集中连片特困地区有着极为复杂的山地条件，同时也意味着有丰富独特的生态资源、山地文化，益贫式城镇化追求在保护的基础上加以利用，向美丽乡村发展事业迈进一步。

重庆是典型的山地城市，其孕育了与自然息息相关的深厚文化底蕴，对于贫困地区，虽普遍集中在山地环境突出的地域，但其文化缺失脆弱，并且是非稳定的。因此在其益贫式城镇化建设过程中，应补充、制定对山地文化的保护制度政策，把文化保护和建设上升到战略高度，对地方文化特征进行深入挖掘、继承和创新，将由此形成的规划理念转变为物质和空间表现形式。将山地特征作为生态、文化资源，转化为各项规划的重要前提和考虑要素，逐渐融入山地乡村建设规划中去。结合山地乡村地形多变的特点，加大山地多维立体空间的展示、可参与度，叠加历史演进、

山地聚落生活、立体交通等多维度、多形式的山地文化记忆，形成有地域个性的文化空间布局，以加深山地乡村文化的根植。进而打造出重庆集中连片特困地区旅游业的特色品牌，发展成为一系列独具山地魅力的生态、山地文化旅游观光。

乡村风貌需强化聚落依山傍水有机生长，营建"天人合一"的生活意境。通过管控乡村风貌，保持山、居相间的有机聚落，展现乡村淳朴意象。同时传承乡村民俗文化风貌，为留住民俗文化基因，选择打造多个主题特色村落为亮点的美丽乡村布置格局，形成一村一品的古朴风貌。进一步保留拓展民间风俗活动，留住村落乡愁印象。设置不同的体验式工坊，寓教于乐，传承文化。

5. 摆脱地域贫困束缚，优化安置易地移民融合

重庆市集中连片特困地区，往往都面临着土地贫瘠、人地矛盾突出、水资源匮乏等生产生活条件恶劣的艰难情形，通过就地就近帮扶促进生产或就业仍无法让农户脱贫，因此对于贫困优先的益贫式城镇化建设，易地搬迁移民就成为一种突破生态贫瘠、地域贫困的重要途径。而易地扶贫搬迁的核心任务不是贫困的转移，而是搬迁人口的切实融合，因此对于易地扶贫搬迁的规划不应将其实施举措局限在搬迁到安置的过程，更应重视安置人口在新环境中的再组织融合。

益贫式城镇化建设对于综合条件弱势的搬迁居民的社会融合，要求社会网络的融入与生计发展的弥合，这一过程应从过去仅考虑用地功能的视角切入对于人群特征的深层次剖析，从而建立起人与环境，人与人之间的紧密网络。

易地扶贫规划需加快安置区移民就业产业的融合、社会网络的融合。扶贫移民社会关系网络经历了从破碎到调整重构再到拓展的复杂变动过程，其演变为一个由调整后的原有社会网络、移民之间重构的社会网络、移民与安置地村民新建构的社会网络、移民与安置地政府、企业等正式组织机构的社会网络等组成的复杂的社会网络体系。加强该网络体系需通过生计活动的嵌入，同时也需要创新社会参与机制，促进贫困移民发展致富。构建社区合作性网络组织，促进贫困移民与其他村民的交流与合作。

3.3 小　　结

发展的核心在于人，扶贫不仅仅是作用于人，更应带动人的自身增长，因此针对我国贫困地区一些特殊的贫困现象，更需探寻益贫式的城镇化路径。贫困地区益贫式城镇化的建设目标其根本目的在于帮助居住在连片特困地区的贫困人民摆脱贫困的发展状态，达到公平性的区域分配，继而实现普惠性的区域平衡，逐步走向包容性的社会格局。自上而下的资源投放始终有限，贫困地区要得到稳健的持续发展，需有重点、有先后地投入建设，于是从宏观到微观、从物质到人的互动层面切入，县城应集中化培植重心，逐步形成发展动力主心；乡村应精明发

展减量化，形成自下而上劳动力，回输持续滚动；基础公共服务设施需继续完善，构建贫困优先的民生普惠格局；挖掘乡土文化资源，着力推动美丽乡村旅游发展；摆脱地域贫困束缚，优化安置易地移民融合。

参 考 文 献

[1] 刘春，丁栋虹. 西部开发之后发优势、扩散——涓滴效应探析[J]. 现代企业，2003(4)：22-23.

[2] Whitfield L. Pro-Poor Growth：A Review of Contemporary Debates[EB/OL]. [2008-05-20]. www.diis.dk/epp.

[3] 世界银行. 2000/2001年世界发展报告(中文版)[M]. 北京：中国财政经济出版社，2001：15-16.

[4] 杨君，龚玉池. 有效制度供给不足与中国经济增长[J]. 经济学家，2001(1)：16-20.

[5] 张庆红. 益贫式增长的内涵及其实现路径：一个文献综述[J]. 新疆财经大学学报，2014(3)：5-12.

[6] 周华. 益贫式增长的定义、度量与策略研究——文献回顾[J]. 管理世界，2008(4)：160-161.

[7] 陶希东. 包容性城市化：中国新型城市化发展新策略[J]. 城市规划，2013(7)：9-10.

[8] 肖万春. 论中国城镇化水平度量标准的合理化[J]. 社会科学辑刊，2006(1)：112-113.

[9] 谭云俊. 甘肃省城镇化模式研究[D]. 兰州大学，2006，5：3-4.

[10] 杨培峰. 恢复生态学视角下生态脆弱地区的城镇化问题思考——以重庆三峡库区为例[J]. 山地学报，2010，28(2)：183-190.

[11] 刘畅. 农村公共投资、公共服务与中国益贫式增长[J]. 农业经济问题，2012，33(6)：49-54, 111.

[12] 郑思齐. 对中国若干区位导向性政策的研究与讨论[R]. 2016中国城市规划年会.

[13] 熊吉峰. 中部地区与浙江农村城镇化动力机制比较[M]. 北京：中国社会科学出版社，2007：75.

[14] 邵玉宁. 江苏乡村特色保护与塑造的规划策略探讨[A]. 中国城市规划学会. 城乡治理与规划改革——2014中国城市规划年会论文集(14 小城镇与农村规划)[C]. 中国城市规划学会：中国城市规划学会，2014：12.

第4章 重庆市集中连片特困地区益贫式城镇化路径及规划模式研究

4.1 重庆市集中连片特困地区城镇化发展路径选择原则

重庆市集中连片特困地区城镇化路径的选择，关键是把握好"国家帮扶、政策引导、以人为本、绿色发展"的16字方针。

4.1.1 国家帮扶

我国集中连片特困地区的城镇化发展对国家解决区域发展不平衡和打赢脱贫攻坚战具有十分突出的重大战略意义，但是仅靠集中连片特困地区自身的能力，难以实现其城镇化健康和可持续发展，必须突出国家帮扶的特征。一方面是建立长效的国家组织、不同层级的帮助机制，同时也要针对集中连片特困地区的特殊情况，实施不同的社会、经济、生态等政策，为集中连片特困地区发展创造良好条件。

4.1.2 政策引导

我国的扶贫政策与扶贫机制对解决我国集中连片特困地区的发展提供良好的引导与保障作用。扶贫的引导需要进行相关的转变，从以前的"输血式"向"造血式"转变，既要在为贫困地区提供直接帮助，同时也需要引导其可持续的发展。对其城镇化的发展方面，扶贫政策的引导将提供一条新型的城镇化发展路径，有利于实现其健康、生态发展。

4.1.3 以人为本

贫穷、落后是我国集中连片特困地区的特大问题，城镇化发展需要首先加以应对，要以改善民生、以人为本、贫困优先作为城镇化的落脚点和出发点，特别需要关注集中连片特困地区的贫困人口的发展问题,加强基础设施和公共服务设施建设,提供良好的设施条件和服务品质,使得集中连片特困地区的人民能够在城镇化的发展中得到实惠。

4.1.4 绿色发展

全国集中连片特困地区基本是以自然生态脆弱人居条件为主,同时具有"老、少、边、穷"等特点,因此,在新型城镇化和精准扶贫的背景下,既要保护其良好的生态资源本底,又能实现其合理发展,必须要走绿色、健康、可持续的城镇化发展道路。

4.2 重庆市集中连片特困地区益贫式城镇化路径

研究认为,无论是对重庆市集中连片特困地区益贫式城镇化发展以下内生因素的剖析,还是从城乡流动整体外部格局的把控,其核心内容离不开五大方面,即在重庆市集中连片特困地区如何更好地解决人的问题、空间的问题、经济的问题、基础设施的问题以及保障制度的问题。因此,本节针对重庆市集中连片特困地区发展给出了以下益贫式城镇化的具体实施路径。

4.2.1 对"人"的关注——贫困人口可持续生计、劳动力回输及社会组织重构问题的解决

城镇化的实质是实现人口的转移,益贫式城镇化的过程中则更为关注"人的城镇化",是以贫困优先为大的原则展开的一系列对策。本研究认为贫困人口中"人"的问题是集中连片特困地区新型城镇化建设成败的关键,在益贫式城镇化理论指导下的实施路径应重点回应对贫困人口的内在提升。因此需要解决贫困人口的本质需求、调动吸聚其劳动力转移以及有序组织其社会环境三方面的问题。

在传统的"城乡二元经济结构"转向城乡一体化的过程中,人口的流动越发频繁,而贫困人口的转移及生存、生活行为模式则更加脆弱、弱势,滋生出一系列的社会问题:一方面本地居民生存条件恶劣,生计难以维持;另一方面农村人口大量涌入城市,造成城市空间拥挤,进城务工人员社会保障无法实现,农村留守儿童、留守老人等问题。重庆市集中连片特困地区,城乡差距大、农村特殊贫困、人口大量外流等现象更为突出,这就要求重庆市集中连片特困地区逐渐由"排斥和失衡"的传统社会发展模式逐渐转向"包容和均衡"的社会生态发展模式。

社会生态发展模式，以社会稳定、城乡均衡发展以及各类人口的社会融合为目标。发展社会生态要把握好的关键问题是城镇化质量，核心任务是实现区域脱贫和人本化城镇化发展，最终目标是构建生态文明和谐社会。

1. 大力实施"造血式"扶贫方略，提升贫困人口可持续生计能力

重庆市集中连片特困地区城镇化应突出"全面脱贫""建设均衡性社会"总体导向，强调发展成果真正惠及贫困和弱势群体。推进扶贫工程的关键在于农村，农村发展离不开农民增收及其生计，而仅仅依靠"输血"式救济是远远不够的，依靠产业带动实现"造血式"扶贫是主要方向。重庆市集中连片特困地区贫困农村普遍规模较小，基础设施欠缺，属于深度贫困，单单依靠自身力量难以在2020年摘掉贫困帽子，这些贫困农村的发展离不开扶贫资金、项目和资源的投入，但更需深入挖掘扶贫工程的内生动力潜能，向贫困农村人口聚力。于是它们应搭乘"乡村振兴战略"这一列车，以村域资源禀赋为基础，依托"金融帮扶""互联网+""技术教育"和"基础救助"等手段，大力发展乡村旅游、生态养殖、经济农林产品等生态经济产业，实施"生态扶贫、产业扶贫、智力扶贫和基础扶贫"四位一体的"造血式"扶贫方略，激发和调动广大群众的积极性、主动性和创造性，为贫困人口带来更多提升生计的途径选择。同时需强调针对贫困人口有适应性的发展空间，在摸清其脆弱性背景、生计资本、发展潜力等的基础上，充分尊重其发展意愿、真实需求，逐步开发其生计能力，形成有组织、有规模的可持续发展路径。

2. "本地城镇化"和"异地城镇化"并重推进区域城镇化发展

重庆市集中连片特困地区城镇化，应当是城市集群吸纳农村转移人口和农村农民异地城镇化并重的城镇化模式。重庆市集中连片特困地区是集中连片特困地区的典型，要实现重庆市集中连片特困地区脱贫致富和经济飞跃，须保持必要的人口量和足够的劳动力，这也是一切资源和投资得以运转的根本条件。区域内本地城镇化需加速推进，但同时城乡间的流动是当前城乡一体化融合的必然趋势，加之重庆市集中连片特困地区难以攻破的恶劣环境地区较为普遍，因此结合扶贫搬迁易地移民、生态移民等，灵活的区域内异地城镇化是有效手段之一。

本地城镇化可以减少人口跨区域的流出，缓解流出人口家庭被割裂，及流入地区文化不适应等社会问题，有助于社会稳定和家庭幸福。但目前集中连片特困地区的发展滞后、人口流失导致乡村发展空心化，本地城镇化的推进需加快产业及基础配套的集聚，以此吸纳人流，获得重新组织劳动力的新一轮分配分工。

异地城镇化则相对灵活，给转移的贫困人口带来更多发展的可能性，同时有益于进行资源再分配及整合。它能够有效改善贫困人口的基本生活水平，提供更多就业机会与产业的调整转型。

3. 有序组织乡村社区自治及社会网络重构，促进乡村流动人口的社会融合

集中连片特困地区是长期缺乏治理的地区，社会管理组织的意识薄弱，因此

在集中本地城镇化和就近异地城镇化的过程中，更需要管控好社会环境的治理融合。人本化的城镇化模式与"包容型社会"的发展目标是一致的，其核心目标都是促进各类人口的社会融合。人本化的城镇化推进模式，首先应考虑的就是流动人口的社会融合问题，即流动人口最关心的基础设施、公共服务设施、住房保障、社会接受度等关乎民生品质的关键性问题。

一方面，应该端正价值观导向问题，从"追求数量"的城镇化评判标准转向"注重城镇化质量的提高"。人口的回流，造成常住人口的基数变大，城镇化率可能不升反降，所以评判欠发达地区城镇化水平应该更看重社会服务设施、生态保育程度和居民生活质量等[1]。政府政策制定应更加倾向于解决贫困农民的生活保障问题，建立健全社会保障机制，让留守农民"病有所医、老有所养"，让进城农民"业有所依、住有所属、留有所享"，生活得更好，社会更融洽。另一方面，加强乡土文化上的共荣认知，营造生态自然、人文和谐的文化交流共同体，构建起人与人之间的文化交流渠道，促进形成地域的依赖感、归属感。

4.2.2 对"空间"的布局——区域群落格局、有效选点发展、生态化城镇空间问题的解决

对于集中连片特困地区，域内空间的平衡发展是重要的目标，如何能使益贫式城镇化有效地落实到区域的产业、功能服务等方面，则需要明确的空间分布指引，确定各个等级镇、乡的发展方向和战略规划，让各区域各司其职、各得其所地发展下去，并得以高效、均衡地持续运行。因此需要从空间入手，解决整个区域的布置格局、各村镇选点发展以及他们的生态化空间建设三个方面。

新时期，益贫式城镇化路径模式下，重庆市集中连片特困地区建设应由过去"粗放型、低效化"的建设模式逐步向"生态化、集约化、有效化"的生态城镇建设模式转型。重庆市集中连片特困地区城镇建设，首先应避免重走传统城镇建设中过于强调经济发展和形象工程而忽略生态环境的老路，大力推进生态城镇建设，须始终坚持生态化原则，一切建设活动均在严格保护生态环境的基础上进行。同时应该考虑到重庆市集中连片特困地区多位于山、河、谷地段，可利用土地资源有限，而过去传统外延式城镇化发展，土地利用粗放低效，土地资源浪费现象严重，这就要求重庆市集中连片特困地区建设必须由过去的"粗放低效式"发展转向"精明有效式"发展，充分利用土地资源，形成合理、集约的空间布局结构。此外，重庆地区地势高低起伏，城镇多环山绕水，生态特色极其突出，生态城镇建设应充分利用好这些自然生态资源，着力建设生态特色城镇。

1. 建立以"中小城镇群"为主体形态的生态城镇化推进模式

目前重庆市集中连片特困地区城镇化体系现状是大中城市极化带动能力不强，小城镇数量偏少且发展滞后，城镇总体密度较小，难以形成带动区域经济增

长的有效载体和战略骨架。因此重庆市集中连片特困地区益贫式城镇化推进应关注区域和县(市)域两个层面,区域层面以"中小城镇群"为主体形态推动城镇化的发展,是对区域城镇化模式的大胆尝试。县(市)域层面,着力完善县域中心城市功能重构和空间优化,建设重点小城镇,发展特色化小城镇组团,以承接县城产业转移和完善县域公共服务配套,进而辐射周边贫困乡村,力争走出一条城乡一体、生态和谐和经济繁荣的生态城镇化道路。

发展县城要以提高城市综合服务水平为目标,促进城乡融合,转变发展思路,实现县域小城市的功能转型。对于自身具有特殊优势,且其他城市难以复制和模仿的县城,如明显资源优势或者良好历史底蕴,又或者是十分特殊的地理位置等,可选择向特色功能型城市转型,特色功能主导型目标是打造独占性优势产业或功能服务,集中力量优先建设特色功能和特色产业品牌,抢占市场先机,提高城市核心竞争力;对于自身发展条件有限,资源特色不突出,但是区位条件较好的县城,可选择向功能互补和分工模式转型,这样的县城一般周边有多个小城市或者区域中心城市,发展模式可选择形成城市之间联系紧密、产业互补的经济集合体,功能上以承接区域中心城市产业转移为主,或以发展现代物流服务功能为主等,充分体现区域一体化特征;对于自然资源优势不突出,区位优势又不明显的县城,可选择向综合功能提升式城市转型,生态制约性和资源的有限性要求城市寻求新的增长点,此类县城可顺应知识经济和信息化大发展的时代潮流,通过功能模式再造,提高城市产业的科技含量,成为新型的、以知识和技术功能建设为支撑的科技城、文化城,使得县域小城市经济结构走向高新化、生态化和知识化,实现创新发展转型。

重庆市集中连片特困地区城镇化发展亟须调整内部城镇结构,突破行政区划,转同质化竞争为战略性合作,积极推进中小城市组群发展,建立区域范围内相互紧密联系的互助性城镇群,各城市间通过加强经济要素、资源要素的互换,实现城市发展的共赢。以"中小城镇群"为主体形态推进区域城镇化路径模式,不仅有利于地区团结和充分发挥生态资源优势,也有利于构建区域经济协调发展大格局。

2. 有重点、针灸式发展各乡镇,实现大分散小集中的有效布局模式

乡镇作为连接城市与农村的重要节点,与地级市和中心县城有着不同的定位与分工[2]。长期以来,集中连片特困地区产业规模较小、结构单一,就业岗位十分缺乏,生产效率与生活质量均处于较低的状态。因此重庆市集中连片特困地区要有重点地发展乡镇及农村。把发展的重点、资源集中整合,投放到区位条件有优势、基础条件好或是发展潜力大的乡镇,引导周边人口、产业的集中,提高乡镇聚集规模、增强服务效益。根据重点乡镇、农村的区位和自然资源条件,推动乡镇发展与农业产业化相结合,或与风景名胜区保护相结合,或与发展特色旅游业相结合。重庆市集中连片特困地区的乡村分布离散且面广,应依

据功能、现状依附重点发展的乡镇，撤乡并点，适当集中，置留出更多生态涵养用地的同时，借助重点乡镇的发展，为农民提供合适的就业岗位与稳定、持续的收入来源。

3. 搭建生态化文化式空间发展框架，实现有品质、有特色的乡镇

益贫式城镇空间建设必须在严控生态红线的前提下开展，进而适度地对生态资源加以利用，形成与生态环境协调、凸显山地乡土文化特色的乡镇、农村。开发代价高、生态影响大的用地，应划入生态红线范围内；对乡镇建设过程中违背山地自然规律，侵占不可建设用地，侵占公共绿地、水系等行为，必须严格禁止；能源、水资源、土地等资源的利用，必须在保证自然资源利用上线的基础上进行。针对资源矿产富集区，应明确指定资源开发引导策略，严格控制开发强度；针对山地森林资源丰富的特点，在"三规合一"的基础上，创新、探索结合林业规划、公园绿地规划等的"多规合一"制度。

集约化的生态城镇建设模式要求城镇发展必须要节约、集约利用土地资源，尽可能增加土地效益，以保证土地供应的可持续性。其中关键要做到：①充分考虑到地区"地形复杂、生态脆弱和可利用土地资源有限"的区情，严格控制用地增量速度，合理划定城市开发边界[1]；②乡镇需形成以高新技术应用为突破口，特色产业为支撑的集约化格局；③加强对乡镇建设各个层次的规划引导，以提升乡镇空间品质为核心，优化用地结构。做到以上几点，从而有效提高土地利用效率，促进乡镇紧凑集约发展。

重庆市特困地区建设应充分认识和利用城镇不同自然生态特征，拟定适合的城市空间发展策略，将重点放到提升城市空间品质上来。重庆市集中连片特困地区地势高低起伏，山水丛林环绕，生态特色突出，充分利用好现有山水资源，结合区域生态格局合理布置城市开敞空间，构建绿色、蓝色生态网络，围绕地区独特的生态特征和文化特色，建设特色生态城镇品牌。

4.2.3 对"经济"的调整——产业支撑作用、集聚产业互动及乡村旅游扶贫问题的解决

城镇化的发展往往伴随着经济的增长，产业是经济发展的重要依托，因此益贫式城镇化的推进也需要加大对集中连片特困地区的产业扶持及产业化发展。应通过多种渠道来挖掘产业增长的新潜力，包括强化产业支撑作用、集聚产业互动及乡村旅游扶贫三方面内容。

城镇化快速发展阶段，许多城镇正承受着由过去高消耗、高污染发展模式带来的生态破坏之痛，作为生态功能区的重庆必须直面教训，毫不动摇地进行经济转型、积极发展生态产业支撑。生态产业所涉及的种类众多、产业链复杂，发展模式也没有统一的标准，重庆山区要在短时间内仅仅依靠自身力量，建立种类齐

全、产业链完善的生态产业体系是非常困难的。因此，准确把握自身优势和核心增值资源，通过政府宏观引导，积极构建集约高效生态产业集群，完善生态产业链，打造优势品牌生态产品，成为发展重庆市特困地区生态产业的关键。

1. 以生态产业为支撑，积极搭建乡村产业发展平台

对于重庆市集中连片特困地区，一是需要提升各个乡镇产业发展的就业弹性度，充分考虑贫困人口的就业问题。着力推动现代服务业发展，重点营造和优化政策体制环境，最终实现业态交融，并使得资本、劳动力和技术支撑的服务业有机结合和良性循环，以提升这个乡镇的就业容纳能力。二是要强化各乡镇城镇化产业发展的分工协作，重点发挥资源禀赋优势，按照大中小综合协调的原则推进产业内部结构优化和生产方式的转变。三是开发符合各乡镇生产条件的产业综合主体，对于生态资源丰富的重庆地区，其集中连片特困地区的产业应以生态产业为主要支撑，充分开发有优势的生态产品，重点培育特色优势产业，并将绿色、低碳、循环的发展理念融入产业模式的建构当中，形成具有山地特色产业体系。

对产业发展和园区建设进行科学规划，形成绿色化、集约化的产业发展大格局。各地区政府应在重庆市集中连片特困地区生态产业发展的大方向下，针对各地区不同情况，科学制订产业发展计划。产业园区的建设也应该在全盘规划下进行，避免企业各自为政和增加环境压力，以此达到在产业发展的摇篮里就能形成产业的绿色化、集约化发展大格局。重庆市集中连片特困地区产业发展缓慢、集聚效应不明显，园区建设较少，已有的产业园区也多缺乏科学系统的规划，资源利用率不高。地区整体仍处于产业发展的初级阶段，这是发展劣势，也可以是后发优势。

政府援助方式上应做到重点突出，完善生态产业发展基础平台建设。完善的基础设施建设是地区产业经济发展的基础，加强教育投入，积极培养技术人才、创意人才和领军人才是实现地区产业经济可持续发展的关键。面对重庆市集中连片特困区特殊贫困的现状，必须先"输血"，然后转变为以增强内部"造血"功能为主。要达到这个目的，就需要政府在援助方式上做到重点突出，不断完善生态产业发展基础平台建设。

2. 以中小企业为主，积极构建生态产业集群

积极引进新技术，推动以农产品加工为主的中小企业发展。

本研究提倡产业生态化发展方向，积极推进农业现代化和农产品商业化，走出一条"农业产业化"的绿色产业发展道路。从重庆市集中连片特困地区要素的发展特征分析来看，目前为止"粗放型二产"仍是该区域绝对主导产业，三产因旅游业发展略有回升，一产增长最为缓慢。这也是过去地区产业未能与其优势资源相契合发展的集中体现，直接导致的结果就是地区长期处于特殊贫困状态难以自拔。走农业产业化的发展道路正是基于重庆市集中连片特困地区丰富和优越的生态资源以及扶贫任务的紧迫性而拟定的，是推动地区全面发展的重要环节，也

是能否实现"精准脱贫"的关键举措。

首先，将传统农业与现代科学技术相结合，以农业科技化来推动农业产业化发展(图4.1)。重庆市集中连片特困地区地形高低起伏，生态敏感脆弱等特征显著，仅仅依靠规模化经营来实现农业产业化的发展路径是行不通的。实施农业科技化能够显著提高发展质量，如：积极推广农作物留茬免耕技术，提高生物能的利用率和废物的循环转化；充分利用太阳能，实现农业生产的物质转化；通过废物回收利用使农业废弃物资源化，以不断提高农业生产力；使用生物培育技术，不断提高畜牧业、粮食、蔬菜、瓜果等农产品的产量等。利用现代生物科技，形成现代生态农业循环模式。要达到这个目标，就要注意从整体上合理布局生态农业的结构和功能，优化、协调整个生态系统，最终获得农业生产的生态经济最高效益。

图4.1　重庆市集中连片特困地区农业科技化发展示意图

其次，以政府为主导，积极引进先进技术，培育形成不同种类农产品加工的中小企业集群。农业科技化是以提高能源利用率和提高农产品产量为目的，而仍然不能解决农产品附加值低的问题，积极推进农产品深加工和特色农产品开发才是解决农村贫困问题的根本出路。空间上表现为：以农村为主体的农产品生产基地，以乡镇为主体单元的农产品加工企业集群，而县域中心城市则作为农产品推广和营销的空间载体,以此形成层次分明、多级协作的生态产业运作模式(图4.2)。

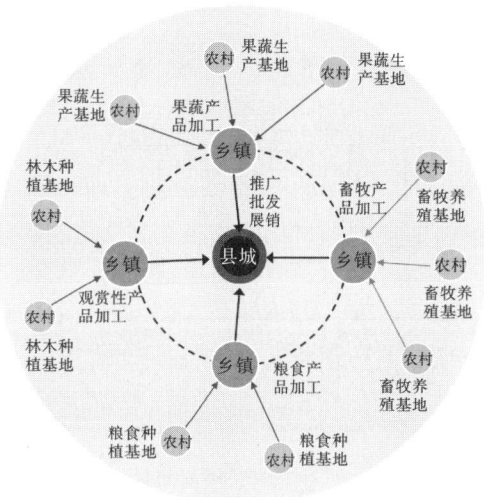

图 4.2　重庆市贫困县生态农业空间发展模式图

工业向园区集聚,努力构建清洁低碳产业园。由于其在全国范围内特殊的生态地位,重庆市集中连片特困地区贫困县(市、区)必然不能承载较发达地区的低效高污染的产业转移,传统工业开发区模式也将无以为继。重庆市集中连片特困地区生态资源优越,但城镇可利用土地资源普遍较少,在此种情况下,构建集聚、清洁、低碳的产业园,规模化和集约化经营农产品加工业等相关生态产业是地区产业发展的理想选择。

清洁低碳产业园是一种新型工业组织模式,强调能源循环和清洁生产,核心是追求环境和经济融合发展的最大经济效益、社会效益和环境效益。园区内的不同企业之间通过废物再利用、副产品再开发等模式形成一个共生网络,实现生态产业集聚发展、能源多级利用和生态污染最小化。

对于重庆市集中连片特困地区来讲,要实现产业生态化发展,必须充分挖掘地区潜在优势资源,因地制宜地寻找新的经济增长点,培育地区特色生态产业、旅游产业、物流服务等相关服务业。其中重点扶持和培育特色鲜明的生态产品,积极构建绿色、特色生态产业集群(图4.3),完善产业链条,实现一、二、三产业联动发展。

一是要创新农业发展模式,大力发展观光农业。重庆市集中连片特困地区普遍生态脆弱,土壤贫瘠,水土流失严重,且多自然灾害,不利于传统粮食等农产品种植。为了推进农村土地增收,必须创新农业发展模式,充分利用现有的荒坡地、沟渠低洼地等不利于粮食种植地段，进行植树造林，发展林、果、蔬、草、花卉等经济作物，既可减少土壤水分蒸发、保持水土，又为畜牧业、旅游业等相关产业提供原料和资源，以此提高农业产出的多样性，继而依托特色农村风貌和区域旅游环境，围绕原生态林、果、花卉、苗圃、蔬菜等农作物，大力开展休闲观光农业，实现生态农业与生态旅游业的叠加融合与双赢。

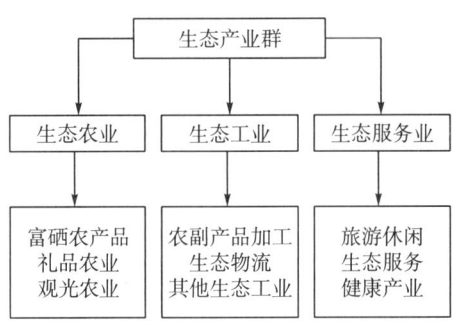

图 4.3　生态产业集群示意图

二是基于生态农业产品，发展生态工业，以生态农产品加工、生态物流等为主要工业形态，延伸生态产业链条。生态工业主要集中于清洁低碳产业园区，以此实现土地集约利用和能源的多级循环，真正实现生态与经济的协调发展。

三是基于地区优越的文化和旅游资源，大力发展生态服务业。生态服务业指的是第三产业的生态化，就是将生态的理念和可持续发展的概念贯穿到第三产业的发展过程中来。生态服务业包括生态旅游、生态物流商贸、科技服务业等。对于分布于自然生态功能区、生态条件较好、自然风貌独特、文物古迹等资源丰富的城镇，应大力发展生态旅游业，同时带动住宿、餐饮等产业发展，增加多方位需求。对于地处铁路、公路交通枢纽地带的城镇，可发展以生态物流业为主导的生态服务业，其中优越的生态环境和充足的生态产品供给是生态物流发展的前提。

生态农业为生态工业的发展提供原材料，再通过生态物流输送扩散。生态旅游的发展可以为生态产品提供更为广阔的客源市场，同时生态旅游也是改善生态环境的重要途径。总之，通过一、二、三产业联动，最终形成相互协作的生态产业集群，引领地区经济跨越式发展。

3. 以乡村旅游为重点突破，着力打造线上线下生态品牌

在地区产业发展方面，应秉承生态优先的原则，坚持发展绿色生态产业，实现贫困乡村地区的"绿色崛起"。可依托山地地区丰富的生态资源优势以及旅游业的快速发展，在全域旅游产业整体规划的"全域景区""大旅游"的带动下，积极推动贫困乡村地区高山生态农业、生态工业、乡村旅游以及公共基础设施建设等领域的发展，从而实现贫困乡村地区三次产业发展的全面"绿色崛起"。此

外，借助地区发展优势和乡村旅游发展机遇，应结合旅游扶贫开发工作，深入挖掘、整理传统乡村地区的历史文化、山水文化、民俗民族文化等文化特色，依托其丰富的生态、文化资源，积极发展相关文化创意产业，促进集休闲娱乐、生态观光、文化体验于一体的乡村旅游发展建设，促进乡村旅游文化内涵及品质的提升。加大对贫困乡村地区进行重点旅游项目及公共基础设施的推进建设，关注整个乡村旅游体系中的末梢低层级乡村旅游点的发展建设状况，使得贫困乡村的旅游发展能够与各层级旅游线路实现衔接，从而更好地接受来自高层级旅游核心的辐射带动作用。

重庆市集中连片特困地区经济落后，产业低效，难以通过内生力量实现生态产品创新，仍需政府主导牵头，积极推进重庆市集中连片特困地区生态产品的生产，增强创新能力。对于第一类生态产品，应继续加强生态环保力度，不断完善生态管理机制，强化生态修复和生态基础设施建设，补充基础设施和公共服务设施配套，大力发展旅游业，创新旅游主题和模式，从而使第一类生态产品的优势得到最大限度的发挥。对于第二类生态产品：应充分发挥地区特色农产品、绿色生态资源等生态优势，积极探索生态产品和生态技术创新，运用节能、无公害、可再生等生态技术手段，对传统工业产品进行改造，注入生态特性，以提高产品品质和竞争力。

实施品牌经营战略，用龙头产品引领地区实现跨越式发展，挖掘或者创造可以成为本地区标志的产品或者活动。值得注意的是，品牌产品，以生态农特产品为主，但不仅仅局限于农特产品，也可以是特色旅游项目、节庆、文化、街道、创意活动等。具体表现为：以培育特色品牌农产品为发展主线；以发展特色绿色休闲活动为重点产品，如旷野牧歌、恬静悠闲的农村生活体验，开展诸如世外桃源村、针对退休老年群体的养生保健休闲活动等；以文化体育活动、节庆、摄影、影视、艺术等创新活动为重要补充，如文化饮食节、生态研讨会议、艺术作品展示、艺术剧场、大地艺术节等。其间利用当代互联网+的模式优势，积极利用线上线下的产品推广，让乡村特色品牌创造更大的价值效益。

4.2.4 对"基础"的完善——公共服务基础设施配置、实现形式及交通条件问题的解决

1. 结合贫困人口时空格局，耦合安排社会公共服务设施

集中连片特困地区公共服务设施应针对贫困人群分布情况，从民生、切身利益做起，如教育、医疗、商业网点等服务设施，可通过公共服务设施的布局和使用向贫困人口倾斜。作为经济水平极为滞后的集中连片特困地区，城镇贫困和乡村贫困并存，但重点是村、乡乃至镇一级的公共服务设施缺乏问题。集中连片特困地区公共服务设施投入有限，应更加珍惜资源的利用。结合相应扶贫、移民等政策，在投入有限的前提下，采取见效快的公共服务设施建设方式，提供公平导

向下公共服务设施的适应性供给模式。与此同时,农村扶贫基金往往政出多头,教育、卫生、道路、水利、生态设施等扶贫资金各行其道,建立完善的统筹机制是利用好各种扶贫资金的重要保障。

进一步使公共服务设施投入与贫困人群使用结构相匹配,充分考虑以家庭为单位的使用结构和公共设施的关系。益贫式的城镇公共物品供给应透过对贫困人口的时空变迁特征分析,从家庭的完整性、聚合性和其日常生活质量视角,对就业、居住、公共服务进行规划安排,在公共投入受限的前提下对城市公共服务设施进行适用性规划布局,以降低交易成本,提高人群的就业机会,提升其教育医疗等公共服务水平。同时在资源有限的现实条件下,效率与公平问题是公共服务设施均等化需要同时兼顾又相互掣肘的两极。若过于强调公平,则必然导致设施在空间上分布较为分散,难以保证设施成规模化、体系化,也就直接影响到最终设施的服务水平,因此需尽快提高当下设施的服务水平。

2. 创新基本公共服务的流动供给形式

实践中,针对部分贫困人口地处偏远、尚未聚居的特点,可以适当考虑在某些公共服务的提供上采取流动形式:"流动公共服务"具有主动、灵活、便捷、专业化以及重复供给的特征,能够在一定程度上满足偏远地区居民对公共服务的需求。"流动图书馆"(书屋)、"流动歌剧院"(影院)、"流动医院"(医疗卫生所)、"流动警务室"、"流动司法所"、"流动法庭"、"流动社会保障"等到偏远地区实地服务的方式,可以一定程度地满足基层民众对科学技术、文化、基本公共医疗卫生、公共安全、司法救助、社会保障等公共服务的多方面需求[3]。

3. 加快区域交通基础设施与城市交通综合体整合低碳建设

集中连片特困地区应加快对重大区域交通基础设施以及山地城市交通综合体的建设与整合,以保障山地城镇在经济加速推进中能够承接机遇、快速发展。

一方面,在应对城镇转型升级的过程中,还应采取多种交通发展策略,构建客运轨道化、货运物流化、换乘枢纽化、管理智能化的综合交通运输体系。重点加强重庆、昆明、西安、兰州等"丝绸之路经济带"沿线山地门户城市与周边腹地的高速公路、高速铁路以及内河航运联系,加强"丝绸之路经济带"的集聚、辐射能力。同时,在未来的山地交通节点、枢纽城市中大力加强综合交通运输枢纽的建设,打破以往分方式、分部门、分地区、分城乡的交通管理思维与发展模式,努力打造海陆联运、陆空联运、"两业互动"(制造业与物流业)的新型城市交通综合体,调整和提高山地城镇的综合交通运输结构与运输效率,并建立新型的交通规划、建设和管理的一体化体制与机制,推进智能化交通运输管理和服务系统建设,提高山地城镇交通运输系统的竞争力以及统筹管理、应急协调的能力。此外,对于西部偏远山区,还应采取城乡交通均等化策略,提高山地农村公路网的密度与等级,加强偏远山地城镇与区域高速公路节点、城市铁路站点和各级交通换乘枢纽的联系,构建城乡均等化的山地客、货运交通系统。

另一方面，我国西部山地城镇的交通综合条件将得到极大改善，交通运输能力与客货运载量也将随之大幅提升。在此背景下，山地城镇应加强对山地交通低碳与智慧发展途径的关注，以"低碳化""智能化"的理念对交通规划、建设、维护、相关制度、技术保障措施、出行方式以及运输消费模式予以改造和优化，转变当前主要依靠土地、化石能源等高投入与高碳排放的粗放型交通运输方式，从区域交通系统的管理、城市客货运输的调节、城市空间与道路系统的调整等方面，全面系统地改善山地城镇交通运输的用能结构，优化山地城镇交通运输的发展方式，引导山地城镇内部与外部客、货交通流契合地形条件的组织与分布，提高交通运输的能源效率，在尽可能降低能耗和减少碳排放量的同时增加交通运载能力及人与物的流动；同时，为人流与物流提供安全、便捷、舒适和公平的运输服务，不断满足山地区域中客货交通对城市运输质量的需求，使山地城镇社会经济发展、资源环境保护能够与城镇的综合交通发展相互协调。

4.2.5 "制度"的优化——治理体系及扶贫政策制度优化问题的解决

1. 深化改革土地管理制度

要创造益贫式城镇化发展的良好环境，首先要深化改革土地管理制度。按照"管住总量、严控增量、盘活存量、提高质量"的原则，改革完善征地制度和土地流转制度，优化土地利用结构，盘活土地存量，提高土地利用效率，合理满足城镇化用地需求。建立城镇用地规模结构调控和布局优化机制。严格土地用途管理；健全节约集约用地制度。完善各类建设用地标准体系，严格执行节约集约用地标准，建立健全规划统筹、政府引导、市场运作、公众参与、利益共享的城镇低效用地再开发机制，盘活利用城镇现有存量建设用地；推进农村土地管理制度改革。加快推进农村地籍调查，全面推进农村宅基地使用权登记颁证，完成农村土地确权登记与颁证工作，依法维护农民的土地承包经营权；深化征地制度改革。缩小征地范围，规范征地程序，完善对被征地农民的合理、规范、多元保障机制。建立兼顾国家、集体、个人的土地增值收益分配机制，合理提高个人收益，保障被征地农民长远发展生计[4]。

2. 完善益贫式城镇化投融资体制机制

要建立完善益贫式城镇化投融资体制机制。为吸引资金投入到集中连片特困地区，地方应加快财税和投融资体制机制改革，建立多种渠道的融资机制，创新金融服务，放开市场准入，逐步建立低成本、多元化、可持续的城镇化投融资机制。完善城镇化投融资体制首先要深化财税体制改革，在建立城镇建设投融资体制机制的基础上结合"大分散、小集中"的城镇空间建设模式针对性地优化和重组城镇化投融资平台，最后完善统筹城乡的金融服务体系，调整和优化公共财政投资结构，集中用于贫困地区基础性和公益性项目建设。同时，为保障贫困人口利益，提升农业人口向城镇转移后的生活水平，需要全面建成覆盖贫困地区城乡居民的社会保障体系，建立医疗、教育和社会保障事业同农业转移人口市民化挂钩机制，推动城乡社会保障制度衔接。为解决脱贫后因病返贫或因学返贫现象，政府政策上对贫困人口的基本利益要予以充分保障，在集中连片特困地区大力发展教育、医疗、文化、体育和社会保障等事业，建立健全基本公共服务体系的保障机制。

3. 强化生态文明体制改革

此外，强化生态文明体制改革。加快推进生态文明制度建设和体制机制创新，推动绿色低碳、生态循环的益贫式城镇化发展。首先要建立以生态文明建设为导向的评价考核机制，如生态环境损害责任终身追究制、河长制等；其次要推行资源有偿使用制度和生态补偿制度，如阶梯式用电价格制度和山地生态补偿机制等；同时深化环保体制改革，提升环境监管制度的严格度，地方政府应逐步转变发展思路，提高整体环保意识，建立健全以绿色生态式城镇化发展为目标的环保机制以进行相关生态政策约束。建立以预防为主的环境风险管理制度和生态系统保护、修复、污染防治区域联动机制[128]。生态文明体制建设从"招商引资和生态项目带动"的生态化表层阶段转向对生态基底的保护。

最后，通过创新城镇管理与社会治理机制[4]，推进城镇基层社会管理制度改革，促进社区综合治理等，维护社会规范有序发展。优化贫困地区小城镇机构设置和编制配备，扩大镇级经济社会管理权限，加强公共服务平台建设。

4.3 重庆市集中连片特困地区益贫式城镇化的规划模式

4.3.1 城镇体系发展空间模式

区域城镇体系空间规划模式由"中心城市点状散布"走向"中小城市组群连绵发展"。集中连片特困区发展重点应放到中小城镇（市）上来。发展县域小城市要以提高城市综合服务水平为目标，转变发展思路，实现县域小城市的功能转型。

1. 边缘化地区协作，中小城市组群发展

重庆市集中连片特困地区城市总体经济发展滞后，内生能力弱。从整个川、陕、渝经济圈来看，这些城市边缘性特征明显，自身发展能力弱又远离区域经济发展极核，成为区域经济发展的低洼地带。从贫困地区区域内部来看，大中城市缺乏，中小城市弱质发展，这些城市分属于不同行政区划，资源条件相似，但发展相对独立,甚至恶性竞争,进入同质化发展的"战国时代"无法自拔。因此益贫式城镇化发展亟需调整内部城镇结构,突破行政区划,转同质化竞争为战略性合作,积极推进中小城市组群发展,建立区域范围内相互紧密联系的互助性城镇群,各城市间通过加强经济要素、资源要素的互换,实现城市发展的共赢。以"中小城镇群"为主体形态推进区域城镇化路径模式(图4.4),不仅有利于地区团结和充分发挥生态资源优势,也有利于构建区域经济协调发展大格局。

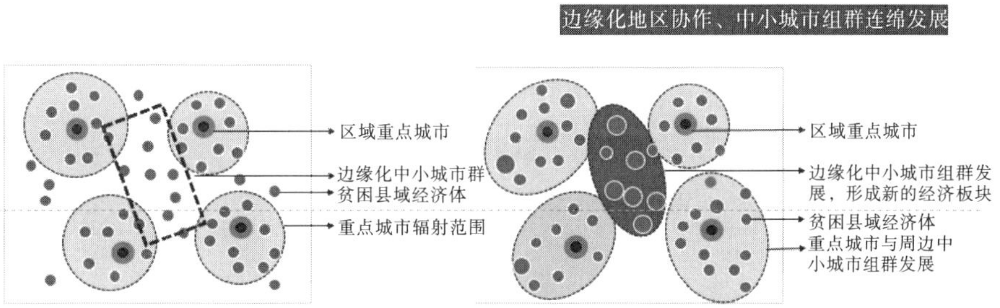

图4.4 区域城镇空间发展模式图

镇域经济体组团发展是对县域范围内单一极化城市的减压,即将中心县城发展问题,通过县域空间内的扩展,提高中心县城的有效扩张承载力,以中心县城、中心小城镇、小城镇组团为发展框架,进行县域范围内的合理序化,形成有序的县域城镇体系发展框架。

2. 小城镇组团联动发展

县域城镇化推进必须通过宏观政策调控,促进县域小城镇联动发展,依据地貌条件、交通区位、资源禀赋和社会经济发展的要求,以小城镇的合理布局和建设为基础,积极推进有条件的小城镇组团联动发展(图4.5)。镇域经济组团发展可以在较大范围内实现经济发展规模的扩大,通过生产力要素的重新整合,优化生产力和资源配置,重新规划产业布局,经由农业科技化、农产品商业化、乡镇企业规模化推进,形成较为完善的乡镇产业结构体系,促进农民身份就地转化,以此带动广大农村和乡镇地区的繁荣和发展。其本质就是通过相邻小城镇组团合作,实现较大地域范围内的重新规划布局和强化配置,刺激镇域经济活力,增强小城镇层级单元的经济发展能力。同时应该注意同一县域范围内,不同小城镇组团之间,应加强宏观战略引导,实现特色化专业分工和互补性增长,进而实现各镇域经济的整体增长。

3. 优先发展贫困"孤岛"和贫困带,形成带状串珠式发展

对于极端贫困的"孤岛"和空间连续性特征明显的贫困带,其农民人均纯收入、人均地区生产总值、人均财政一般预算收入远低于已列入国家片区范围

的县和西部地区平均水平。空间建设上采取优先发展模式。一方面，按照产业发展和人口聚集方向，调整优化公共服务设施布局；另一方面，要优先考虑贫困偏远农村的发展，通过推进贫困山区新农村建设、促进区域协调发展，因地制宜，通过就地、就近转移农民，使集中连片特困地区镇村空间结构和人口分布状况发生改变，科学选点建设小城镇和农村新型社区，逐步形成带状串珠式城镇发展格局。如图4.6所示。

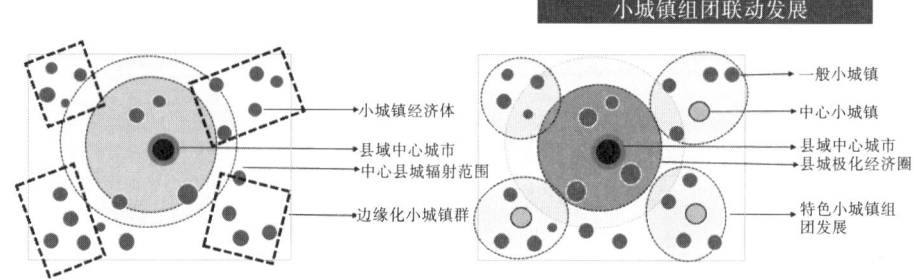

图4.5　县域城镇空间发展模式图

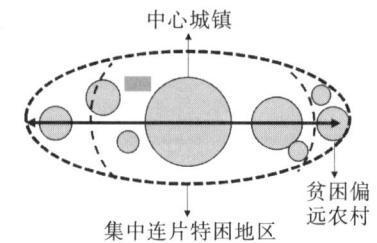

图4.6　县域城镇空间发展模式图

4.3.2 城镇空间模式

1. 城乡融合的城镇空间模式

贫困山区现状的城镇空间，其发展是相对比较无序混乱，城镇空间的规划区范围内，中心城区辐射不足，不能为周边的贫困乡村提供良好公共服务，以及提供相关就业机会。只能是"吸血"式地从乡村地区获取劳动要素，对城乡郊区贫困乡村的帮扶也是"输血式"救助，难以持续发展（图4.7）。因此，需要向益贫式发展转变，走向城乡融合模式道路。城乡融合式的益贫式城镇空间模式，能够为贫困人口留有空间，为其提供良好的公共服务和就业机会。传统的城镇空间模式，过于侧重乡村要素向城镇的单向集中，无法带动其周边贫困乡村进行"造血"；城乡融合的益贫式城镇空间，能形成城乡要素（人口、交通、产业、基础设施等）的双向流动，既能为贫困人口提供公共服务和就业，同时也能带动周边贫困乡村发展，形成城乡互动、城乡共荣的融合之道（图4.8）。

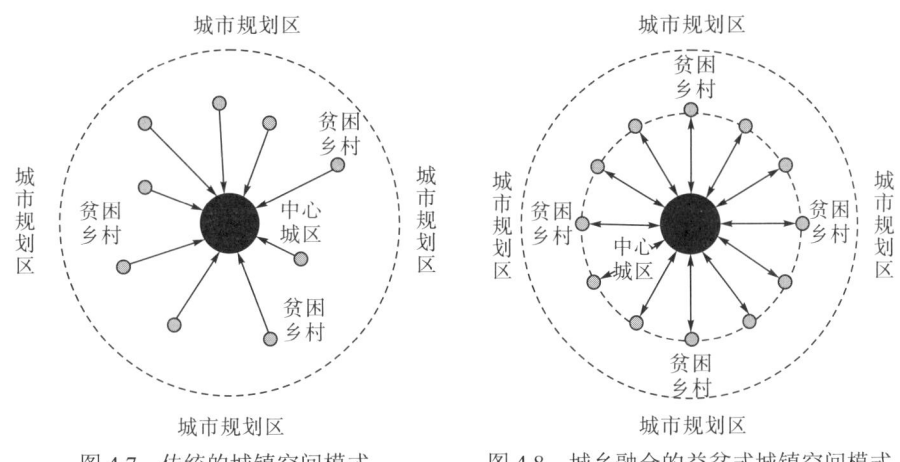

图 4.7 传统的城镇空间模式　　图 4.8 城乡融合的益贫式城镇空间模式

2. 产业园区的城镇空间模式

贫困山区城镇空间需要进行发展，产业经济是根本，产业经济的发展能够为贫困山区的城镇空间提供持续的发展力。产业园区的益贫式城镇空间模式带动规划区周边贫困乡村发展，为贫困乡村提供可持续"血液"，同时也为贫困人口提供就业机会。在其城镇化的发展中，也能合理引导其"就近城镇化"和"本地城镇化"，使得贫困人口能够获得城镇化发展的红利，实现其身份的转变。产业园区将会是其城镇空间发展引擎动力，合理利用本地特色资源，进行开发与发展，能为贫困人口解决其生计提供帮助（图4.9、图4.10）。

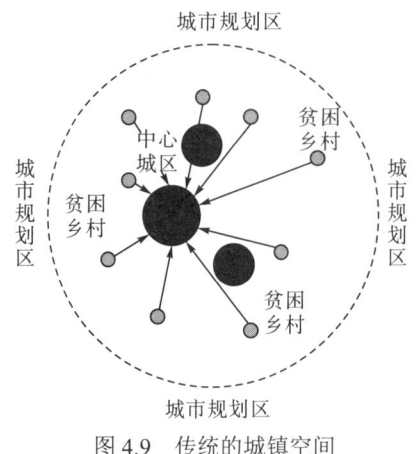 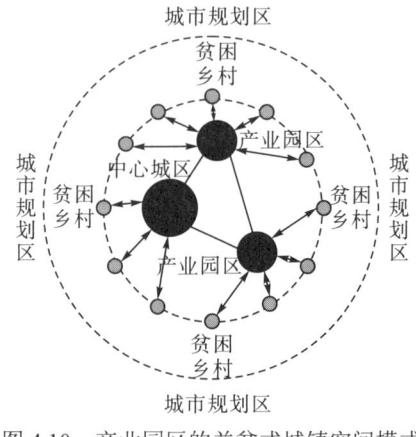

图 4.9 传统的城镇空间　　　　图 4.10 产业园区的益贫式城镇空间模式

3. 组团式的城镇空间模式

贫困山区的城镇多为紧凑、密度高的城镇空间，其城镇空间品质较差，难以吸纳本地人口，宜居性不强。贫困山区的城镇空间组团，需要从空间上，合理引导其城镇空间结构的发展。贫困山区城镇空间结构多为组团式，用地空间难以像平原城市进行扩展，因此，需要依山就水、因地制宜地扩展空间，同时可以有效促进周边贫困乡村的发展，吸纳一定的贫困人口，为其贫困人口提供良好的生产、生活、生态空间。另外，其城镇空间结构也将更加具有弹性，形成具有多组团的益贫式城镇空间模式(图 4.11、图 4.12)。

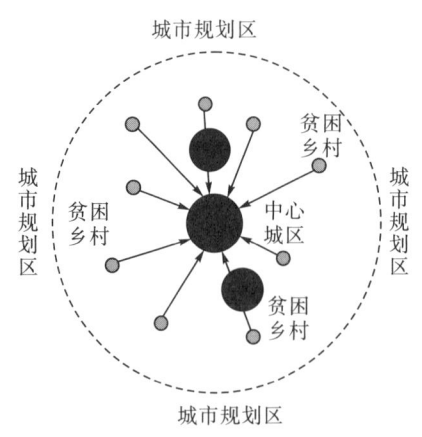 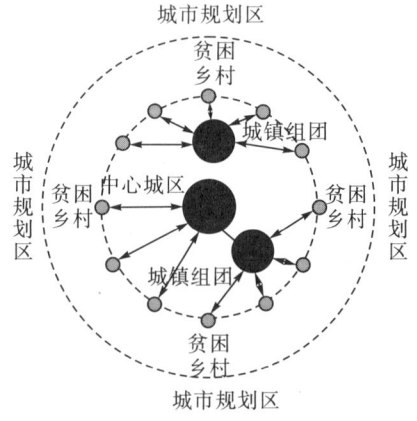

图 4.11 传统的城镇空间　　　　图 4.12 组团式的益贫式城镇空间模式

4. 旅游型的城镇空间模式

贫困山区城镇空间，拥有良好的生态环境，景色秀丽，其山水格局、民族文化具有别具一格的色彩。因此，建设旅游型的益贫式城镇空间模式，具有良好的带动作用，可以合理引导其城镇空间发展，为贫困乡村带来可持续的发展动力，也能为贫困乡村产业提供良好的"造血"能力。比如：建设民宿、农家乐等，既能为贫困乡村的农民增加就业机会，又可以提高其收入。从城镇化发展角度看，这样也能使贫困乡村获得发展实惠，贫困人口得到发展"红利"（图4.13、图4.14）。

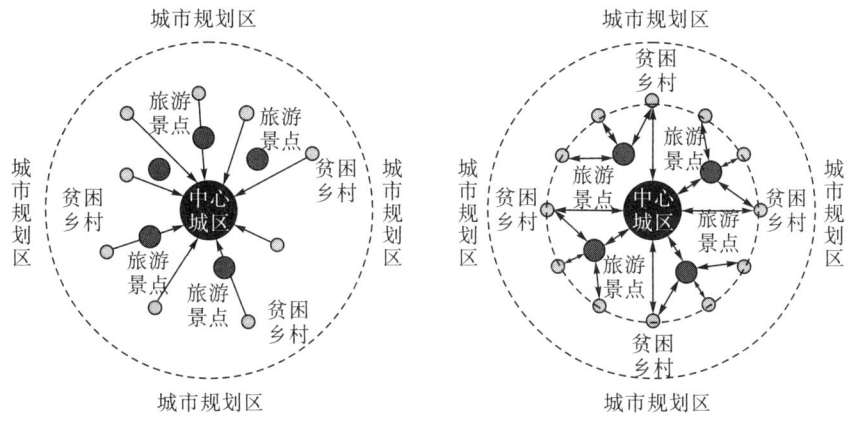

图4.13　传统的城镇空间　　　图4.14　旅游型的益贫式城镇空间模式

4.3.3　乡村建设模式

益贫式城镇化理论指导下的农村建设首先应遵循大分散、小集中的整体分布原则，在适当的区位条件下建设有侧重、有特色的乡村。农村发展条件有限，且国家政策扶持往往是一次性供给模式，因此对于农村的建设需精准选择，实行规划优先、建设在后的行动准则。同时以村域资源禀赋为基础，依托金融帮扶、互联网+、技术教育和基础救助等手段，大力发展乡村旅游、生态养殖、经济农林产品等生态经济产业，激发和调动广大群众的积极性、主动性和创造性，为贫困人口带来更多提升生计的途径选择，从政策输血型发展逐渐转向农村内生造血型发展。基于以上发展需求，本研究针对重庆市连片特困地区贫困农村，总结了以下九大乡村建设模式（图4.15）。

1. 生态保护型模式

这种模式主要是在生态优美、环境污染少的地区，其特点是自然条件优越，水资源和森林资源丰富，具有传统的田园风光和乡村特色，生态环境优势明显，把生态环境优势变为经济优势的潜力大，适宜发展生态旅游。

2. 渔业开发型模式

这种模式主要在水系发达地区的传统渔区，其特点是产业以渔业为主，通过发展渔业促进就业，增加渔民收入，繁荣农村经济，渔业在农业产业中占主导地位。

3. 社会综治型模式

这种模式主要在人数较多、规模较大、居住较集中的村镇，其特点是区位条件好，经济基础强，带动作用大，基础设施相对完善。

4. 环境整治型模式

这种模式主要在农村脏乱差问题突出的地区，其特点是农村环境基础设施建设滞后，环境污染问题严重，当地农民群众对环境整治的呼声高、反应强烈。

5. 高效农业型模式

这种模式主要在我国的农业主产区，其特点是以发展农业作物生产为主，农田水利等农业基础设施相对完善，农产品商品化率和农业机械化水平高，人均耕地资源丰富，农作物秸秆产量大。

6. 产业发展型模式

这种模式具有产业优势和明显特色，农民专业合作社、龙头企业发展基础好，产业化水平高，初步形成"一村一品""一乡一业"，实现了农业生产聚集、农业规模经营，农业产业链条不断延伸，产业带动效果明显。

7. 城郊集约型模式

这种模式主要是在大中城市郊区，其特点是经济条件较好，公共设施和基础设施较为完善，交通便捷，农业集约化、规模化经营水平高，土地产出率高，农民收入水平相对较高，是大中城市重要的"菜篮子"基地。

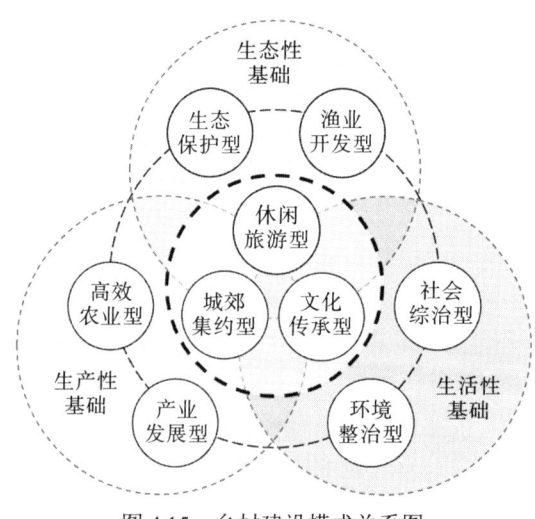

图 4.15 乡村建设模式关系图

8. 文化传承型模式

这种模式主要是在具有特殊人文景观，包括古村落、古建筑、古民居以及传统文化的地区，其特点是乡村文化资源丰富，具有优秀民俗文化以及非物质文化，文化展示和传承的潜力大。

9. 休闲旅游型模式

休闲旅游型美丽乡村模式主要是在适宜发展乡村旅游的地区，其特点是旅游资源丰富，住宿、餐饮、休闲娱乐设施完善齐备，交通便捷，距离城市较近，适合休闲度假，发展乡村旅游潜力大。

其中，生态保护型模式、渔业开发型模式主要针对生态自然资源较为丰富的农村地区。社会综治型模式、环境整治型模式主要侧重于对生活功能较为集中的农村区域的改造发展。高效农业型模式、产业发展型模式主要适用于生产性要求高、供给输出流量大的农村地区。最后，城郊集约型模式、文化传承型模式、休闲旅游型模式则是基于生态、生产、生活多种资源融合叠加下的综合发展模式。

4.3.4 公共服务设施发展空间模式

1. 公共服务设施均等化布局

通常在对公共服务设施的空间布局中，基于时空均质的假设，以一定服务半径规划公共服务设施在空间的落点。区域内交通可达性的不同和单个设施规模的限制都会造成单个设施的现实服务区与规划的巨大差异（图4.16）。如对城区小学空间布局中以使用者的旅行成本为布局依据，以单个设施的服务效率为修正因子，用双维度视角，利用GIS技术，对小学的空间布局进行优化。基本公共服务设施的均等化不是平均化和均衡化，它是根据不同社会发展阶段、不同区域而不断调整的。第一，基本公共服务设施享有机会的均等化是其最终均等化的前提条件；第二，由于我国地域广博，区域间发展极度不均衡，因此从均等化的主体来看，在发展现阶段，其重点应该在城与乡之间的均等化，消除区域范围内基本公共服务设施的城乡差距；第三，从均等化的客体来看，要确保基本公共服务设施均等化的结果大致相当；第四，从均等化的内容来看，由于区域的差异性，要首先做到对均等化差距的识别，在识别差距的基础上，有针对性地布局均等化的内容，尤其对于我国集中连片特困地区的基本公共服务设施均等化而言，更要做到"精准识别"，切不可"一刀切"。

2. 公共服务设施沿交通布局，逐步全覆盖

从集中连片特困地区现实看，可以运用基础性、广泛性、迫切性和可行性四个标准来界定所需公共服务。基础性是指那些对人类发展有着重要影响的公共服务，它们的缺失将严重影响人类发展；广泛性是指那些影响到全社会每一个家庭和个人的公共服务供给；迫切性是指事关广大贫困农村最直接、最现实、最迫切利益的公共服务；可行性是指公共服务的提供要与一定的经济发展水平和公共财

政能力相适应。以上公共服务设施布局参考因素可以与国家大的扶贫战略和政策相结合考虑。

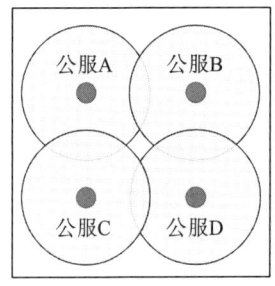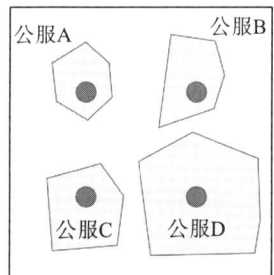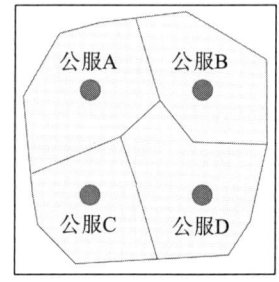

图 4.16　公共服务设施空间布局模式优化图

总体而言，基础交通、义务教育、公共卫生和基本医疗、基本社会保障、公共就业服务，是广大城乡居民最关心的公共服务，是建立社会安全网、保障全体社会成员基本生存权和发展权必须提供的公共服务，对于集中连片特困地区而言更是如此。

"孤岛效应"，首先表现为物流极少而且很不畅通，交通的不便与贫困制约着外部商品的进入和外商投资。因此集中连片特困地区公共服务设施布局中以改善交通为先，以协调区域，满足客流、物流畅通为目标，优先发展特困地区基础交通服务体系，首先形成基础交通服务带，解决贫困"孤岛"等的交通不便问题，构建省道、国道、县道、乡道等公路体系，完善铁路等综合交通运输体系；在发展基础交通的基础上，考虑沿交通线布置公共服务设施以达到最大服务效率；针对交通沿线公共服务设施无法满足需求的地方，再增加点状服务站点；最后，使整个贫困地区公共服务点、线、面相结合，做到公共服务网络全覆盖。如图 4.17 所示。

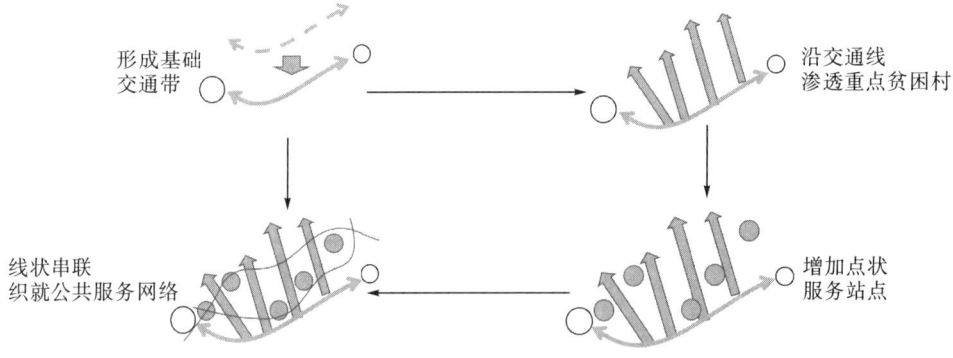

图 4.17　公共服务设施空间布局模式演变图

4.3.5 易地扶贫搬迁下的发展模式

易地扶贫搬迁是扶贫攻坚中的重要内容，工程量浩大，其移民搬迁、安置和后期发展都需要进行科学合理的规划安排。重庆市"十三五"易地扶贫搬迁对象为 25 万建卡贫困人口，2016 年至 2017 年，国家已下达重庆市搬迁计划 18 万人。从其搬迁安置的进度来看，需完成住房投资 28.81 亿元，竣工住房面积 437.32 万平方米，搬迁建卡贫困人口 180 000 人、搬迁完成率 100%，已入住建卡贫困人口 176 768 人，48 356 户搬迁户住房安全得到有效保障。可见重庆市的易地扶贫搬迁规模大，任务艰巨。

1. 易地搬迁安置阶段的空间模式

移民搬迁安置的空间模式选择牵扯到整个宏观县域空间体系的调整，应从全域层面出发，整合梳理土地资源，针对乡村居民点分布情况进行空间区划和分区指引，依据不同类型的村庄规模和现状条件，采取不同的空间安置模式，进行合理科学的规划。本节将易地扶贫搬迁分为安置和融合两个阶段，安置阶段主要包括以下四种空间发展模式：

1) 集中发展模式

这种模式适用于在规模较大的村庄周围零散分布着部分规模较小的自然村的情况（图 4.18）。可以将规模较大的村庄发展为中心村，并通过在中心村配置完善的基础服务设施从而引导周围村落向中心村聚集，建设乡村服务中心，满足乡村地区农业、旅游业等多功能发展的需求。

2) 连片整合模式

针对分布较为密集，但整体规模都偏小的村庄，适于采取连片整合模式（图 4.19），以规模相对较大的村庄为依托，建设完善的公共服务设施，将零散的居民点迁往规模较大的村庄。此外，依托片区各中心村建立公共服务中心点，与周围村庄形成组团式空间格局，但应适度控制各组团规模，避免零点的居民点出现蔓延式发展。

3) 移民迁建模式

对于生产生活条件恶劣或威胁到地区生态环境保护的居民点实行整村移民迁建（图 4.20），通过城乡土地资源整合，以政府为主导，推进村庄向周围中心城镇或乡村社区进行搬迁，并按照城镇安置小区或乡村社区标准对其进行配套建设。

4) 城乡融合模式

对于在中心城区或城镇附近的村庄，可以按照城镇建设用地的布局，将涉及规划区城镇建设用地内的村庄集中改造为城镇社区，并提供完善的公共服务设施，将其纳入城镇管理范畴，积极推进乡镇城镇化（图 4.21）。

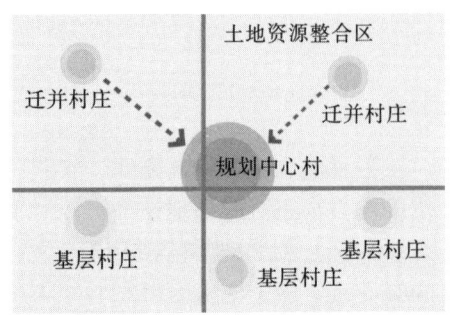
图 4.18 集中发展模式

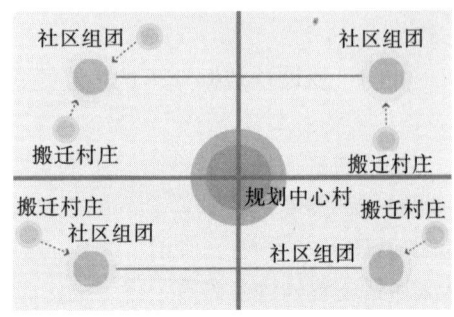
图 4.19 连片整合模式

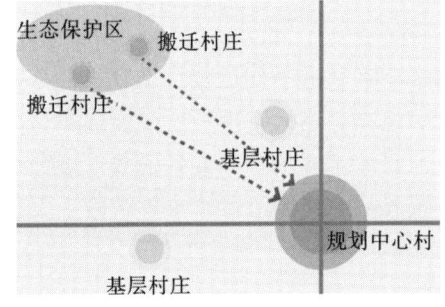
图 4.20 移民迁建模式

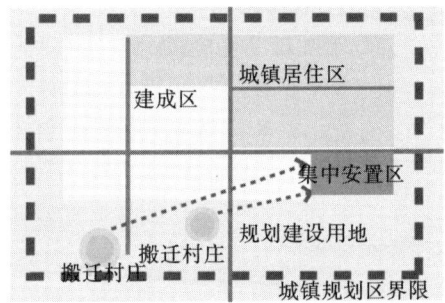
图 4.21 城乡融合模式

2. 易地搬迁融合阶段的发展模式

通过以上几种模式进行易地扶贫搬迁安置后,搬迁居民需要进一步适应新的环境,继续发展,即是易地扶贫搬迁的融合阶段——易地扶贫规划需加快安置区移民就业产业的融合和社会网络的融合(图4.22)。为了进一步引导规划安置区融合发展,将基于区域特征实施相应功能圈的构建,包括临近教育公服、临近近郊景点、临近自然景区、临近产业园区以及临近绿道驿站点五类安置点。

(1)临近教育公服的安置点:融合教育配套,实行教育、文化、运动、生态四位一体建设,形成汇集教育公服的活力居民圈。

(2)临近近郊景点的安置点:以休闲养老、生态景观、民俗体验、农家乐为主要规划功能,构建传统村落的乡愁映像圈。

(3)临近自然景区的安置点:与景区游览线融合,建设景区农家乐、生态观光园、民俗文化村,构建起高山绿水的旅游服务圈。

(4)临近产业园区的安置点:加强其产业配套、生态景观、商业配套的建设,设置产业园区周边的金融帮扶、技能培训点。

(5)临近绿道驿站点的安置点:结合一级、二级等旅游驿站、节点,融入滨水生活、近郊休闲、都市人文、自然颐养、山林野趣等主题绿道网系统,形成以自然农耕为主，共享服务配套为辅的体系格局。

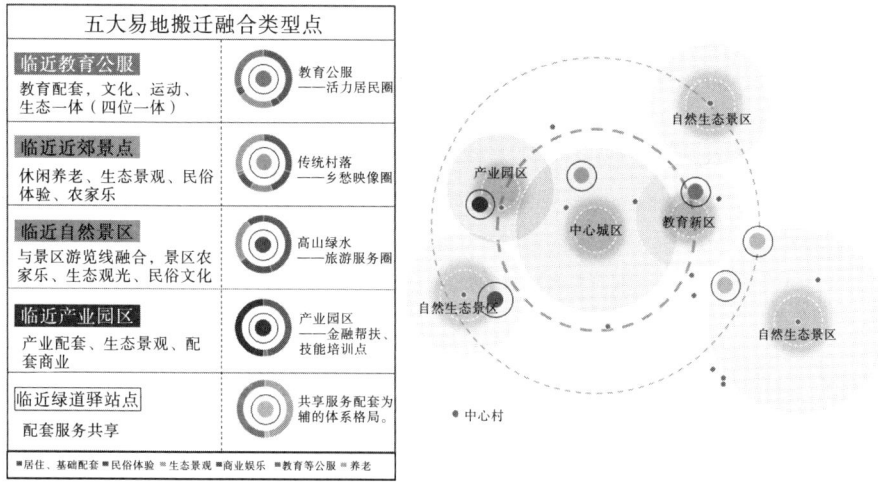

图 4.22　易地扶贫搬迁融合模式图

4.4　小　　结

在"国家帮扶、政策引导、以人为本、绿色发展"的益贫式城镇化路径选择原则下，需从人、空间、经济、基础、制度 5 个层面进行研究，对于贫困人口应注重其可持续生计、劳动力回输及社会组织重构问题的解决；"空间"布局上应回应区域群落格局、有效选点发展、生态化城镇空间问题的解决；"经济"结构中应考虑其产业支撑作用、集聚产业互动及乡村旅游扶贫问题的解决；公服基础设施应继续着眼于配置优化、实现形式及交通条件完善问题的解决；制度上应注意治理体系及扶贫政策制度优化问题的解决。在城镇体系、城镇空间、乡村建设、公共服务设施、易地扶贫搬迁 5 个层次下，本章总结了其益贫式城镇化路径对应的空间模式：①区域城镇体系空间规划模式由"中心城市点状散布"走向"中小城市组群连绵发展"；②城镇空间模式分为城乡融合、产业园区、组团式、旅游型 4 种；③乡村建设上分为生态保护型、渔业开发型、休闲旅游性等 9 个模式；④公共服务设施中分为设施均等化布局、沿交通布局再逐步全覆盖两种形式；⑤易地扶贫搬迁则分为安置阶段的空间发展模式和融合阶段的发展模式。

参 考 文 献

[1] 张丽娜，杨培峰. 新趋势下四川欠发达山区县域城镇化路径思考——以万源市为例[C]. //中国城市规划学会，贵阳市人民政府. 新常态：传承与变革——2015中国城市规划年会论文集(13山地城乡规划). 中国城市规划学会，贵阳市人民政府，2015：11.

[2] 吴志强. 四川新型城镇化实施路径样本研究[M]. 北京：中国经济出版社，2015：47.

[3] 李雪峰. 贫困与反贫困：西部贫困县基本公共服务与扶贫开发联动研究[M]. 北京：中国财政经济出版社，2016.

[4] 陈政，陈思华. 山地特色新型城镇化研究[J]. 当代贵州，2017(13)：91-99.

第 5 章　实例研究及对策总结

贫困现象在空间上的分布往往是一个连续的过程，贫困程度随着空间尺度由小到大、由弱到强。在不同空间尺度下，不同的贫困影响因素作用大小可能不同，因此，在制定扶贫对策时要针对不同空间尺度，充分认识影响贫困的关键因素，才能有针对性地制定扶贫策略。本章的实例研究将针对城口县、彭水县长生镇、奉节县大坝村三个案例，分别对应城市尺度、乡镇尺度和村级尺度进行研究。城口县的贫困受交通区位和自然地理条件影响很大，在面临区域大交通格局的新时期，如何应对生态保护、产业转型和经济发展，如何在新时期推进乡村振兴，结合扶贫目标，使县域人民有获得感，这是城口县规划的重要任务；彭水县长生镇拥有良好的自然人文旅游资源，如何充分发挥自身资源优势，完善公共服务和基础服务设施，发展区域内具有特色的旅游产业已成为长生镇实现益贫式发展面临的主要问题；奉节县大坝村贫困主要受限于交通条件和薄弱的经济基础，如何在区域产业同质化严重、交通区位不突出、产业发展遭遇瓶颈的情况下突围，这是大坝村规划的挑战。

5.1　城口县空间发展战略研究

5.1.1　城口县地区发展条件

地区发展环境主要包含物质环境和非物质环境，其物质环境主要包含地区赖以生存的自然生态环境、现状建成环境，而非物质环境则主要包含地区发展的经济、政治等社会环境。因此本章将重点从城口县的自然环境——地区发展的生态基础和要素环境——地区发展的经济基础来分析目前地区贫困发展条件。

1. 地区概况

城口县位于长江上游地区、大巴山腹地，处在渝、川、陕三省(市)交界处，位于重庆市东北边缘，东经 108°15′至 109°16′、北纬 31°37′至 32°12′之间，东北与陕西省镇坪县、平利县、岚皋县、紫阳县接壤，南与本市巫溪县、开州区和四川省宣汉县毗邻，西与四川省万源市相连。城口县地处我国二、三级阶梯的交接部、大巴山腹地，渝、川、陕三省市接合部，是重庆市最北端，是重庆"向北重要门户"。城口县因"据三省之门户名城，扼四方之咽喉称口"而得名。境内海拔为481.5~2 686米。城口县区位图如图5.1所示。

图 5.1 城口县区位图

[底图审图号：渝 S(2016)062 号，底图无修改。]

城口县境内无高速公路、铁路通过，是全市唯一未通高速公路的区县。对外交通受复杂地质条件制约，公路建设成本高，通行能力不足。

2. 自然环境

城口县境内地形复杂，立体地貌明显，大体呈现东南高、西北低，海拔为481.5~2 686米。城口属北亚热带山地气候，山地立体气候明显，气候温和，雨量充沛，日照充足，冬长夏短，四季分明。城口常年平均气温为13.8摄氏度，年际变化比较稳定，年均最高气温为14.5摄氏度，最低气温为13.0摄氏度。

城口县森林覆盖面积全市第一，森林覆盖率比重庆市森林覆盖率高出20.8%，比全国高出42.5%。城口建有全市最大的自然保护区：重庆大巴山国家级自然保护区，还有九重山国家森林公园、重庆城口巴山湖国家湿地公园、重庆清凉圣地黄安坝和中国亢谷等生态旅游景区。

城口拥有 285 万亩(1 亩≈666.67 平方米)天然林地和 200 万亩高山草场，是中国南方最大的高山草场；重点生态涵养区域占城口县域面积的 44.7%。此外，城口也是动植物"基因库"，境内已发现各类动植物 4 900 余种，有国家一级保护动植物 11 种，曾被世界自然保护联盟宣布灭绝的崖柏在县境内重新被发现。

城口县水资源丰富，地表水属长江水系，北部为汉江流域的任河水系，南部为嘉陵江流域的前河水系。城口县多年平均水资源总量 29.8 亿立方米，多年平均降雨量为 1 245.5 毫米，多年平均径流深 908 毫米。流域面积 100 平方千米以上的河流 13 条，50~100 平方千米的 6 条，10~50 平方千米的 26 条。地下水主要以岩溶水的形式在地下深处运动，资源总量为 6.22 亿立方米，占县内水资源总量的 20%。

3. 要素环境

经济发展是地区发展建设的主要动力和重要基础，而经济增长主要是由该地区的要素环境所决定的，为分析城口县发展的经济条件，需剖析支撑其经济运营的要素环境。

1)农业资源丰富，但商品化率低，农业品牌效应不强

城口县背依巴山，有着丰富的农业，是重庆市优质草食牲口基地和优质中药材基地，特产种类繁多，包括核桃、板栗、腊肉、山地鸡、冷水鱼、蜂蜜以及杜仲和薯蓣等中药材。但同时城口县的农业商品化率在全市各区县中处于极低水平，并且城口县的农业品牌较少，与同类型区县的发展差距较大。

2)矿产资源丰富

城口县矿产资源种类多，储量大，主要为锰、钡、煤、铁、铝、锌等，其中：锰矿储量达 2 094 万吨，是全国五大重点矿区之一；碳酸钡矿品位高、质量好，储量 3 800 多万吨，名列亚洲之首。

3)生态旅游资源丰富

如前所述，城口境内有中国南方最大的高山草场，有物种繁多的珍稀动植物资源，有典型的高山湖泊群，有任河、前河两大河流。城口拥有 285 万亩天然林和 200 万亩高山草场，建有全市最大的自然保护区重庆大巴山国家级自然保护区、九重山国家森林公园、重庆城口巴山湖国家湿地公园、重庆清凉胜地黄安坝和中国亢谷、夜雨湖、秋池等生态旅游景区(图 5.2)，重点生态涵养区域占城口县域面积的 44.7%。

城口处于秦岭以南、长江以北的南北气候分界线上，亚热带山地气候明显，物种十分丰富，是全国生物多样性保护重点区域和国家优质水资源战略储备库的重要水源地。2013 年 9 月，城口被中国气象学会授予"中国生态气候明珠"称号。2015 年 8 月，城口被中国老年学和老年医学学会授予"中国老年人宜居宜游县"称号。

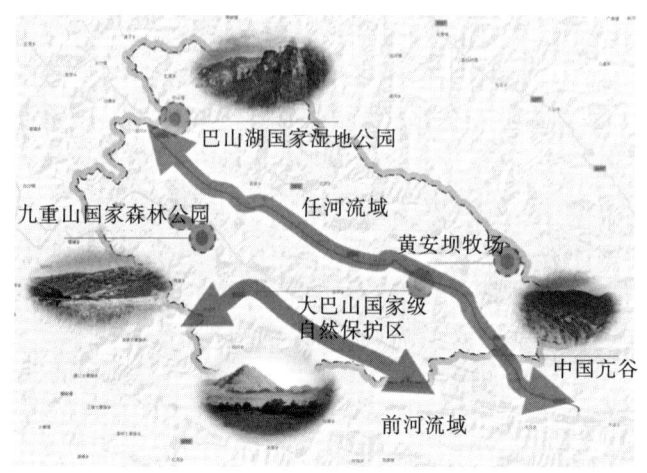

图 5.2　城口生态旅游景区分布图

4）文化底蕴深厚，遗迹量多，且多元交织、地域文化鲜明

经考证，城口修齐镇旦坪遗址为商代古文化遗址。城口秉承巴蜀文化传统，受三秦文化、楚天文化熏陶，是一个有巴文化、巫文化、盐文化、药文化等文化的多元文化荟萃之地，民俗文化风情多彩，乡土气息浓郁，地方特色鲜明。流传至今运用最多的是山歌、民间故事、花鼓、狮子舞、钱棍舞、彩船舞、锣鼓、孝歌等，独特的民俗文化给城口带来一种古朴神秘的色彩。

城口是一方有着光荣革命传统的红色土地，是连接川陕渝三省市的革命老区和边区，拥有全国红色旅游经典景区川陕苏区城口县苏维埃政权 3A 纪念公园、重庆市爱国主义教育基地城口县苏维埃政权纪念碑、重庆市市级文物保护单位红三十三军指挥部旧址，另外还有几十处典型的红军活动遗址遗迹，红色旅游发展潜力大，正着力规划打造红军城。在重庆红色革命历史上，城口拥有"一个唯一"和"三个第一"。城口是重庆市唯一成建制建立了县、区、乡、村各级苏维埃政权的革命老区，是重庆市第一个打出地方红军旗帜的县、第一个由地方红军解放县城的县、第一个迎来中国工农红军主力部队的县，是"全国双拥模范城（县）"。

5.1.2　城口县整体发展现状问题

1. 城口处于边缘空洞地带，交通条件制约发展

城口县位于重庆东北部，地处渝川陕三省（市）交界处，城口县距离重庆市主城区直线距离 326 千米，距成都市直线距离 455 千米，距西安市直线距离 260 千米。由于城口县处于秦巴山区，地形条件相对复杂，交通较为不便，城口县的空间位置虽然接近汉中、安康、巴中、达州等地级市的网络中心，但处于周边地级

市两小时交通圈辐射范围的边缘地带。城口县周边县城的重大交通设施的落地建设已相对完善,其自身重大交通设施的规划却较为滞后(图 5.3、图 5.4)。现阶段来看,是整个片区地级市之间的空洞地区和断裂点。

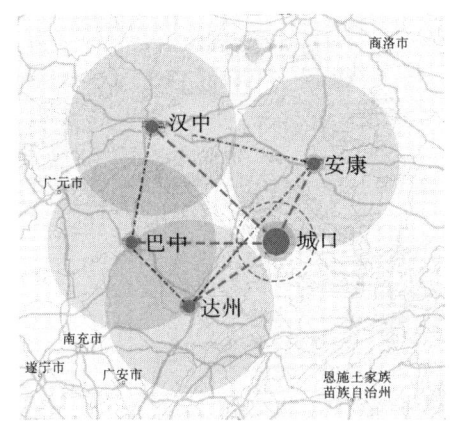

图 5.3　城口与周边地级市相对位置

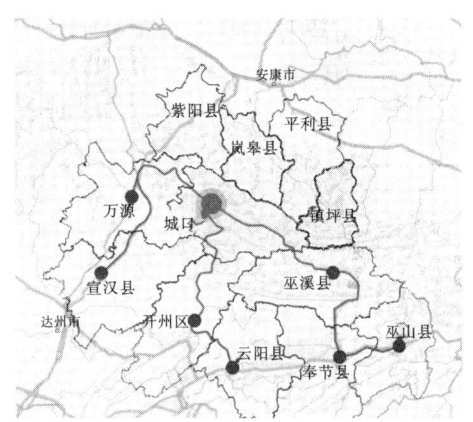

图 5.4　城口与周边区县的交通联系

城口县与陕西的镇坪县、紫阳县、岚皋县、平利县、重庆市的开州区、巫溪县和四川的宣汉县等周边重要节点之间的网络联络不足,至今没有高速公路或铁路快速通道来支撑县城的对外联系。城口县现有的 4 个对外出口通道中,除城口至万源是快速通道外,其余 3 个均是普通公路交通,技术等级较低,一定程度上限制了城口的发展。

城口县域内部交通道路整体技术等级远远低于周边几个区县。内部道路系统和路网级配不合理,迂回运输情况较普遍,运输效率低下,镇际联系不够便捷,部分资源开发地、重要旅游景区、经济园区与周边干线公路、县城连接不畅,对城镇和产业的引导支撑能力不够。2015 年城口县与周边区县公路建设见表 5.1。

表 5.1　2015 年城口县与周边区县公路建设对比表

	类　别	城口	开县(今开州区)	巫溪	云阳	奉节	巫山
公路规模	公路总里程/千米	2 913	7 834	5 159	6 592	8 043	4 821
	公路密度/(千米/100 千米^2)	88.5	197.9	128	180.6	196.8	163
	公路密度/(千米/万人)	115.3	46.4	94.1	48.5	74.8	74.6
	二级及以上公路比例/%	7.2	4.1	2.8	5.8	7	5.4
	等级公路比例/%	99.9	44.8	98.5	59.4	75.1	82.6

数据来源:《城口县综合交通运输"十三五"发展规划》。

2. 小城弱县特征明显：人口流失，收缩发展，人地矛盾突出，城市发展急需转型

1) 户籍人口增长缓慢，常住人口持续下降

2007—2014年全县户籍人口逐步增长但增长缓慢，2015年和2017年还呈现负增长的现象；常住人口方面，近年来越来越多的农村居民选择外出务工、求学等原因导致城口县的常住人口一直在持续下降；从2013年开始连年下降。城口县人口净流出态势明显。具体见表5.2。

表5.2 2007—2017年城口县户籍人口和常住人口统计表

年份/年	常住人口/万人	常住人口增长率/%	户籍人口/万人	户籍人口增长率/%
2007	18.91	-1.46	23.89	1.44
2008	18.83	-0.42	24.15	1.09
2009	18.87	0.21	24.37	0.91
2010	19.30	2.28	24.65	1.15
2011	19.03	-1.40	24.72	0.28
2012	19.30	1.42	24.95	0.93
2013	19.06	-1.24	25.12	0.68
2014	18.83	-1.21	25.26	0.56
2015	18.63	-1.06	25.06	-0.79
2016	18.49	-0.75	25.24	0.72
2017	18.43	-0.32	25.12	-0.48

数据来源：根据政府统计公报数据统计。

2) 城镇化率较低，成区域人口洼地

2007—2017年城口县城镇化水平从19.60%提高至34.86%，提高15.26个百分点，年均增长约1.5个百分点(图5.5)。与周边区县相比，城口常住总人口和城镇化率均为最低，2016年县域常住总人口18.49万人，城镇化率33.42%(表5.3)。

图5.5 2007—2017年城口县城镇化率统计柱状图

资料来源：根据政府统计公报自绘。

表5.3 2016年重庆市部分区县常住人口和城镇化率统计表

地区	重庆市	万州区	开州区	梁平区	垫江	云阳	丰都	忠县	奉节	巫山	巫溪	城口
常住总人口/万人	3 075.16	162.33	117.47	65.36	68.83	91.28	58.74	71.67	74.04	45.55	38.90	18.49
城镇人口/万人	1 970.68	103.55	52.58	28.16	29.66	37.25	25.44	29.81	30.22	17.47	13.16	6.18
城镇化率/%	64.08	63.79	44.76	43.08	43.09	40.81	43.31	41.59	40.82	38.35	33.83	33.42

数据来源：《重庆统计年鉴2017》。

3) 人地矛盾突出，城市发展急需转型

2013年，中心城区建成区面积约为2.43平方千米，已达到2003版总规划末期(2020年)目标值的85.6%。土地节约集约利用程度较高，中心城市存量更新建设多。截至2013年，累计完成危旧房、棚户区改造218 674平方米，5.55万平方米工业用地改造为城市综合用地。与此同时，这也导致中心城区历史风貌残破不全，城市特色风貌逐渐消失。工业用地向中心城区以外转移：近些年城口县实施"退城进园"战略，主动对总体规划进行调整，将部分新增工业用地调整出中心城区，进入高燕、庙坝和巴山等工业园区。

2015年总规修编中心城区的城市人口规模为5.0万人(2020年)，中心城区城市建设用地为4.0平方千米(2020年)。根据《渝东北地区经济社会发展规划》，以劳务开发为重点促进人口有序转移，城口县2006—2020年预计累计净转移人口数为12万人，规划2020年常住人口为18.4万人。城口县"十三五"规划中2020年常住人口减少50%，并规划城市建设用地面积控制在2.84平方千米以内。城口县"十三五"新型城镇化发展研究报告中指出，要"根据生态承载力引导超载人口有序转移"，因此为了更好地应对收缩发展的政策要求，城市发展急需转型。

3. 经济实力较弱，产业结构单一，工业能耗高

1) 城口经济发展总体较弱，一二三产联动不足

近年来城口县经济实力逐步提升，但与周边区县差距仍很大，仍需加大经济追赶步伐。2017年全县地区生产总值(GDP)48.79亿元，同比增长5.0%(图5.6)。随着县域经济发展，农村居民收入持续增长，2017年农村常住居民人均可支配收入达到8 661元，同比增长9.0%(图5.7)。

城口县产业结构与生态县定位矛盾：与同为生态县的巫山县和巫溪县相比，低附加值第二产业为城口县目前的主要经济拉动力，第一产业和第三产业极度欠缺(图5.8)。产业经济收入总量较低，急需转型提升发展。

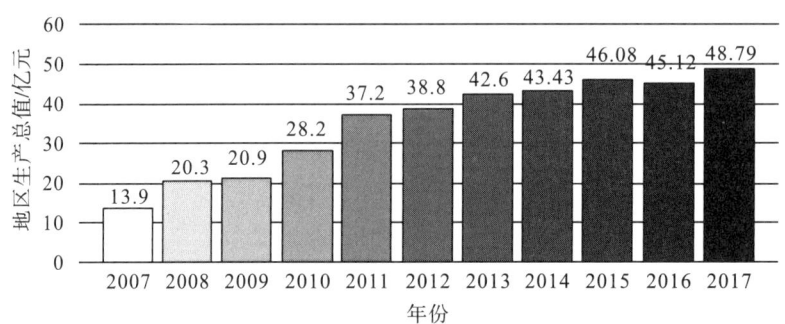

图 5.6　城口 2007—2017 年 GDP 统计图

资料来源：根据政府公报数据自绘。

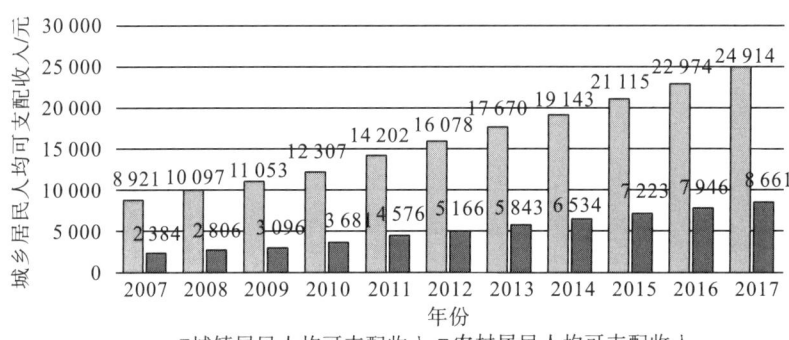

图 5.7　城口 2007—2017 年城乡居民收入统计图

资料来源：根据政府公报数据自绘。

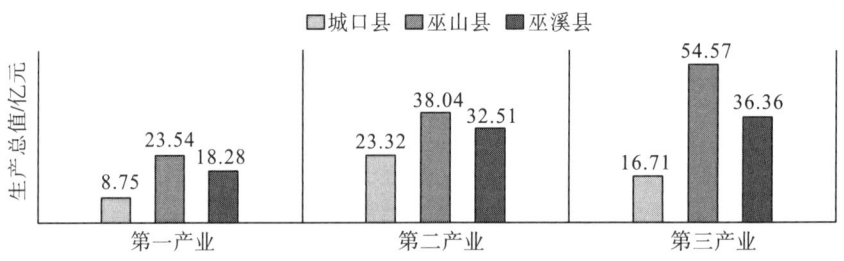

图 5.8　城口-巫山-巫溪 2017 年三大产业生产总值对比分析

资料来源：根据政府统计公报自绘。

2) 第二产业经济封闭，结构单一，能耗过高

城口县工业集中在金属矿产（锰、钡）采选业、农副食品加工业与水、电供应业三大门类，结构单一，产业链缺乏整合；每万元工业总产值的获得将消耗 0.76 吨能源，仍处于粗放加工阶段，能耗高、附加值低。此外，因交通条件与区位限

制，城口县整体产业仍依托本地资源开发为主，是一个相对封闭的经济体，尚未与万州、开州、云阳等周边地区建立良好的产业合作机制，现有主导产业构成与周边经济体差异较大，与周边地区融合互动发展还有待加强。各区县相关工业平均能耗如图5.9所示。

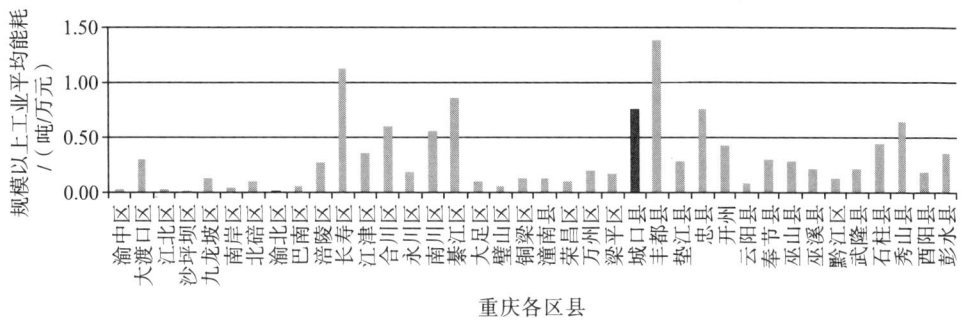

图 5.9　重庆市各区县规模以上工业平均能耗统计图

资料来源：《城口县"十三五"新型城镇化发展研究报告》。

4. 边贸中心名存实亡

在2015年总规中，将城口县定位为秦巴地区特色边贸中心。但从实际来看，城口县所处区位与周边城市相比，物流发展比较滞后（表5.4）。县城基础设施不完善，导致货运周转量不高、物流园建设滞后的现实，使得边贸中心的名号名存实亡。

表 5.4　城口及周边区县2017年交通运输统计表

省份	地区	全年货运量/万吨	货物周转量/(亿吨·千米)	全年客运量/万人	旅客周转量/(亿人·千米)	物流园
重庆	开州	—	39.49	—	7.53	渠口临港物流园、长沙综合物流园、竹溪仓储物流园
	城口	157	1.52	283	2.15	
	巫溪	—	1.14	—	3.82	—
四川	万源	333	1.27	656	1.97	官渡物流中心/茶垭物流中心
	宣汉	—	0.06	—	0.08	柳池物流中心/东乡物流中心

数据来源：根据政府统计公报绘制。

5.1.3　城口县发展机遇

城口在秦巴山片区区位图见图5.10。

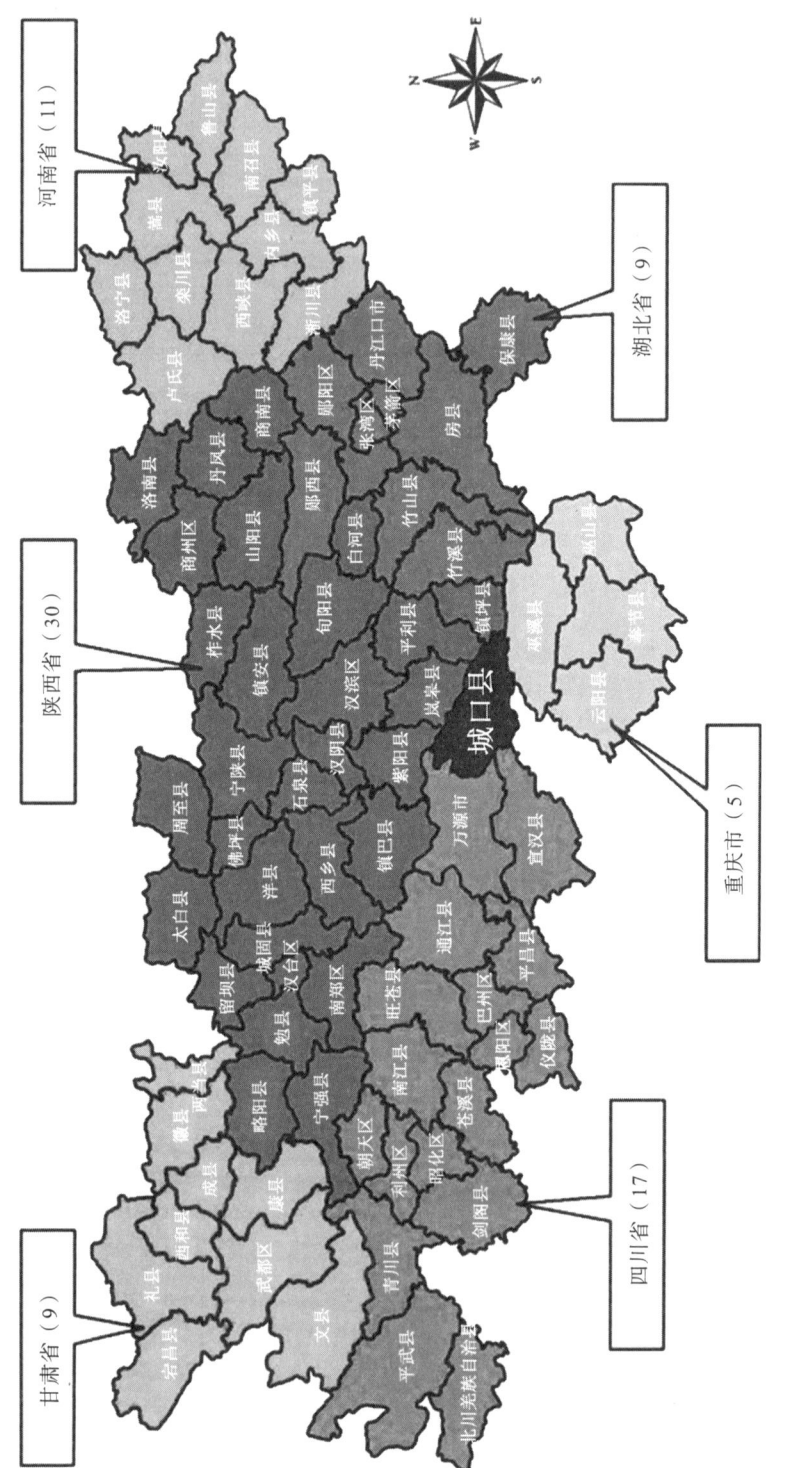

图 5.10 城口在秦巴山片区区位示意图

资料来源:根据《秦巴山片区区域发展与扶贫攻坚规划》改绘。

1. 政策发展机遇

多项区域重大规划将城口作为秦巴生态屏障，明确发展生态经济。

《秦巴山片区区域发展与扶贫攻坚规划》对城口的要求是加强基础设施建设，着力培养特色优势产业，发展低碳循环经济、深入开发旅游资源。发挥国家重点生态安全屏障作用。

《渝东北地区经济社会发展规划》在渝东北地区各区县发展定位中将城口县定为全市重要生态功能保障区，全市向北重要门户，红色旅游和生态旅游基地，重要生态经济区，主要发展旅游、农林产品加工、清洁能源、矿产开发和劳务经济等。

《重庆市城乡总体规划(2007—2020年)》中市域城镇体系规划为1个市域中心城市、2个区域性中心城市、27个区县城、500个左右小城镇共同构成的城镇体系。其中，城口属于区县城，是生态文明示范县，红色旅游和生态旅游基地，特色产业基地。

2. 4小时变2小时交通圈，建立承接大旅游门槛

根据《重庆市高速公路网规划(2013—2030年)》《重庆市中长期铁路网规划(2016—2030年)》，规划经过城口的重大交通基础设施项目有：渝西高铁、银百高速和安张铁路，这将会极大改善城口的交通和发展环境（图5.11、图5.12）。

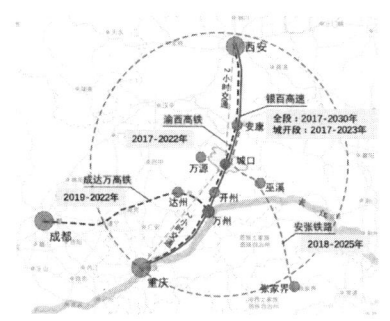

图5.11　城口县重大交通设施区位图

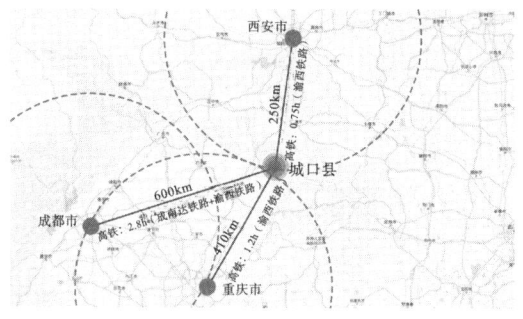

图5.12　城口与川陕渝辐射范围关系图

渝西高铁和成达万高铁使城口实现了到重庆主城、成都和西安的两小时交通，大大缩减了通勤时间，使得重庆主城、成都和西安到城口当天可往返通勤，为城口承接区域大旅游提供了基础门槛。城口县处于重庆主城、西安和成都辐射范围的边缘地带，位于三大圈层的交汇处，可发挥边缘地带的特色和优势，吸引和接待这三个地区庞大的旅游客户市场。

另外，城口通过银百高速和渝西高铁向南可经开州至万州，在万州连接到长江经济带上，也能加强和四川的经济联系；通过安张铁路、渝西高铁、银百高速和省际公路等可加强与陕鄂湘的经济联系。

渝西高铁规划线路走向为：重庆主城—涪陵—丰都—忠县—万州—开州—城口—西安。全长 660 千米，其中城口县境内约 42 千米。

银百高速 G69 城口段共 55.231 千米，在城口境内设置互通 4 处，分别为城口互通、北屏互通、蓼子互通、鸡鸣互通；设服务区 1 处，即北屏服务区；设停车区 1 处，即鸡鸣停车区；设主线收费站 1 处，即北屏主线收费站。

安张铁路规划线路走向为：安康—城口—巫溪—奉节—巫山—张家界。线路全长约 522 千米，其中城口境内里程约 63 千米，在城口境内主要经过厚坪、修齐、北屏镇等。

5.1.4 城口贫困县空间发展对策

城口目前面临的问题，也是当前国内众多边缘空洞地带小城市面临的问题，而每一个需要转型发展的城市，均具有其自身的特色值得去挖掘、打造和发扬。城口要利用好自身的特色资源，即生态资源丰富、即将到来的大交通格局、丰富的旅游资源和矿产资源，来解决城口目前的问题：生态资源脆弱敏感、人口流失用地局促、旅游经济发展不强等。

益贫式城镇化发展下城口应依托自身资源优势，由传统工业驱动型城市向生态康养城市转型，采用环境生态化、旅游精细化、人口精明化、边贸特色化和工业异地化的实施策略，力争将城口打造成为全国山地森林生态康养小城市典范。具体建设对策如下所述。

1. 人口精明化——贫困人口高山生态移民，引入旅游，实现益贫式城镇化发展

城口县的山地范围分布广、县域可建设用地紧张，贫困乡村主要分布在山地生态系统脆弱、交通非常不便利、水土流失和地质灾害问题严重的区域。复杂的地形条件制约了乡村的发展。基于此，城口可采用贫困人口高山生态移民，同时引入和发展旅游的益贫式发展路径：贫困人口高山生态移民可改善生存发展条件，同时利用未来交通优势发展旅游业，生态旅游业将创造新的就业增长点，提供更多就业机会。

城口县制定了《城口县高山生态扶贫搬迁实施方案》，根据政府人口外迁政策，结合全县脱贫目标，缩减常住人口。根据《渝东北地区经济社会发展规划》，城口县 2006—2020 年预计累计净转移人口数为 12 万人，规划 2020 年常住人口为 18.4 万人(表 5.5)。

同时，益贫式城镇化发展下城口要依靠未来交通优势，大力发展生态旅游，实行生态产业化，重点发展具备生态旅游条件、休闲度假条件的小城镇，引入旅游人口(图 5.13)。即人口用地适当收缩，生态旅游功能适度扩张。加强生态维育与修复，拓展大巴山高山生态系统；基础设施系统全面建设，优化对内对外交通系统，增强旅游服务配套功能。

表 5.5　城口县人口及城镇化预测表

年份/年	常住人口/万人	城镇人口/万人	城镇化/%
2015	18.6	6.3	34
2020	18.4	8.3	45
2030	18	10	55
2050	19	13.5	70

数据来源：《重庆市城口县城乡总体规划（2015 编制）》。

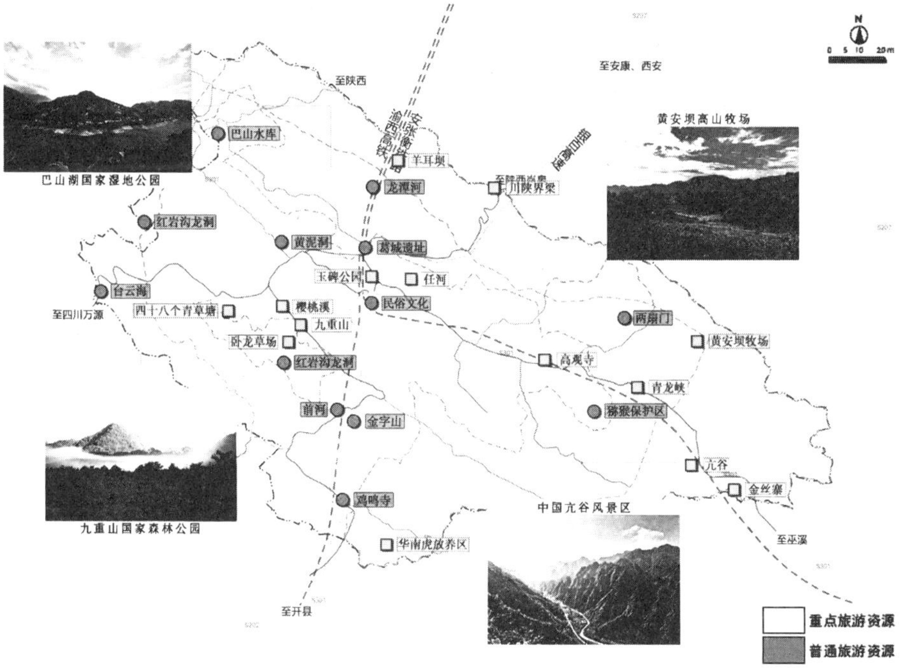

图 5.13　城口县旅游资源分布图

2. 发展旅游经济，打造全域复合型旅游基地

在益贫式城镇化过程中，旅游经济对于地区发展而言是一条生态可持续的道路，可以从旅游资源上选择有条件但尚未开发的贫困地区，优先旅游扶贫，同时要注重挖掘具有特色的旅游资源，注意避免同质化竞争，要打造自己的特色和品牌（图 5.14）。对于城口而言，最有特色的是绝佳的气候、顶级的森林资源和丰富的生物资源：城口境内有中国南方最大的高山草场，有物种繁多的珍稀动植物资源，有典型的高山湖泊群，以及任河、前河两大河流。城口拥有 285 万亩天然林和 200 万亩高山草场，建有全市最大的自然保护区重庆大巴山国家级自然保护区、九重山国家森林公园、重庆城口巴山湖国家湿地公园、重庆清凉胜地黄安坝和中国亢谷、夜雨湖、秋池等生态旅游景区。充分挖掘这些特色资源，对有资源有条

件的地区通过打造特色专业化的旅游产品进行旅游开发，构建全域复合型的旅游基地，以实现旅游扶贫。

图 5.14　城口县旅游开发布局图

城口旅游发展的目标和路径是通过小、精、专特色化旅游开发，打造旅游度假康养胜地。通过康养避暑、密林探险和配套服务将城口打造为川陕渝服务最专业、环境最精品、配套最完备的森林度假康养圣地。在资源的基础上，高度尊重生态，对项目及产品适度开发，联动全域产业，实现乡村振兴和可持续发展。

在县域空间上打造"一轴两片"的空间结构，即：一条核心旅游经济主轴和两大精品旅游功能片区。一条经济主轴是指以银百高速公路为南北轴线，依托沿线城镇建设，集中精力开发沿线重点旅游资源，作为城口旅游的主战场，打造城口旅游通道和旅游经济带。两大旅游功能片区是指以西为九重·巴山·湖片区，联动九重花岭、巴山夜雨湖等景区，打造以养生避暑功能为主的森林康养度假胜地；以东为黄安·原乡·谷片区，联动黄安坝、亢谷、青龙峡等景区，打造探险、体验功能为主的神秘体验旅游基地。

3. 产业策略——工业异地化，产业生态化

城口可用地少，环境敏感度高，可采用异地工业化模式：异地办厂，本地就业，以减小对本地生态的污染和破坏。积极推进锰、钡产业转型优化，引进低污染矿产精深开采技术，与周边区县建立开采、加工、销售和供给合作关系。以矿产开采为本源站稳脚跟，配合交通、物流进行异地加工，促进产业升级转型，实

现工业异地化，带动区域工业经济发展。同时提升产业技术含量，支持企业采用新技术、新工艺、新设备、新材料对生产设施、工艺条件及生产服务等进行改造提升，鼓励传统产业向研发设计、智能制造和市场营销环节延伸，实现产业生态化发展。

空间结构布局为"一中心两组团"：一中心指生态开采技术交流中心，主要功能为加强技术交流、研发、创新；巴山组团依托钡矿资源努力建成全国绿色钡精细开采基地（钡矿选矿、高纯超微细纳米级碳酸钡、高纯超微细纳米级氢氧化钡、硅钡合金、氯化钡、碳酸钡、金属钡等系列产品）和建材基地（固体废物生产水泥、烧结砖、墙体材料或釉面砖等建筑材料）；高燕组团依托锰、钡、铅、锌等矿产资源开采优势，发展高锰合金钢、国标硅锰合金、电解金属锰、锌软磁铁氧体等精深加工，建成中国西部绿色锰工业基地、新型建材生产基地和特色工艺品加工业基地。如图5.15所示。

4. 边贸特色化——建设秦巴地区边贸物流小镇

在益贫式城镇化建设过程中，产业发展和产品流通离不开贸易物流平台，高效合理特色化的物流平台既能整合产品资源，提高经济效率，也能扩大地区产品优势，提高产品品牌影响力。城口可依托未来优越的交通和区位条件，建设秦巴地区边贸物流小镇，其主要功能表现为农产品的简单加工和输出（将城口的特色农产品输送和销售出去）、工业资源输出以及第三产业联动发展的贸易物流平台。以物流节点建设为基础，逐步提高对周边县市（万州、万源、达州、巫山、巫溪等）的物流集散、中转与辐射能力。

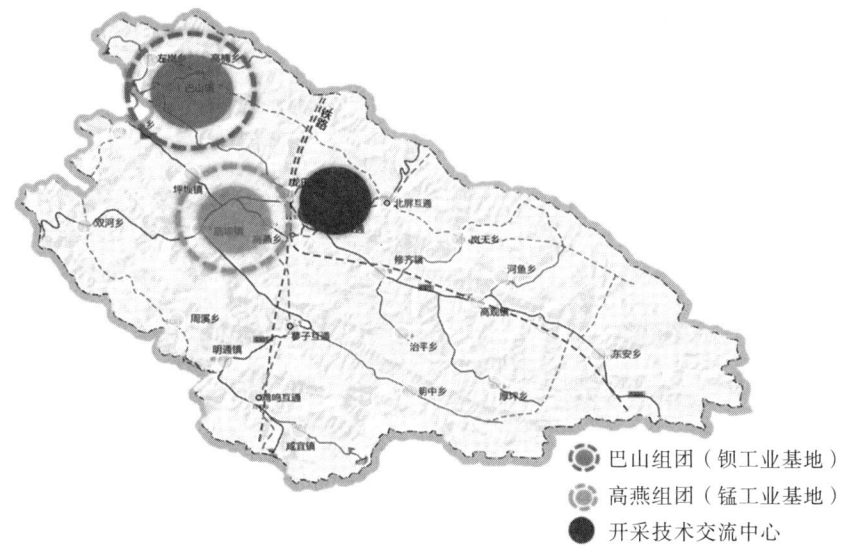

图 5.15 城口县工业结构布局图

城口特色农业园建设和特色农产品打造离不开物流平台，整合资源，可以强化特色农产品品牌效应。城口积极推进"1+24"特色农业园区建设(以大巴山特色农业综合示范园为核心，辐射带动其他 24 个乡镇发展特色农业产业园)，大力发展"3+X"特色农业，"3"即畜牧、干果、中药材三大主导产业，"X"即各地根据区域特点确定的特色产业。畜牧业主要以城口山地鸡、城口老腊肉、城口蜂蜜和草食牲畜为重点；干果产业以板栗、核桃为主；中药材产业以天麻、太白贝母等为重点。区域特色产业主要有茶叶、高山蔬菜、魔芋、冷水鱼、笋竹、小杂粮等特色产业。

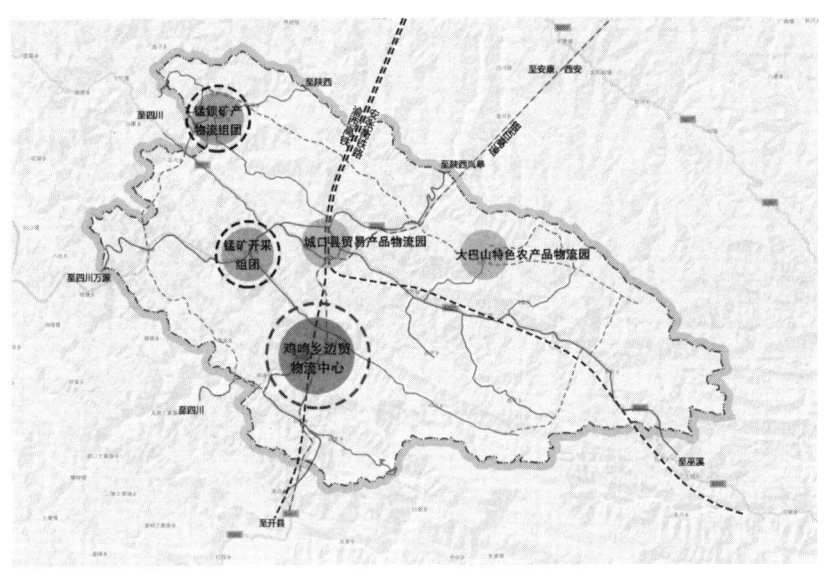

图 5.16　城口县物流空间结构布局图

县域规划形成"一心、两组团、两园区"的物流结构体系。"一心"指依托银白高速，规划鸡鸣乡边贸物流中心；"两组团"指根据现有矿产资源分布，形成锰钡矿产物流组团及锰矿开采组团；"两园区"指城口县贸易产品物流园、大巴山特色农产品物流园。如图 5.16 所示。

5. 环境生态化——建设全国生态保育示范基地

十九大报告指出，必须坚持节约优先、保护优先、自然恢复为主的方针，形成节约资源和保护环境的空间格局、产业结构、生产方式、生活方式，还自然以宁静、和谐、美丽。贫困地区要实现益贫式发展必须要注重保护生态，结合自身条件寻找合适的发展道路。只有积极构建生态安全格局，才能实现永续发展。

将城口的环境功能区划分为三类：生态保育区、生态重建区和生态过渡区。生态保育区：将大巴山自然保护区和九重山森林公园划为生态保育区，严格限制自然保护区核心区内的人类活动,非核心区和其他生态保育区可适当进行生态旅游、生态农业、休闲度假开发,实施积极的建设性保护方针。生态重建区:将县域北部锰钡开采地作为生态重建区,重建区的规划和建设要充分考虑未来环境保护的要求,依靠基础工程,保证区域环境质量的稳定与改善。将介于保育区和重建区之间的区域作为生态过渡区,过渡区的开发与占用要适度控制,严格执行"先规划,后建设"的建设方针。如图5.17所示。

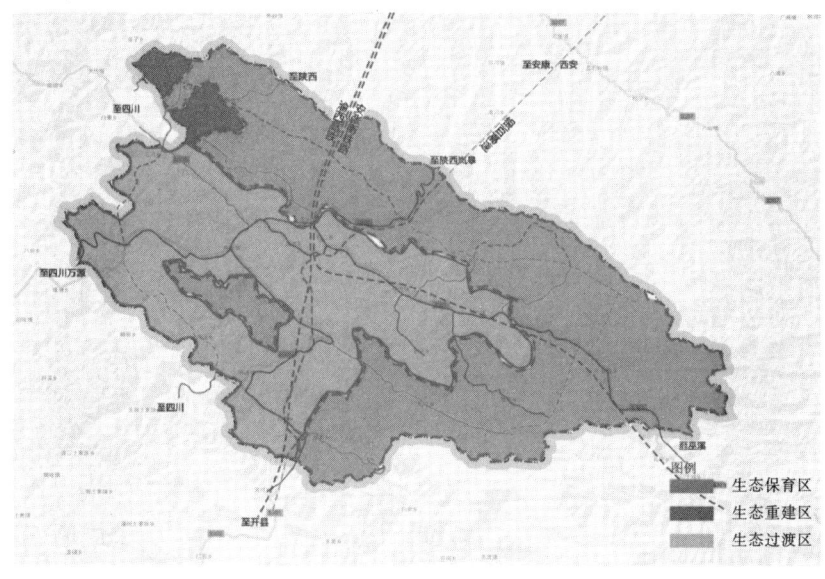

图5.17 城口县生态功能系统分区图

6. 中心城区——建设旅游服务基地,打造古城文化体验胜地

1)转变发展路径:对接县域旅游,建设旅游服务基地

明确城口县城以旅游服务为核心功能的发展定位,以全新的功能结构格局引导城市对外承接"两小时旅游圈"的门槛。加强中心城区的旅游服务能力,构建"一心、一带、五组团"的城市空间结构(图5.18):"一心"指城口县中心城区片区(以建成区为核心,主要布局商业商贸、公共服务、行政办公等设施,以文化旅游服务功能为主,形成城区核心旅游服务节点);"一带"指沿任河的发展轴带;"五组团"指的是木瓜坝组团、茅坪组团、袁池岭组团、航空茶厂组团和沱溪河组团。

城口县过境的重要交通干线(图5.19):银百高速、渝西高铁和安张衡铁路均穿过城口主城区,并在城区西部设置城口站,在城区南部和东部设置高速互通口。城口至西安、成都、重庆主城的两小时交通圈未来将为城口主城区带来大量的旅游人口,城市旅游服务功能强化势在必行。

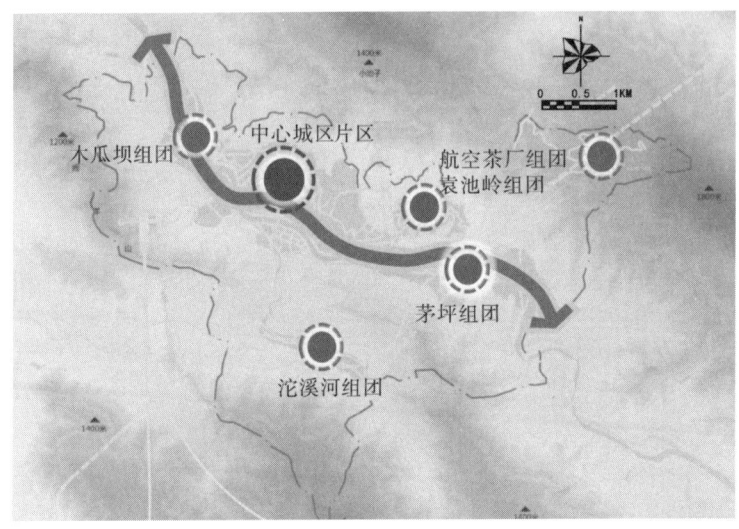

图 5.18　城口中心城区空间结构规划图

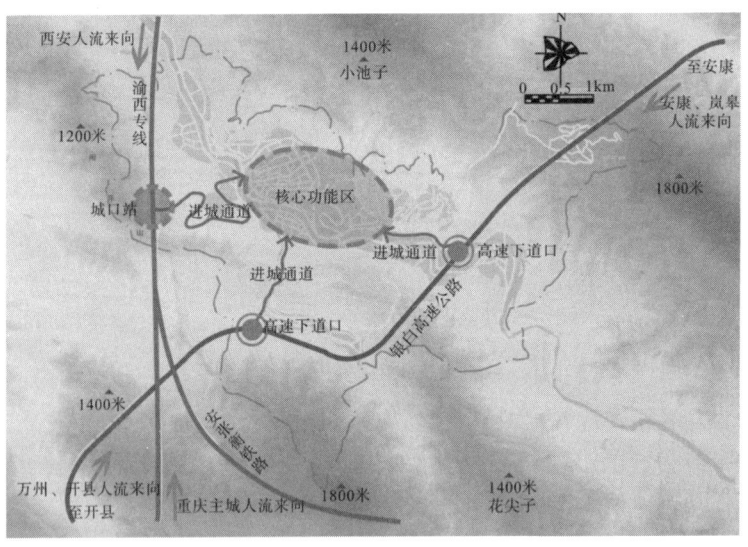

图 5.19　城口中心城区对外交通分析图

2) 古城发展：风貌提升、生态并行

城口城区文化资源丰富、历史遗迹较多，主要有红色文化、葛城文化和秦巴民俗，未来发展要加强历史文化保护，可将城区打造为参与式古城文化体验胜地（图 5.20）。此外，中心城区发展也应适应生态环境的可持续发展，改善人居环境，从整体层面梳理与整治山、水、城关系。

城区构建滨水景观带和山城景观通廊。城区以老城内的苏维埃纪念公园为景观核心，结合山体绿地打造船梁子公园和诸葛寨公园形成主要景观节点；同时，围绕流经城区的任河打造滨河景观节点，在关键交通节点处设置门户节点。

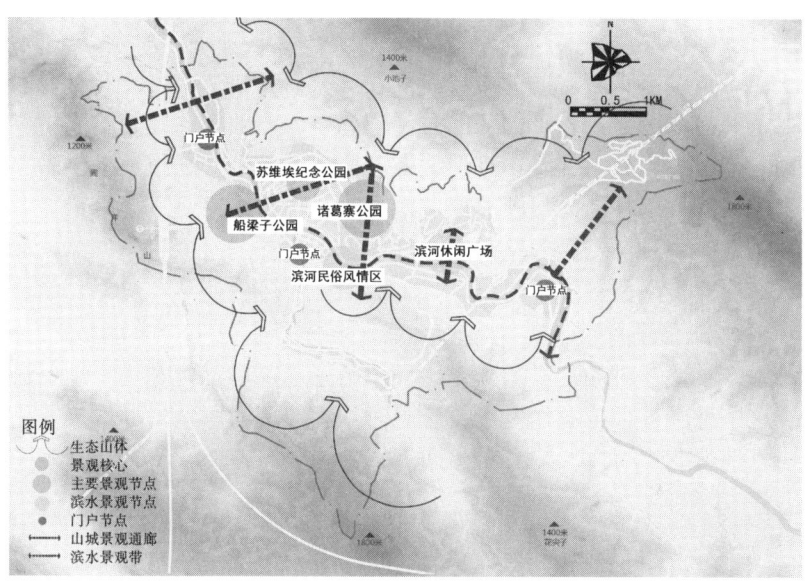

图 5.20　城口中心城区景观结构分析图

5.1.5　区县层面益贫式发展模式总结

益贫式城镇化下区县应把握区域发展机遇，立足于区县的资源禀赋，注重挖掘自身特色，充分考虑贫困人口的生产生活条件，推动产业发展、生态保护和乡村扶贫，多角度探索区县发展模式。城口县发展模式主要有以下几种。

1. 高山生态扶贫搬迁模式

高山生态扶贫搬迁通过人口下山进城、外迁转移，有效降低了高山地区人口容量，实现了发展经济与保护生态的良性互动，破解了脱贫致富与生态保护的两难困境。对于移民，搬迁赋予其新的资源禀赋，使其从低附加值农产品生产中解放出来，通过农业发展方式的升级改造和二三产业的快速发展，提高劳动生产效率，实现其收入水平的快速提升。人口容量的下降缓解了人地冲突导致的生态压力，高山地区提供生态公共产品和特色效益产品的能力得以增强，又进一步增加了当地居民和生态移民的收入。

2. 旅游扶贫模式

借助地区发展优势和乡村旅游发展机遇，应结合旅游扶贫开发工作，从旅游资源上选择有条件但尚未开发的贫困地区，优先旅游扶贫。对于城口而言，气候、生态和生物等资源独特小众，针对那些有资源有条件的地区通过打造特色专业化的旅游产品进行旅游开发,构建全域复合型的旅游基地,加大对贫困乡村地区进行重点旅游项目及公共基础设施的建设,使得贫困乡村的旅游发展能够与各层级旅游线路实现衔接,从而较好地接受来自高层级旅游核心的辐射带动作用。

3. 生态产业模式

对于生态资源丰富的地区,可以重点发挥自身资源优势,充分开发有优势的生态产品,并将绿色、低碳、循环的发展理念融入产业模式的建构当中。城口通过小、精、专特色化旅游开发,打造旅游度假康养胜地。通过康养避暑、密林探险和配套服务将城口打造为川陕渝服务最专业、环境最精品、配套最完备的森林度假康养圣地。同时在资源的基础上,高度尊重生态,对项目及产品适度开发,联动全域产业,实现益贫式发展。

4. 异地工业化模式

这种模式主要针对的是生态脆弱、环境敏感度高以及可利用土地资源紧张的地区,在这些地区进行工业化发展要考虑对生态环境的影响,异地工业化就是异地办厂、本地就业的模式,减小对本地生态的污染和破坏。

5.2 彭水县长生镇观光农业园区规划

本节将重点从彭水县贫困乡村地区(以长生镇为例)分析目前贫困乡村实现益贫式发展面临的困境及发展对策等。

5.2.1 彭水县长生镇现状及发展问题

1. 长生镇概况及贫困现状

长生镇位于彭水县中部,县城东北部,距离城区 35 千米,全镇现划分有 3 个居委(长生居委、三合居委、龙汇居委),26 个村民小组,10 340 余人。镇内长期贫困人口较多,多数为居住在深山峡谷和高寒边远地区,生产极为不便、生存环境十分恶劣、房屋破烂陈旧的农村贫困人口,外出务工人员占比大,老龄化问题严峻。用地形状呈带型发展,场地内高差较小(图 5.21)。

规划区范围内用地以农林用地、居住用地、公共设施用地、道路广场用地为主,拥有较好的山林景观和乡村景观。其中:居住用地 1.24 公顷(1 公顷=10 000 平方米),占城市建设用地 28.7%;公共设施用地 1.2 公顷,占城市建设用地 27.78%;道路广场用地 1.88 公顷,占城市建设用地 43.52%。通过地灾报告分析,长生镇属于危险性中等区,只有北部一小部分属于危险大区不适宜建设。

第 5 章　实例研究及对策总结　　　　　　　　　　　　　　　　　　　　　　　　　　　131

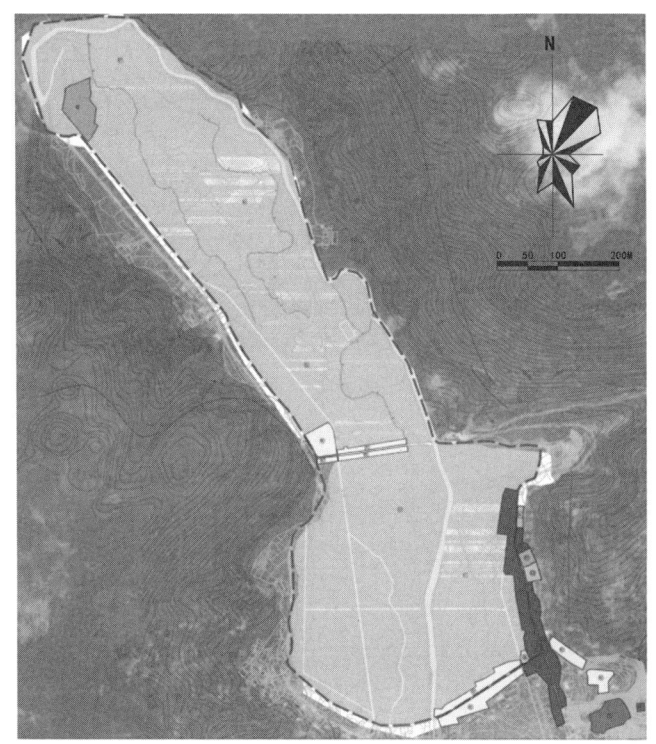

图 5.21　规划范围用地现状分析图

资料来源：依据《彭水县长生镇观光农业园区规划》改绘。

长生镇所在的彭水县作为国家级贫困县之一，近年来从精准实施产业扶贫、设施扶贫、教育扶贫、医疗扶贫、搬迁扶贫、社会扶贫、金融扶贫、创业就业扶贫、"兜底"保障、落实保障措施等 10 个方面入手，加大扶贫力度。2015 年，彭水县 60 个贫困村、4 万名贫困人口已通过重庆市验收，分别完成任务的 150%、133%，"十三五"期间，彭水县易地扶贫搬迁指导性计划为搬迁建卡贫困人口 13 500 人。2018 年，彭水县搬迁投资计划为搬迁建卡贫困人口 10 400 人（其中，2016 年 4 500 人，2017 年 5 900 人）。

2. 核心发展资源分析

长生镇乡土文化资源为其核心资源，也是贫困乡镇发展旅游业的资源基础。彭水县长生镇历史悠久，土地景观、历史人文资源丰富，考虑将乡村旅游作为其益贫式发展的重点。充分挖掘与利用长生镇的乡土文化，才能让长生镇抓住休闲农业旅游发展的机遇，凸显自身资源优势，实现益贫式发展。

长生镇田园风光，是新兴的乡村旅游及养生休闲场所，有"世外桃源，养生福地"之称（图 5.22）。区域内呈现石钟对石楼、石楼对石鼓、石鼓对石柱、朱元璋割象鼻的奇特景观，并且人文景观丰富，可以打造从自然美景观光到度假的多维旅游休闲度假地。长生镇还拥有丰富的自然资源和独特的道文化和民族文化。

图 5.22　长生镇田园风光图

资料来源：依据《彭水县长生镇观光农业园区规划》改绘。

地貌特征为平坝和丘陵、中高山相间。平坝、丘陵、山地交替，地势起伏不大，呈小盆地之貌，具有明显的山地特征，生态格局良好，项目设置限制较小，可结合地形适当布置特色项目。同时，长生镇辖长生、三合、龙汇三个居委，是少数民族聚居地，有苗族、土家族、汉族，其中苗族、土家族占60%左右。镇区内仍保留有苗族吊脚楼等特色民居，少数民族的一部分风俗文化亦延续至今。

长生镇主要客源分为三级市场，一级客源市场为彭水县本地及外来产业人群，二级客源市场主要为重庆市其他地区城市游客，三级客源市场为国内其他城市游客（图5.23）。长生镇的旅游资源具有休闲性与度假性的特点，随着景区对外交通条件的改善，其一小时经济圈区位优势将逐步放大，游客量将在现状基础上成倍增加。

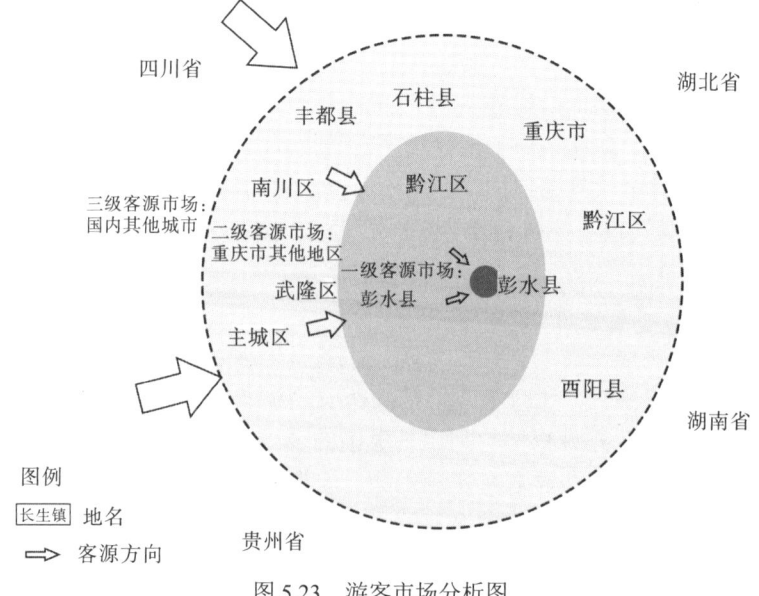

图 5.23　游客市场分析图

根据《彭水苗族土家族自治县国民经济和社会发展第十三个五年规划纲要》，2015年实现旅游综合收入52.6亿元，是2010年的29倍，年均增长96%，年接待游客突破千万人次。随着长生镇生态休闲旅游度假区的逐步开发，长生镇采取积极的客源拓展措施，其年旅游接待量将预计达到50万～200万人次。总体而言，长生镇具备实现益贫式发展的资源条件和发展机遇，但也面临着发展无法避免的困境。

3. 发展困境

一方面，随着重庆周边以休闲农业为主题的旅游村镇数量的增加，长生镇旅游发展面临更多的竞争与挑战，因此如何利用自身资源优势，发展具有特色的旅游产业成为长生镇实现益贫式发展的突破点。另一方面，长生镇地理区位条件并不优越，周边及内部交通系统有待改善，并且缺少服务一级市场本地客源的周末休闲生活，满足外地其他游客需求的配套设施，因此旅游产业吸引力较弱，对先天自然文化资源利用不足，盲目进行资源开发威胁自然环境。同时，在区域上旅游市场竞争激烈，对于村民就业永续发展和旅游客源深入挖掘问题思考不足，限制了贫困乡镇实现脱贫发展。

5.2.2 长生镇益贫式发展原则

彭水县长生镇近年来借重庆市旅游业高速发展的契机，依靠先天资源条件，强调农旅融合发展，大力发展乡村旅游脱贫，充分发挥自身资源优势，发展在区域内具有特色的旅游产业已成为长生镇实现益贫式发展的主要路径。其益贫式发展主要遵循以下原则。

1. 区域协调，整体发展

融入重庆市东南地区整体环境，适应地区动态发展的需要。在长生镇及彭水地区整体规划的框架内明确自身定位，发挥自身优势，增强规划的区域观念和整体竞争力，谋求以大区域为背景的自身发展。

2. 生态优先，量化发展

体现环境保护优先的规划理念，科学合理地评估人工开发对生态环境的影响，尊重当地的文化和生态特质，取得生态恢复和人工建设的平衡与协调。基于保持生态安全格局平衡，引导村镇合理发展。

3. 定位区别，突出特色

有效吸收区域核心资源价值，划分功能分区，与周边资源严格实行产品的差异化特征，主题体验感与参与感并重，在保证整体乡村环境不被破坏的前提下，个性鲜明、特征独特地促进地方经济发展。

4. 价值共享，以人为本

以发展乡村旅游为契机，开展生态农产品生产，拓宽村镇居民收入渠道，完善村镇公共服务设施和基础设施建设,让休闲农业旅游创造的价值为居民所共享,提升其生活品质。

5.2.3 长生镇益贫式发展对策

长生镇益贫式发展核心目的就是要通过深度挖掘长生镇核心资源优势,以"丰富休闲农业体验活动、完善旅游产业配套体系、打造区域性旅游核心吸引物"为总体开发策略,以区域发展带动扶贫开发,以"美丽乡村,全方位体验"为核心理念,指导长生镇的扶贫开发建设,不断缩小该县贫困农村地区村民在交通、教育、医疗、住房、就业等公共服务上与城镇居民的差距(图5.24)。重点关注贫困村,将贫困户作为乡村旅游扶贫开发的主体,最终实现益贫式发展。

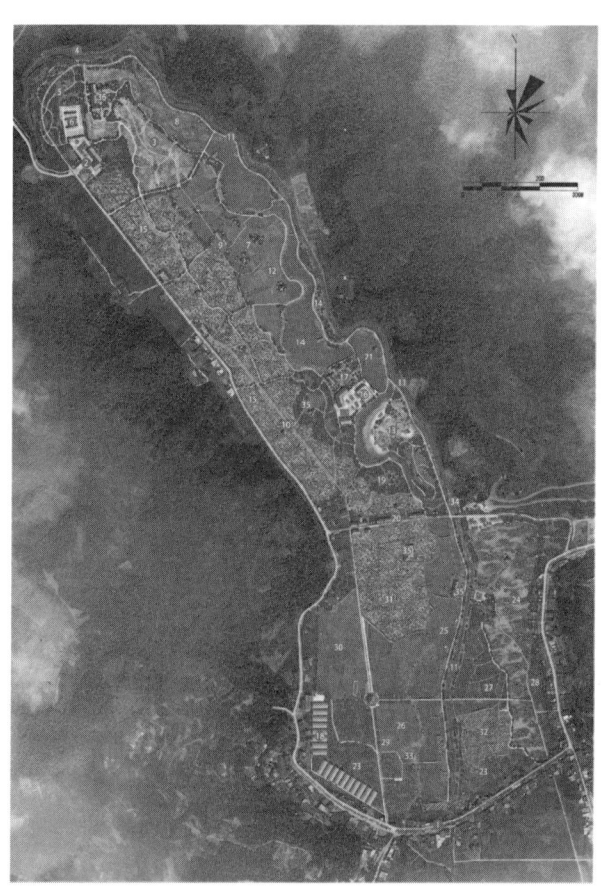

图 5.24 长生镇功能布局图

资料来源:依据《彭水县长生镇观光农业园区规划》改绘。

以乡村旅游为核心的益贫式发展，最终要增强县级乡村旅游发展能力，多推出一些旅游小镇、旅游景点品牌等，做大做强乡村旅游扶贫平台。长生镇通过实施扶贫村规划编制、进行公共设施建设、培育贫困地区旅游品牌、强化市场推广营销、加快地区旅游项目建设。其旅游综合体项目紧紧围绕"食、住、行、游、购、娱"六大旅游产业要素，合理规划设计，有机融合，巧妙布局，多层次综合性地开发建设，最终打造成为汇聚特色美食、休闲居住、特色交通、观光游览、精品购物、休闲娱乐于一体的特色田园风情镇（图5.25）。具体发展对策如下所述。

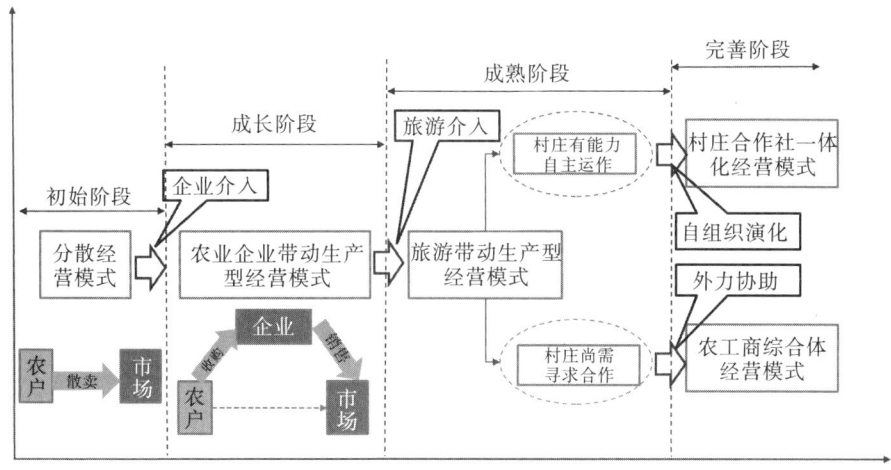

图 5.25　长生镇旅游开发模式图

资料来源：依据《彭水县长生镇观光农业园区规划》改绘。

1. 引入外来资本，创新合作开发模式

充分挖掘长生镇自身的优势，抓住机遇。采用"政府+企业"合作的开发模式，引入外来资本，结合村民合作社模式，政府给予财政与政策的支持，与企业达成合作共赢。切实关注村民的需求，提高村民的劳动技能，解决村民就业问题，走可持续发展之路。

以就业补贴为前提，落实惠民培训政策。对参加职业技能培训的贫困人员，实施技能培训补贴；对有创业意愿的贫困人员，给予创业培训补贴。对符合条件的创业人员提供政府贴息小额担保贷款。通过深化农村劳动力技能培训工作，增强扶贫对象"造血功能"，实现技能培训与精准扶贫有效对接。形成就业优先、以人为本的发展理念，形成经济发展和扩大就业的良性互动。顺应长生镇以乡村旅游业为核心的益贫式发展方向，强化职业技能培训，提升长生镇本地劳动力技能素质，建立劳动者终身职业培训体系，促进劳动力回流，减缓"空心化"现象的发生。

2. 挖掘长生文化潜力，凸显城镇特色化发展

充分挖掘长生镇的历史、民俗等文化潜力，策划文化活动，植入文化体验项目，塑造文化趣味体验。首先打造民宿文化街区，完善公共服务设施配套（图5.26）。这主要包括：利用现有建筑进行特色风貌改造，打造集夜市、早市及民宿为一体的特色文化街区；利用村民闲置用房，打造乡村民宿，给予游客乡村生活体验以及结合文化街区，完善长生公共服务设施配置，并为游客提供相应的公共服务。其次突出民俗文化，结合长生重大的节庆事件，策划一系列品牌文化活动。结合苗族土家族民俗文化、农家文化等资源，利用规划公共空间进行文化活动策划，主要包括夜间露营、篝火晚会、文化夜市、民族庙会等一系列文化活动。

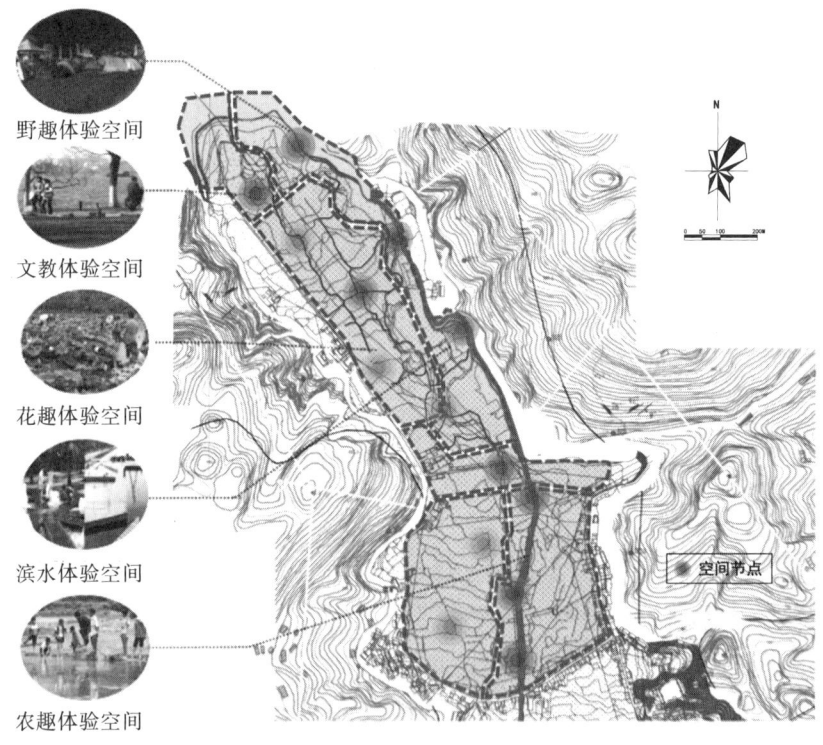

图5.26　长生镇生态公共空间布局图

资料来源：依据《彭水县长生镇观光农业园区规划》改绘。

此外，注重凸显本土文化特色，实现城镇特色化发展，增加创意主题及亲子活动体验。利用步行系统及公共空间，以家庭为单位，开展主题亲子活动，主要包括科普教育、户外活动、务农体验及民俗体验等亲子项目。

3. 响应生态扶贫，保护区域生态环境

结合国家生态扶贫战略，通过实施一批重大生态工程和农村环境整治，体现环境保护优先的规划理念，按照"一镇一特、一村一品、一业一片"的思路，对

相邻贫困村实施连片整体生态开发(图 5.27)。尊重当地的文化和生态特质,从旅游资源整合配置、村民生活条件改善、地域特征挖掘等三个方面入手,加以开发建设,形成周边、景、村互动循环的网络系统。扶贫旅游开发策略主要包括整合区域旅游资源、塑造旅游度假品牌,改善居民生活环境、修缮聚居村落,挖潜地域特征资源、创造核心竞争优势等三大策略。

图 5.27　长生镇结构布局图

资料来源:依据《彭水县长生镇观光农业园区规划》改绘。

推动乡村旅游与生态扶贫搬迁相融合。以生态扶贫搬迁集中安置区为重点,围绕"吃、住、行、游、购、娱"旅游六要素,对实施乡村旅游扶贫的区域进行特色打造,完善基础设施,持续改善旅游接待条件。大力开展旅游扶贫培训,切实增强群众自我发展能力,取得"一迁活全局"的效果。

4. 优化产业结构，带动当地农民就近就业

通过优化产业结构，带动当地贫困农民就近就业。实现以生态农业、特色旅游服务业为主的产业结构不断优化，产业发展与劳务扶贫良性互动。转变乡村旅游发展方式，坚持集约化、融合化发展方向，发展全域旅游，推进融合发展，强化现代运营。在土地和资金保障方面，鼓励社会资本和个人利用荒山、荒坡、荒滩、废旧民屋等进行乡村旅游项目开发，鼓励农民利用自住房屋开展乡村旅游接待服务；设立乡村旅游发展专项资金，对乡村旅游示范项目进行奖补。同时在政府引导下，由乡镇各级政府和旅游主管部门按市场需求和全镇旅游总体规划，确定开发地点、内容和时间，发动当地村民动手实施开发，开发过程中政府和旅游部门进行必要的指导和引导。在乡村旅游发展中的策划、规划、建设、营销、培训等重点环节加强指导。旅游开发机制如图 5.28 所示。

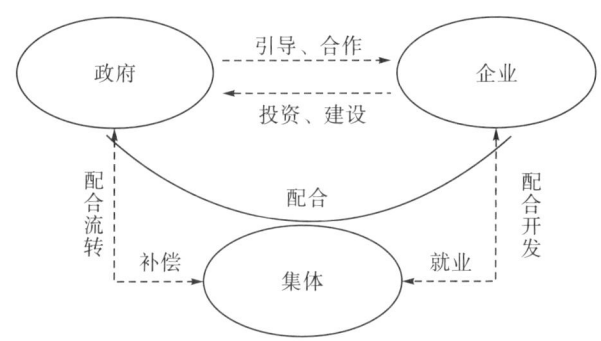

图 5.28　长生镇旅游开发机制图

资料来源：依据《彭水县长生镇观光农业园区规划》改绘。

通过政府进行有效的规划，旅游公司进行指导，农户参与旅游建设，达到政府获益、企业增值、农户增收的效果。农民作为最直接的受益者，在度假乡居模式中，其收入来源主要分为三部分，即租金收入、分红收入及工资收入，主要有以下三种。

1) 租金收入

农民将闲置土地(宅地)、房屋等资产以租赁的形式流转，每年可收入一定的租金。

2) 分红收入

村民可通过房产、土地等方式入股，成为股东，每年不仅有固定的租金，年底还能按入股多少和项目的效益获取一定的分红，有助于社区居民的持续参与。

3) 工资收入

度假乡居模式的开发建设为当地居民提供了大量的就业机会，推动村民就地就业的进程。大量工作岗位的释放，如客房服务、安保巡逻、卫生保洁、农场耕

作等,为村里的本地居民和在外打工的农民提供就业岗位,使其成为挣工资的新型农民。

5. 完善基础公服设施,满足益贫式发展需求

在长生镇现有乡村资源基础上,完善乡村基础服务设施和公共服务设施,方便植入乡村体验项目,打造集农趣、花趣为一体的乡村趣味体验。打造多元复合的生态功能布局(图 5.29),基于长生现状资源条件,规划形成多元复合的功能布局,分为综合服务区、生态野趣区、荷塘农趣区、田间农趣区及民俗文化区;然后创造多层次生态慢行系统,在长生镇内,利用生态农田、山水等自然要素,构建绿道系统与骑行系统相结合的多层次生态慢行系统,满足长生镇以乡村旅游为核心的益贫式发展需求。

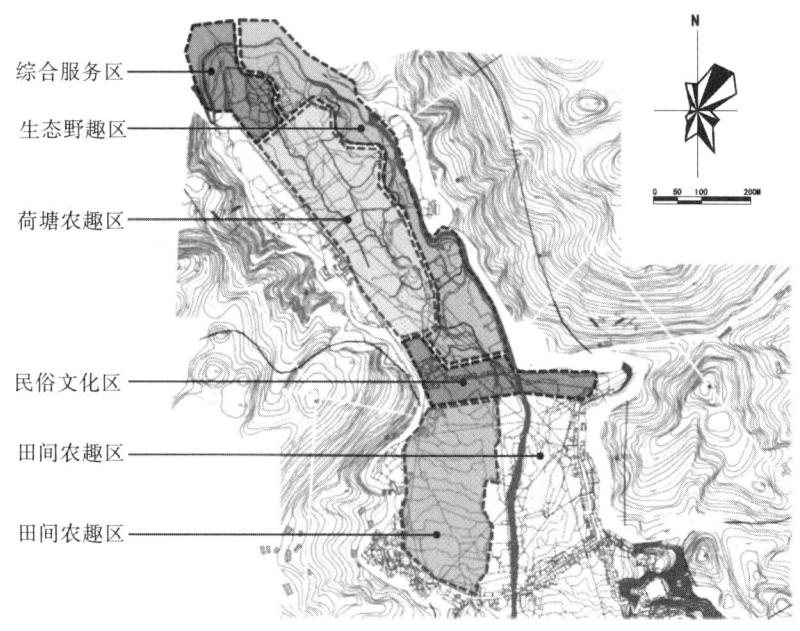

图 5.29　长生镇旅游功能布局图

资料来源:依据《彭水县长生镇观光农业园区规划》改绘。

在旅游开发的同时推进乡村公共交通、供水供电、垃圾和污水处理、通信和劳动就业服务等体系的建设,推动乡村公共基础设施升级,使现代、文明的生活方式与农村田园牧歌式的传统生活方式得到有机的融合,促进乡村的可持续发展。

6. 塑造地域乡村文化,实现旅游差异化发展

塑造地域性乡村文化品牌,充分挖掘长生镇的历史、民俗等文化潜力,策划文化活动,植入文化体验项目,塑造文化趣味体验。具体可以利用现有建筑进行特色风貌改造,打造集夜市、早市及民宿为一体的特色文化街区;结合苗族土家

族民俗文化、农家文化等资源，利用规划公共空间进行文化活动策划，主要包括夜间露营、篝火晚会、文化夜市、民族庙会等一系列文化活动；还可以通过增加创意主题及亲子活动体验凸显本土文化特色。通过旅游活动策划吸引外来游客，提高乡村旅游供给质量，完善产品体系、打造精品民宿、丰富旅游业态、培育精品线路，实现益贫式增长。

基于地形、生态景观要素、民俗文化要素等现状，以"享悠然田趣，叩长生玄门"为主题，依托慢行系统，打造三大长生体验游线(图 5.30)：山涧畅游——依托贯穿长生镇的溪流，利用山野环境，形成一条以奇景探险、户外运动、亲子游戏为主的畅游线路；田园闲游——原真展现乡村环境与生活氛围，游客在悠闲的步行或骑行中观赏浪漫的田园风光，并参与体验农耕活动；文化浸游——深度挖掘长生的道家文化和民族文化资源，推出各类文化旅游产品，营造各种体验场所，提供游客全方位融入长生的文化性体验。

图 5.30　长生镇旅游线路策划图

资料来源：依据《彭水县长生镇观光农业园区规划》改绘。

游线策划分半日旅游线策划、一日游游线策划和二日游游线策划，主要开发类型和特色见表 5.6。

表 5.6　旅游项目开发类型表

类型	运动竞技型	游览观光型	娱乐体验型	教育展示型	文化节事型	休憩养生型	综合开发型
开发特色	• 以野趣活动和水上嬉戏为主； • 是休闲农业最具特色的开发形式	• 把旅游观光与现代农业有机结合； • 以旅游观光及观赏游览为主，集休闲、观赏于一体的休闲农业	• 以参与传统动手作业、体验村民生活、领略农村风俗为主； • 集休闲、娱乐于一体的休闲农业	• 以展示现代农业成果和当地文化为主	• 与当地民俗节庆典相结合； • 集科普教育、表演、观赏于一体的休闲现代农业	• 在长生镇利用田园风光及优雅花海环境，提供养生度假、疗愈放松的度假场所	集前述六种休闲农业中的任何几种形态于一体的有一定规模的休闲农业
主要产品	野趣活动 • 包括露营、野炊、自行车定向比赛等户外拓展活动	观赏游览 • 组织游客前往荷塘赏区进行观赏 包括场景观光、荷花、花海、花卉苗木等观赏	"农家乐"农村游 • 直接参与体验各种农业生产活动，包括垂钓、水稻种植、莲藕采摘、农村风俗体验、农村民宿寄宿等； 农食品尝 • 以品尝当地特色农产品为主，包括有机水稻、花生等	农业展览馆 • 以农业相关内容展示为主，包括现代农业的成果、科技、文化，并进行农业科普，农业知识培训等	民俗类 • 以少数民族文化为主，包括节庆舞、祭祀食俗等	风情民宿村 • 利用原有建筑、街道进行风貌改造，打造宜居民宿	休闲农业主题场馆 • 集休闲、旅游、度假、人居等为一体的农业主题场馆，活动类型多样、服务内容丰富、配套设备齐全，涵盖了游、娱、食、住、购、行等诸方面
案例	英国 EDEN 伊甸园、四川成都三圣花乡、泰国 Chivasom 养生村、深圳欢乐海岸						

资料来源：依据《彭水县长生镇规划（2018—2035）》改绘。

5.2.4　乡镇层面益贫式发展模式总结

2017 年，党的十九大明确提出建立健全城乡融合发展的体制机制和政策体系。益贫式城镇化下贫困乡镇应找准发展重点，发挥自身优势和集镇载体作用，注重区域协调发展，从统筹城乡发展，到城乡发展一体化，再到城乡融合发展，创新城乡融合发展模式，包括镇靠乡发展模式、乡靠镇发展模式和乡单独发展模式等。企业是乡镇经济推动的主要动力和主要参与者，在这些模式之下引入外来资本，结合村民合作社等模式，政府给予财政与政策的支持，把推进镇村旅游作为乡镇经济发展的强力支撑，与企业达成合作共赢。切实关注村民的需求，提高村民的劳动技能，解决村民就业问题，走可持续发展之路，实现乡镇贫困地区益贫式发展。其主要模式有以下几种。

1. "企业+农户"模式

这种模式是通过旅游公司的介入和带动，吸纳社区农民参与经营与管理，利用社区农户闲置的资产和富余的劳动力，开发各类农事活动，展示真实的乡村文化。通过引进旅游公司的管理，对农户的接待服务进行规范，提高服务水平，有效解决农户缺技术、缺资金的难题。该模式由公司经营，农户出资，易于管理，但可能造成农户利益失衡，需要公司或投资商充分听取农户的意见和看法，提高农户的参与性，提高农户的知识水平，提高经营管理水平等。

2. "企业+合作社+农户"模式

这种模式是"公司+农户"的延伸模式，公司一般不与农户直接合作，而是通过当地村委会或合作社组织农户参与，由旅游公司来组织服务培训及相关规则的制定。公司负责资金与技术以及对培训的投资，村委会负责将农户的闲散的资金与设备进行收集与整合，当地居民从经营家庭旅馆等旅游服务所获得的旅游收益可以大大高于景区的旅游收益，当地社区村集体和居民通过这种模式可获得丰厚的旅游收益。在效益良好的前提下，进一步推动贫困村贫困户因地制宜发展产业，带动镇域贫困户增收脱贫。

3. "政府+企业+农户"模式

该模式由政府引导企业和农户参与其中，宏观环境好，但利益难以权衡。具体操作由当地村民或村民与外来投资者一起承建乡村旅游开发有限责任公司，旅游经营管理按企业运作，利润由村民（乡村旅游资源所有者）和外来投资者按一定比例分成。除此以外，村民们还可以通过为游客提供住宿、餐饮等服务而获取收益。

5.3　奉节县永乐镇大坝村乡村振兴规划

5.3.1　奉节县贫困乡村整体概况

贫困乡村的发展环境主要包含物质环境和非物质环境，其物质环境主要包含村庄赖以生存的自然生态环境、建成环境，而非物质环境则主要包含乡村发展的经济、政治等社会环境。因此本节将重点从奉节县贫困乡村地区的自然环境——乡村发展的生态基础、要素环境——乡村发展的经济基础、政策环境——乡村发展的保障基础，三个方面分析目前贫困乡村发展条件并提出应对措施。

1. 奉节县区位情况

奉节县地处重庆市东部，位于长江三峡库区腹心，东邻巫山县，南界湖北恩施，西连云阳县，北接巫溪县，长江横贯中部，是陕南、渝东、鄂西和湘北最便捷的水上出口通道，更是连接湘鄂渝陕南北经济走廊的枢纽，是国家重点生态功能区和农产品主产区(图5.31)。

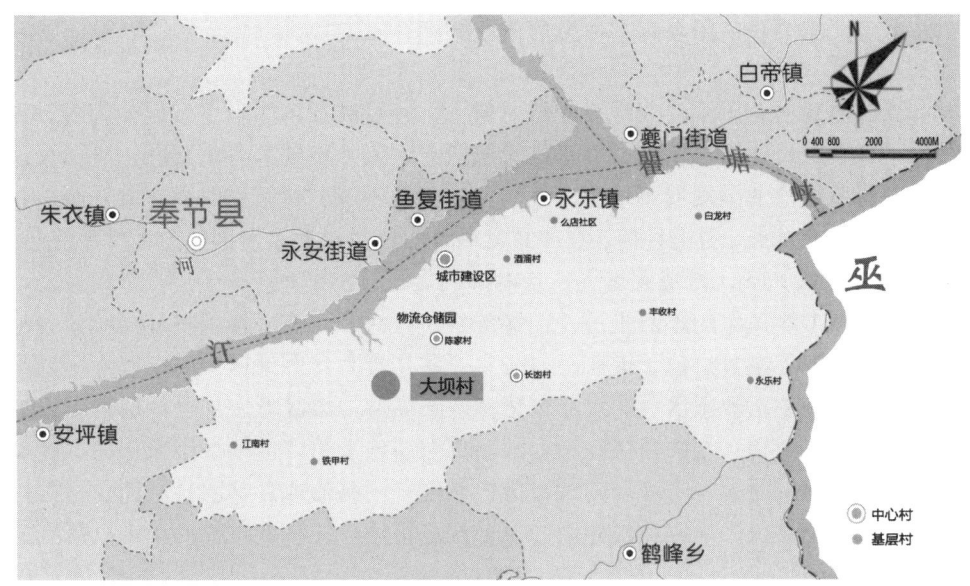

图5.31　奉节县大坝村区位图

资料来源：根据《奉节县城乡总体规划(2015—2030)》改绘。

此外，奉节地处长江三峡库区腹心，西入三峡门户，是陕南、渝东、鄂西和湘北最便捷的水上出口通道，长江上游特色经济走廊和长江三峡国际黄金旅游带上的重要节点，是三峡库区的历史文化名城。

大坝村位于奉节县长江南岸，距县城9千米，与县城隔江相望，东临永乐镇陈家社区，西接江南社区，南与铁甲村相接，北临长江。土地面积2100公顷，其中，耕地37.77公顷，林地418.93公顷，园地649.05公顷。

2. 奉节县贫困情况

2016年，全年市上下达后期扶持资金11021万元，其中农村移民直补资金1002万元，兑现农村移民后期扶持政策人口16481人次；城镇移民困难扶助资金计划2491万元，全县解决移民遗留问题困难补助对象41798人次，特殊救济14766人次；下达库区基金计划7528万元，批准库区基金项目共106个；争取三峡后续项目(2011-2016年)215个，到位补助资金36.64亿元。实施避险搬迁1010户4406人(其中藕塘滑坡1006户4380人，拆除房屋17.8万平方米)，175米蓄水安全连续9年实现"三无一畅一稳"目标。

全县累计争取国家扶贫专项资金52075.3万元，65个贫困村整村脱贫，56962人贫困人口越过标准线，实施高山生态扶贫搬迁6280人。完成各类培训10157人次，组建了66个贫困村互助合作协会和1个创业协会。

5.3.2 奉节县贫困乡村整体发展现状问题

奉节县片区贫困不仅表现在经济总量上，也反映在内生自主发展能力弱、科技水平低下、产业附加值不高、基础设施匮乏、人才稀缺等各个层面。具体表现为奉节县脐橙产业园发展不均衡、民居风貌参差不齐、村级道路需完善升级，乡村休闲旅游业发展、脐橙种植、农产品发展及实施乡村振兴发展等方面并不完善。

1. 宏观政策多，微观策略少，难以落到实处

随着新型城镇化的不断推进，山区的经济振兴、生态环境保护和城镇建设越来越受到重视。奉节县位于国家"11+3"个集中连片特困地区中的秦巴山区，是典型的山地和生态敏感区域，近年来诸多政策表明，该区域发展已经成为国家战略层面的重要命题，相关帮扶政策和战略部署层出不穷，但多为国家层面、区域层面或者省域层面的中宏观导向性政策，微观贫困县域或者贫困县城的乡村振兴具体建设策略甚少，导致乡村建设、生态经济策略、转移支付投入等难以落到实处，减贫效果欠佳。

2. 经济基础薄弱，产业发展缓慢，难以支撑高端崛起

如今贫困乡村地区主要依赖于农业发展，并且农户过于分散，难以形成种植规模。一方面，随着新型城镇化的不断推进，工业经济时代将逐渐消亡，传统资源消耗发展路径行不通，再加上生态环境约束趋紧，城乡一体化发展趋势促进乡村产业转型。另一方面，知识经济正在全球范围内迅速蔓延，我国东部发达地区已率先进入以信息化产业和科技创新为主要业态，以科技、人才和文化为核心竞争力的发展转型阶段。可见我国产业经济发展正在由传统资源消耗型走向知识创新型，信息化、知识和产业创新正在成为生产力诸要素中最活跃的因素。然而奉节贫困县域经济存在"低、小、弱"等问题，导致县域自我发展能力不强，制约了经济运行质量的提高，整体产业发展缓慢，现代化信息化程度低，人才吸引力弱，难以支撑知识经济发展和产业创新。

3. 非均衡性的公共服务设施建设无法保障村民权益

目前奉节县片区的公共服务设施建设存在较大的非均衡性，集中表现在三个方面。第一，对资源占有的不均。乡镇之间对各种资源的占有失衡。大量优质资源集中在康乐镇、安坪镇、朱衣镇、白帝镇等乡镇，其他乡镇特困地区，尤其是大坝村的农村资源严重匮乏。第二，服务水平的不等。经济发展水平低直接体现在人们实际的消费水平和质量的差距，并最终导致人们实际享有的公共服务水平和质量上的不均等。第三，对权益保障的失衡。乡镇之间公共资源的分配以及人们公共服务的权益存在巨大差异。

4. 复杂的自然环境成为地区发展的重重枷锁

奉节县贫困乡村位于山区和高原地区，特别是群山连绵区，山区道路交通建设往往须穿山越水，成本高昂，且道路选线多顺应山水地形，高低起伏、蜿蜒曲折，建设难度大，加之环境因素制约作用强（洪涝、泥石流、塌方等灾害频发），维护代价高。而奉节县地方财政供给能力弱，导致贫困农村道路交通设施普遍滞后，严重制约了山区贫困农村的现代化进程。

奉节县地质地貌情况复杂，乡村选址一般集中于沟、谷或者盆地等较为平坦地段，滑坡、泥石流等地质灾害多发现象，不仅影响当地居民正常的生产和生活秩序，也让外来投资者感到惶恐不安，加之乡村建设、公路、铁路选线、矿山开发等工程经济活动受到明显制约，很多工程建设都要投入大量的资金以进行地质灾害勘察和治理，更让多数企业望而却步。这对本来就饱受生态和贫困制约之苦的奉节县来讲无疑是雪上加霜。

5.3.3 大坝村乡村现状及综合贫困问题

1. 村落人口现状（表 5.7）

大坝村共有 7 个村民小组，截至 2017 年，大坝村共有 1 110 户，4 260 人，其中按性别构成分，男 2 349 人，女 1 911 人。乡村劳动力 2 430 人，其中男性 1 293 人，女性 1 137 人。外出务工人口 836 人。村民代表 30 人，党员 63 人。全村共有贫困户 89 户，贫困人口 389 人（2018 年数据）。近 5 年来，大坝村人口结构趋于稳定，由常住本地村民、通勤流动人群和临时人群构成。常住村民以老人、小孩为主，人口老龄化现象较突出，部分村民贫困严重，但社区归属感和认同感较高，有较强的土地情怀。村落人群中人力资本、自然资本、社会资本均较弱，金融资本、物质资本有待提升。

表 5.7 大坝村人口统计表

总人口/人				年龄结构/人					受教育程度/人			
男	女	乡村劳动力	小计	0～19	20～39	40～59	60以上	小计	小学	初中、中专	高中、职高	大学及以上	未受教育
2 349	1 911	2 430	4 260	682	1 491	1 406	681	4 260	1 875	1 358	754	89	184

数据来源：根据《奉节县城乡总体规划（2015—2030）》改绘。

2. 乡村交通现状

村域内主要对外交通道路为陈家社区至江南社区的乡级公路，道路宽度 6.0 米，路面为混凝土路面，大坝村村域内里程为 4.8 千米。村域内现有村社道路 12 条，基本达到社社通达，村道总里程 37.7 千米，道路宽度一般在 3.5 米左右。道路没有贯穿连接乡村东西方向成为主轴，村域内道路破碎狭窄、通行能力差、等级低。同时受到地形环境限制，道路沿途山脉地质较硬，多为岩土碎石，通行能力有限。村道主要服务于村域内7个组团，城市交通运载力未能完全利用充分，内部干路系统尚未完善，密度较低支路存在多条内部路和断头路，交通运输不便，产业发展受到限制，对乡村振兴的推进还需要更多的联系，整体运输网络体系亟待提升。

3. 生态景观现状

大坝村位于四川盆地的盆东山地，分属大巴山弧形构造带，川东褶皱带和川、鄂、湘、黔隆起褶皱带三大单元的交接复合部位。地形为山地地形，沟壑纵横，最低海拔为长江边152米，最高海拔755米，海拔落差600多米，高差悬殊，构造控制明显，地形破碎，溪河纵横切割，山坡较陡。同时，根据奉节县地灾统计可知，村域内有五处滑坡地质灾害点，分别为百换坪滑坡（含周家湾滑坡）、何家屋场滑坡、钟嘴滑坡、周家湾滑坡、百换坪不稳定斜坡等。

大坝村属中亚热带暖湿东南季风气候，日照总数1 639小时，无霜期287天，具有冬暖、春早、夏热、秋凉、四季分明、气候温和、无霜期长、光照适宜、雨量充沛的特点。境内山高谷深，海拔变化很大，高山、平坝、河谷自然景观差异大，季节不同步，形成较为明显的立体气候。此外，长江岸线流经大坝村境内2.5千米，上接江南社区水域，下接陈家社区水域。水域及设施用地为15.18公顷，其中河流水面12.43公顷、坑塘水面2.6公顷、沟渠0.15公顷。村内水域较少，水资源比较匮乏。村内没有自来水，现有饮水主要依靠蓄水池，水源主要通过山泉水、凉水井、雨水收集，饮水安全难以保障。

4. 产业发展现状

大坝村产业主要以脐橙为主，总面积4 800亩，有重庆耘播农业发展有限公司、奉节县俊硕农业公司、奉节县红翠脐橙种植合作社等经营主体，脐橙年产量2万余吨。还拥有吴大姐面厂、"洪翠果园"水果礼品基地、昊科养殖场三家企业。目前养殖场有600平方米，养殖鸡3万多只；吴大姐面厂平均产量1吨/天；果园共有50亩，平均产量3.5吨/亩。但由于基础设施缺乏，部分道路未硬化，灌溉设施缺乏、土地改良不够，高产果园仅占70%~80%。此外，产业单一且产业链短，产业品牌化未形成，脐橙农副产品开发少。旅游产业起步缓慢且未成体系，一三产联动较弱，产业发展不可持续。

5. 公共服务设施现状

大坝村内医疗力量相对较差，并存在场所紧张、设施缺乏及配套不充足的问题；缺乏教育文化等生活型服务配套，村内无学校；村域内缺少活动休闲广场供村民使用；行政办公缺少服务大厅，无法听取村民意见。现有公共服务设施主要集中在村委会办公楼处，村域内公共服务设施严重匮乏。同时，市政设施不全，缺乏供热供电等基础设施。消防、环卫、电信、邮政等市政设施缺失严重，只有每年脐橙上市时，才驻设以经销服务为主的临时快递，村内未设置通信基站，信号较弱，不利于拓展脐橙产业链，发展线上产业。应在乡村振兴的过程中按相应的生活组团予以补充。

6. 综合现状问题

大坝村由于长期受自然地形环境影响，乡村发展受到极大限制。主要问题有生态效益未发挥、交通混乱、村落发展滞后、产业模式单一、公建供应不足等。具体表现为：沿江生态带景观利用率较小，尚待开发，生态效益没有有效发挥带动乡村发展的作用；防洪弹性举措力度小，山水格局不连续；内部交通单一，未建立起交通发展轴，同时基础建设落后，慢行系统体验差；乡村聚落松散、发展滞后；外出务工人员较多，人口流失严重，部分村民贫困问题严峻；公共服务设施缺乏且分布不均，不利于人群健康发展。同时，旅游产业起步缓慢且未成体系，单一的产业结构不利于可持续发展，一三产联动发展问题亟待解决。

5.3.4 大坝村贫困乡村建设对策

治理贫困的各项政策往往都需要在空间层面加以落实和配合，现以"乡村振兴"政策为主线，结合"三农政策"及"新型城镇化"等政策，共同形成了大坝村治理贫困问题的政策体系。而大坝村主要涉及的治理空间手段包括美丽乡村建设、人居环境综合整治、乡村旅游发展等空间治理手段。大坝村益贫式乡村建设关注乡村公服基础设施配置及实现形式，完善乡村内外部交通条件，结合乡村各类优势资源及生态优势，依托三峡山水旅游资源促进现代农业和旅游业的联动高效发展，发展乡村旅游，积极弥补山区地理区位交通的缺陷，拓展各类农副产品销售渠道并借助网络平台提升乡村特色产品的品牌效应。通过乡村产业的创新发展和三峡片区乡村旅游的规模拓展为乡村居民提供更多的就业机会，从而促进流失人口以及各类社会资源向乡村回流，实现乡村发展的复兴，全方面地有效带动乡村农民发家致富。

1. 以人居环境建设为抓手

大坝村益贫式发展路径体现当地政策、经济、社会、生态、空间等要素特征，符合大坝村乡村环境、生态条件。以"民生为本"，强调以贫困人口的生活改善为根本目的，从贫困人口的生存发展需求出发，切实提高贫困人口的生活质量，并结合国家"精准扶贫"政策，对贫困人口提供精准帮扶。通过美丽乡村建设、人居环境综合整治工程、基础设施建设等空间布局建设方式有效解决由于贫困所带来的一系列社会问题。

关注乡村贫困个体、家庭、群体的诉求，提供乡村住房保障，妥善处理住房安置、土地整治、产业规划，推进农村生活垃圾治理、厕所粪污治理、农村生活污水治理。有的放矢地增加公共服务设施的数量及规模，合理变化公共服务设施布局。有效把握住农村公共投资和公共服务两项推动新阶段中国农村益贫式增长的重要政策工具。在公共服务设施布局政策上合理倾斜，投入见效快且适合于大坝村贫困人群的使用结构的公共服务设施，提升大坝村贫困家庭公共服务设施使用公平性。

1) 新村建设与整治

奉节县大坝村实施乡村振兴住房保障，拆旧建新必须采用拆除重建或者购买的方式予以改造，同时配套完善改厨、改厕、改圈、改院坝等。按照统一规划、统一标准、统一风貌要求，鼓励引导农户到微型安置点建房或集中安置点购房。同时推进美丽乡村建设，美丽乡村建设的核心内容为：运用生态建设思想完善乡村基础设施建设、经济建设、人文建设等内容，最终实现"生态美、生活美、人文美、特色美、和谐美"的"宜居、宜游、宜业"的新型农村家园，让当地人民生活富裕、健康、和谐。村庄发展定位如图5.32所示。

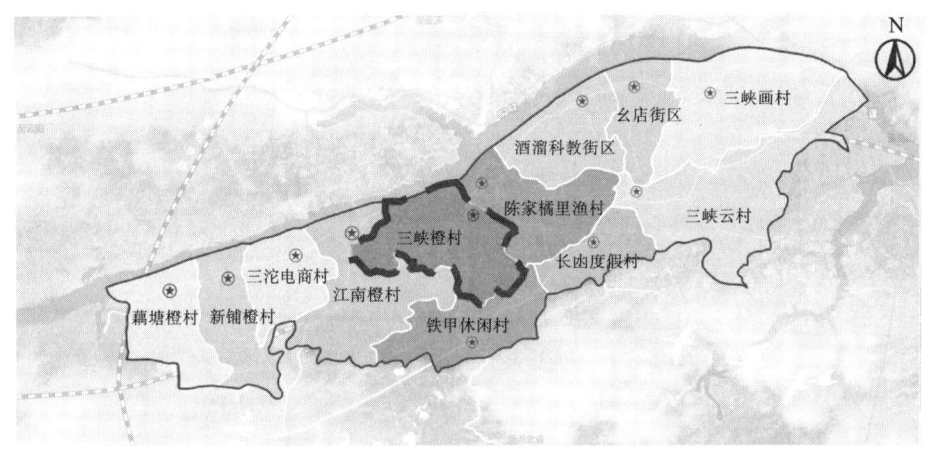

图 5.32　大坝村村庄发展定位图

资料来源：依据《奉节县永乐镇大坝村乡村振兴规划(2019—2022)》改绘。

在改善乡村人居环境、完善乡村基础设施建设的同时，依托脐橙产业、生态旅游等，促进农民增收，提升贫困乡村地区的经济发展，美丽乡村建设已成为推进精准扶贫的重要抓手。目前，大坝村在大力推进美丽乡村建设的同时，结合精准扶贫政策，将美丽乡村的建设与改善农村的生产生活条件相结合，依托贫困乡村地区的旅游资源优势，发展特色产业，以"生态兴乡、旅游富民"为发展战略，打造一个良好的脐橙产业品牌，能带动当地旅游业发展，同时带动整个地区的经济发展。在打造美丽乡村的同时，带动贫困农户的脱贫致富。

2) 人居环境综合整治工程

改善农村人居环境、补齐农村发展短板、缩小城乡差距、确保农村基本住房安全，大坝村立足乡村特色和定位，大力实施农村人居环境整治行动。推进农村生活垃圾治理、厕所粪污治理、农村生活污水治理。大力实施"卫生改厕""农村能源结构改造""农村脏差乱整治"等工程。到2020年，实现农村聚集区污水处理和农村垃圾收集处理 90%以上全覆盖，农村卫生厕所普及率提高到 85%。提升村容村貌，加快推进通村组道路、入户道路建设，基本解决村内道路泥泞、村民出行不便等问题。充分利用本地资源，因地制宜选择路面材料。整治公共空间和庭院环境，同时完善农村文化设施。推进农家书屋、文化广场、体育健身等设施建设，深入实施文化惠民工程和"金农"工程，支持并规范发展农村文艺团队。大力提升农村建筑风貌，突出乡土特色。推进村庄绿化，充分利用闲置土地组织开展植树造林活动，建设绿色生态村庄。完善村庄公共照明设施。深入开展城乡环境卫生整洁行动，推进卫生县城、卫生乡镇等卫生创建工作。保障农村环境保护公共设施正常运行，建设一批各具特色的美丽宜居村庄。

3）农房和宅基地建设

由于外出打工或人口外迁导致乡村农房和宅基地存在空置现象，建筑空间没有得以合理利用。针对村内存在着少量的空闲用地，规划对整理出的闲散荒废用地采取以下四种处理改造方式（图 5.33）。①街道空间：规划在现有街道空间的基础上，充分利用闲散荒置地，改造成带状的街道空间，满足车行的需求以及对消防通道的设置。②组团绿地：规划通过对闲散荒废用地的利用，设置组团绿地，以"果树+菜园子"的模式，体现大坝村的农耕文化以及展现大坝村传统农村风貌。③景观水池（微生物雨水净化池）：规划通过对空闲地的整合，部分开挖成景观水池，作为微生物的雨水净化池，并种植上荷花，亦可作为荷花观赏空间。④公共交流空间：规划结合对空闲地进行平整修复，增加休憩设施，鼓励村民之间互相交流，促进村民之间的和睦相处，创造生活和美的村庄环境。

此外，大坝村农村住房有近 30%是空关房和半空关房，住房和土地资产的闲置、浪费现象极为严重，规划对空置宅基地和空置农房采取坚持农民自愿、依法推进原则。宅基地退出跟住房安置、土地整治、产业规划结合起来，农民可以自主选择拿补偿款或拿安置房。

图 5.33　大坝村建筑整治规划图

资料来源：依据《奉节县永乐镇大坝村乡村振兴规划（2019—2022）》改绘。

4）基础设施建设

农村公共投资和公共服务是推动新阶段中国农村益贫式增长的重要政策工具。要求政府在公共服务设施布局政策上合理倾斜，同时，提出的政策要见效快，更深一步的公共服务设施投入应考虑到贫困人群的使用结构，其中以家庭为单位的使用结构和公共设施的关系应尤为重视。

交通服务设施和各项基础服务设施建设一直以来都是贫困乡村地区的短板。在交通方面，大坝村以农村小康路为重点不断推进道路硬化工作，村域内部分碎石道路狭窄，通行能力较差，严重影响了村民出行和村域产业发展。为联系居民聚落，做到有利生产、方便生活，同时促进产业发展摆脱贫困，规划建设主、次村道，以及连通散居户的人行石板路（图5.34）。在道路建设实施中，道路走向顺应山势，避免破坏自然植被（图5.35）。在其他基础设施及公共服务设施的完善建设方面，全面提升公共服务水平，解决场所紧张，设施缺乏的问题，加强教育、医疗、卫生等设施建设。进一步增加和砌建田间排水沟，同时建设水库，进行人饮灌溉一体化，解决贫困乡村未有自来水，饮水依靠蓄水池，饮水灌溉难、水质不健康等问题。加强通信基站建设，增强乡村通信信号，有利于发展电商农业，促进乡村全面发展。

图 5.34　大坝村道路整治规划图

资料来源：依据《奉节县永乐镇大坝村乡村振兴规划（2019—2022）》改绘。

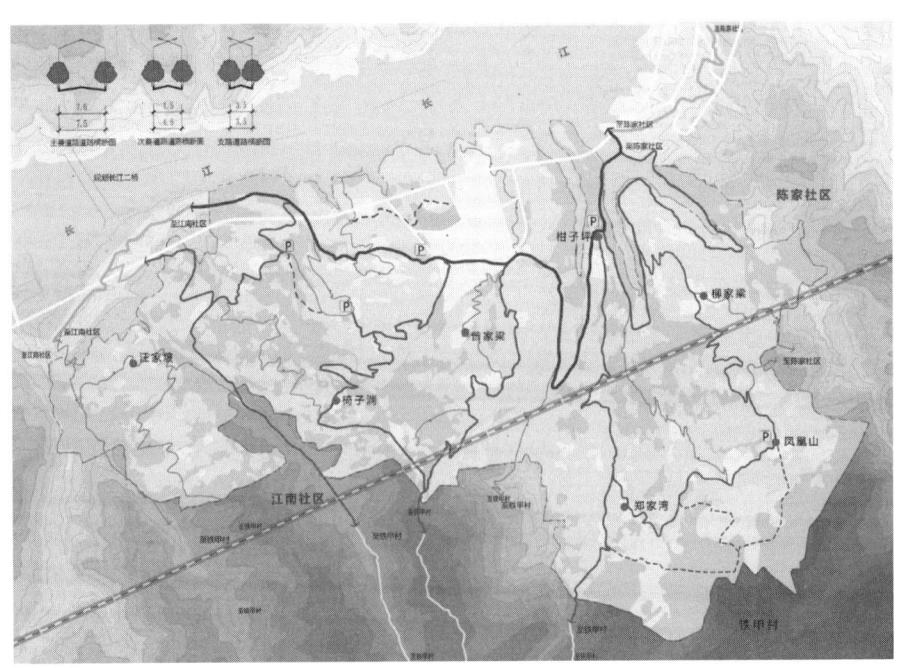

图 5.35　大坝村交通规划图

资料来源：依据《奉节县永乐镇大坝村乡村振兴规划（2019—2022）》改绘。

2. 以农业示范园区为基础

产业发展能够有效提升地区经济收入，促进脱贫致富。因此，奉节区大坝村依托乡村地理特点及旅游资源，促进一三产联动发展（图 5.36）。以脐橙产业发展为主，打造建设脐橙相关科研园区。此外，不断提升旅游基础设施建设，通过发展"农业认养、电商农业、乡村民宿、采摘园、休闲农庄、农耕乐园"等业态，打造优质农旅休闲旅游综合体。

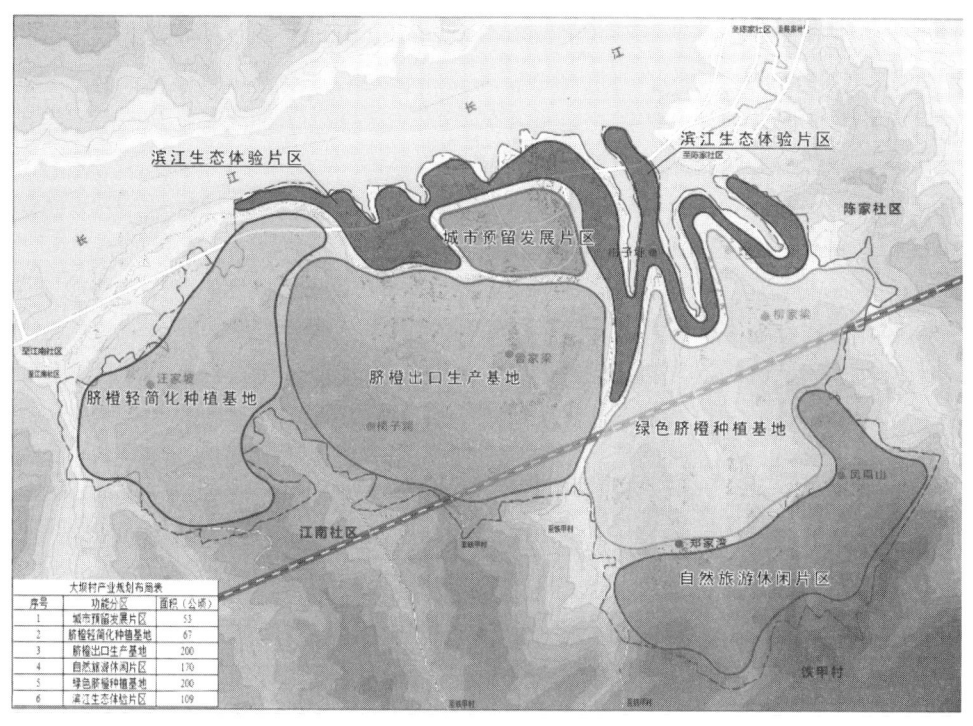

图 5.36　大坝村产业规划图

资料来源：依据《奉节县永乐镇大坝村乡村振兴规划(2019—2022)》改绘。

大坝村的脐橙产业特色突出但不可持续，所在区位产业较为相似，发展易遭遇瓶颈，因此须打造大坝村独有的脐橙产品特色与品牌，提高竞争力。做到现代农业和生态农业有机结合。保护、改善大坝村农业生态环境，完善农业基础设施，改良土壤、灌溉条件。以脐橙为主导产业，形成具有品牌效应的脐橙产业，以产业链模式提高生态及经济效益，产销一体实现农业增值增效，切实解决常年由于脐橙滞销而导致贫困的人群的生计问题。进一步完善脐橙电商服务体系，并积极进行农旅融合开发。产业分区规划为"三区、三基地"：三区分别是城市预留发展片区、自然旅游休闲片区和滨江生态休闲片区；三基地分别是脐橙轻简化种植基地、脐橙出口生产基地和绿色脐橙种植基地。此外，大坝村产业发展及空间布局规划应在现状资源及地理环境基础上，遵循生态性原则、因地制宜原则、经济性原则与特色性原则，引导产业向高效、经济、可持续方向发展。

3. 以乡村旅游发展为核心动力

大坝村一方面在经济、基础设施条件等方面表现为贫困，但另一方面则表现为旅游资源的丰富和独特及市场区位条件的优越；一方面在收入、某方面能力或权利等方面表现为贫困，另一方面表现为脐橙果园参与旅游发展具有优势。结合目前观光型的产品较多、体验式的消费产品较少、市场竞争力薄弱等特点，以资源为基础，以市场为导向，与村庄益贫人口业态相结合，因地制宜地发展乡村脐橙观光旅游。农业观光和旅游服务业相辅相成，从规模和数量上完善旅游服务配套设施，分散与集中布局相结合，依托丰富农业资源，打造具有观赏意义、科普意义的观光农业，加强管理，完善相关旅游配套设施，提高大坝村接待规格，实现以农育旅、旅游富民的目标。

大坝村以现有自然生态资源为基础，大力发展以特色山地、峡谷为村域旅游发展基点的村域生态旅游，并丰富观光农业的内容，细分类型，充分发挥农业的多功能性。创造优美的农村景观并保持完整的生态环境，将农村生活环境、生活方式、民俗特色、特色资源都转化为旅游资源，有效促进当地乡村旅游的发展。为使游人能够以最短的时间获得最佳观赏效果，由交通线把若干旅游点合理地贯穿起来，打造具有一定特色的旅游路线。

本次根据旅游片区功能规划将旅游路线分为：田园休闲游、橙园观光游、山地体验游、森林养生游(图 5.37)。结合规划旅游片区及自然地形地貌与现有生态环境形成各旅游项目，其中包括天然氧吧、原始森林体验、特色脐橙种植基地观光、花卉观赏等。

通过治理体系及扶贫政策制度优化，推动乡村贫困人口生计可持续、促进劳动力回输，进而促进乡村脱贫。加强公共服务基础设施配置，完善村庄内外交通条件。以脐橙种植培育作为产业支撑、集聚三产体验式旅游与一产形成互动，通过乡村旅游解决扶贫问题。为构建绿色旅游扶贫与识别益贫式发展新模式，加强识别精准程度，首要任务是将扶贫的力度进一步深化，将贫困人口细分为两大类型：收入贫困和机会贫困。其中将可通过绿色旅游产业的发展来实现脱贫的人口作为绿色旅游扶贫的主要工作对象。其次，在选择旅游扶贫项目时要有一定针对性，项目应与贫困地区的自身资源相匹配，并且有利于在最大程度上提升贫困人口参与扶贫活动的积极性，增加其收入，全面促进该地区经济的发展。除此以外，政府还需要打破瓶颈，使贫困人口能真正参与到项目的各个环节中去，并且保证在改革土地权分配机制中，做到产权明晰，维护土地集体法人的合法地位，以股份制土地租赁的形式，保证贫困人口参与力度、监督项目权利和享受对项目收益分红的权益。最后，政府相关职能部门要以市场需求作为主线，正确引导特色第一产业参与到新的旅游扶贫模式中，进一步建立和完善绿色旅游扶贫过程中的生态补偿工作机制，保证新型扶贫模式的可持续发展和平稳推行。

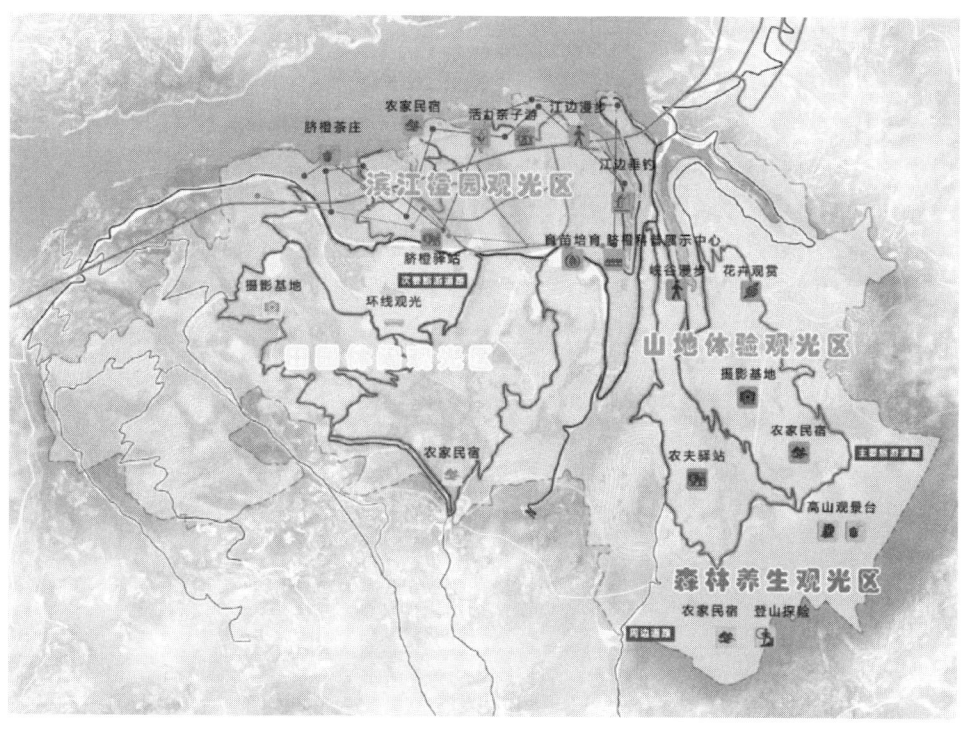

图 5.37　大坝村旅游规划图

资料来源：依据《奉节县永乐镇大坝村乡村振兴规划(2019—2022)》改绘。

5.3.5　乡村层面的益贫式发展模式总结

走可持续发展之路，实现乡镇贫困地区益贫式发展。其主要模式有以下几种。

1．"造血式"扶贫模式

随着"精准扶贫"概念的提出，各地均认识到"造血扶贫"对农村富民增收的重要性，并从旅游发展、电商经济、地企合作等角度不断探索，目前已取得一定的成效。合理安排扶贫项目和扶贫资金，恢复贫困地区的"造血"功能，才能断掉穷根、开掘富源，解决贫困人口可持续生计、劳动力回输及社会组织重构问题。

1) 旅游业成为乡村振兴主抓手，经济发展新动能

通过开发贫困地区丰富的旅游资源，打造休闲旅游度假的各种市场产品，实现贫困地区居民脱贫和地方财政增收。面对扶贫攻坚任务重和旅游资源开发潜力大的现状，将旅游产业作为主导产业来发展，并有意识地探索出多元旅游扶贫路

径,如景区带动型、乡村旅游型、养生度假型、创业就业型和产业融合型等。

一是乡村旅游+文化传承。打造生态型古村落、仿古客栈等文旅融合项目,涵养传统文化。二是乡村旅游+生态搬迁。通过出台产业扶持、小额信贷等惠民政策,高山生态扶贫搬迁家庭通过发展农家乐、销售土特产和针织刺绣等特色产品收入有所提升。三是乡村旅游+观光农业。建成市级现代农业园、特色产业示范基地和产业扶贫示范园,吸纳农村过剩劳动力。四是乡村旅游+森林氧吧。依托丰富的高山森林资源,建成高炉淌露营基地、避暑山庄、天然氧吧等乡村景点,群众生计得以有效解决,景区可游度、可娱度、可留度明显增强。

2)引入电商,以产品品牌化引领扶贫

建设本地电子商务网络平台,精准营销拓宽渠道,解决产品滞销,打造农村电商特色乡、特色村、特色园区,推进扶贫地区当地特色产品通过网络走向全国。

3)地企合作:企业与乡村签订协议,帮扶乡村脱贫

地方联动现代农业公司,在现有规划和发展基础上,挖掘当地特色农产品,充分发挥帮扶村资源禀赋,因地制宜,助力定点帮扶村创建循环农业、智慧农业等特色现代农业产业园区,推动一村一品、一县一业。

扶贫工作主要从以下三方面逐渐推进:

产业扶贫,帮助贫困地区"改穷业"。企业依托丹寨优良自然环境、资源优势和结合企业现代的管理理念、品牌效应、市场资源,在乡村发展以乡村特色为主的重点产业扶贫。

教育扶贫,帮助贫困家庭"拔穷根"。农村青壮年劳动力大量外出,留居人口呈老龄化、贫困化趋势,基础设施和社会服务呈空心化,在农村普及教育,使农民有机会得到他们所要的教育,通过建立联农带农机制,打造复合型"新农人"梯队。

就业扶贫,帮助贫困群众"丢穷袋"。结合当地发展状况企业提供就业方式,解决了生态移民群众和贫困户的务工问题,保证就业人员有稳定的收入。

2. 整村推进扶贫模式

整村推进是指以贫困村为开发式扶贫的具体帮扶对象,领导联系到村,帮扶对口到村,计划分解到村,资金安排到村,扶持措施到户,项目覆盖到户,扶贫效益到户。整村推进的主要内容包括改善生产生活条件的基础设施建设、提高人口素质的社会事业建设、增加农民收入的产业建设、改变村容村貌的文明新风建设、规范有序的民主政治建设和以村党支部建设为核心的村级组织建设。

5.4 小 结

本章主要在城口县、彭水县长生镇、奉节县大坝村城镇化发展案例研究基础

上，针对区县、城镇、乡村三种空间尺度下不同的益贫式城镇化模式进行了总结，提出了以下可能的益贫式发展模式：①区县尺度下可采用高山生态扶贫搬迁模式、旅游扶贫模式、生态产业模式和异地工业化模式。②贫困乡镇可采用"企业+农户"模式、"企业+合作社+农户"模式和"政府+企业+农户"模式，找准发展重点，发挥自身优势，注重区域协调发展，把推进镇村旅游作为乡镇经济发展的强力支撑，与企业达成合作共赢。③乡村可采用的益贫式发展模式则包括"造血式"扶贫模式和整村推进扶贫模式，通过治理体系及扶贫政策制度优化、加强公共服务基础设施配置和劳动力回输促进乡村脱贫。以农作物种植培育作为产业支撑、集聚三产体验式旅游与一产形成互动，通过乡村旅游解决扶贫问题。

第6章 结论与展望

6.1 重庆市集中连片特困地区贫困人口时空格局

1. 重庆市集中连片特困空间格局是我国贫困空间格局的缩影

中华人民共和国成立以来,在城镇化建设和消除贫困方面取得了举世瞩目的成绩。但就全国来看,地域性贫困现象仍十分突出,相对贫困将长期存在。截至2016年底,依据国家所划定的人均年纯收入2 300元的贫困线标准,我国仍有近8 000万贫困人口分布在我国28个省(区、市),包括592个扶贫开发重点县、12.8万个贫困村、近3 000万贫困户的14个集中连片特困地区。贫困形势仍十分严峻。其中重庆所在的西南地区贫困现象尤为显著,是中国当前贫困的"重灾区",受自然资源约束特征十分显著,是全国贫困人口最为集中的地方之一。

重庆市集中连片特困空间格局很大程度上是我国贫困空间格局的缩影。重庆是大城市与大农村相并存的结合体,农村地域十分广阔,贫困人口众多。重庆是典型的山区,自然条件恶劣,社会服务设施和基础设施匮乏,严重限制了贫困地区农民的生存和发展,单靠自身资源要素的积累很难实现飞跃式的发展。随着我国扶贫工作的全面开展,贫困现象急剧消退。但截至2016年末,重庆市仍有6.12万贫困户、20.66万贫困人口。根据中央提出的2020年实现全面脱贫的战略部署,使20余万贫困人口脱贫无疑是最后的攻坚战。同时,如何巩固扶贫成果,让告别贫困的人口不再返贫也是当前需要重点考虑的问题。

2. 重庆市集中连片特困区分布格局

重庆市集中连片特困区分布在渝东北和渝东南地区。其中渝东北地区处于三峡库区、秦巴山连片特困地区;渝东南处于武陵山连片特困地区,也是少数民族集聚区。人口多,绝对贫困和相对贫困比例均很大。其贫困区内地形复杂、交通不便、生态环境脆弱等严重限制了地方社会经济发展。

重庆市集中连片特困地区表现在空间上的特征为整体连片分散、区域边缘化、呈现多点集聚的分布格局。从其分布来看,不难发现贫困现象往往是发生在山区农村。这些贫困点向核心区边缘离散,脱离发展轴带,加之受地域贫瘠的影响,限制聚集在相对封闭的自然环境中。对重庆市集中连片特困地区各区县贫困人口分布进行空间自相关分析,全市38个区县的贫困人口的数量分布在空间分布上具有显著的空间正相关性，即贫困人口规模在空间上呈现出明显的聚集性特征，具有贫困人口数量高值的区县相互邻近。

3. 集中连片特困地区贫困人口时空演化

从人口增长速率来看，重庆市集中连片特困地区各区县的贫困人口增长率总体上呈现一个先增长后急剧降低的情况，全市集中连片特困地区中各区县贫困人口减幅最大的是巫山县，其次是城口县。根据渝东南地区和渝东北地区的贫困区县历年来贫困人口规模的变化趋势，并结合各贫困区县贫困人口空间分布的总体特征，可以看出，渝东南地区的贫困人口总量要高于渝东北地区，并且其贫困人口的降低减少幅度更大。此外，酉阳、石柱、彭水、奉节等革命老区、民族区县的贫困人口占比较大，且各区县贫困人口均高于全市平均水平。人口密度上整体呈现先增长后降低的趋势，贫困人口密度最大的县与最小的县之间的差距亦在逐渐缩小，趋于平衡。

重庆市集中连片特困地区人口外流现象十分突出，2016年外流人口占地区户籍总人口28.75%，外出务工是乡村劳动力流动迁徙的主要原因。并且这几年外出务工人员家庭整体迁移现象开始显现，同时伴随着老人和儿童留守现象十分普遍。引起人口外流的内在机制不再由"谋生型"为主，对城市社会服务设施的需求的"综合发展型"是当前主要的影响因素。同时，贫困地区乡村的"空心化"现象格外突出。

6.2　战略思路转型

对于重庆市集中连片特困地区的城镇化战略，研究建议发展思路上需要具有针对性，贫困地区城镇化路径必须以贫困群体发展为指向，以提升贫困人口的可持续生计能力为导向，必须坚持益贫式的发展理念。益贫式理论指导下的城镇化路径主张修复和重建以贫困群体为导向的城乡空间网络组织。在城镇层面，能够使这部分人群同样便捷地享用城镇的公共服务、参与城镇的生产活动；在乡村层面，主张建设以贫困群体为核心的乡村社区自治组织，积极应对贫困乡村的公共性衰落、村落空心化、社会组织松散化等困境，提升乡村"造血"功能，促进内生型发展。

在贫困优先的前提下，充分调动起人力、物力等多方面资源和资本，提高贫困人口对接经济发展的参与度，提高政府公共物品的供给与贫困人口的相关性，优化脱贫攻坚的治理结构，引导该区贫困人口走出结构化困境，引导贫困群体真正成为脱贫攻坚最大的受益者。

6.3 重庆集中连片特困地区城镇化路径要点及展望

1. 在国家帮助和政策引导的基础上，降低贫困地区发展门槛，创新城镇化路径

在应对集中连片特困地区的城镇化问题上，应该紧紧围绕贫困特征和致贫原因，注重贫困人口的空间演化规律，从贫困人口集中的区域入手。特别注重贫困的孤岛现象、边缘现象和代际传递现象，因地施策，因人施策，采用针对性的措施和方法，注重内涵式经济动力的培育，采用自上而下和自下而上兼顾的方法，推动贫困区城镇化进程。

对于重庆而言，这一阶段的城镇化除了积极推进城镇产业吸引农村人口之外，还应结合易地移民搬迁等工作，把重点放到省际、县际等边缘地带，以及贫困人口相对集中的地区。其中，应展开云阳、奉节、彭水、黔江等贫困人口相对集中、贫困孤岛隐患相对严重等区县的针对性战略研究，从推进精准扶贫的角度，在培育自身发展动力的基础上，针对性加大产业扶持力度，完善道路交通等基础设施供给，降低贫困地区发展门槛，充分利用自上而下的扶贫制度和力量，创新传统的城镇化路径。

2. 重点关注贫困人口可持续生计的问题，积极创新传统城镇化路径

在推进集中连片特困地区城镇化进程中，应重点关注贫困人口可持续生计的问题。首先，针对当前贫困地区乡村家庭在空间上的分布特征，充分利用近几年出现的外出务工农民个体转移逐渐向家庭整体性迁移转变的趋势，城市和乡村均应创新相应的劳动力转移和社会保障制度，缓解"半城镇化"格局下带来的社会问题隐患，为这部分人群提供永久和临时的城镇化迁移制度。

在城镇化制度供给方面，应重视现实中贫困农户社会资产低下、社会网络断裂，长期被"排斥"于经济社会发展之外等现实，因此需通过生计活动嵌入社会网络，同时也需要创新社会参与机制，构建社区合作性网络组织，促进贫困人口发展致富。其中，地区文化建设是重庆贫困地区推动城镇化的重要抓手。建议将文化建设作为各项规划建设的重要前提和考虑要素，叠加历史演进、民族生活、立体交通等多维度、多形式的地区文化记忆，进而形成有地域个性的文化空间布局，以加深城镇化的特色和品质。

3. 在推进城乡公共服务设施均等化的同时，侧重益贫倾向的基础设施和社会服务设施供给时序

重庆的区域交通近几年发展迅速，区域快速交通网络已经形成。但贫困地区受制于处在交通网络的末梢，基础设施条件差、交通闭塞，无法与发达地区同步。

建议在大交通格局形成的前提下，重点针对贫困地区贫困人口分布集中的地方突破基础设施瓶颈，结合产业培育、移民搬迁等工程，重点突破贫困人口相对集中区域的交通制约。

应针对贫困人群分布情况，从民生、切身利益做起，如教育、医疗、商业网点等服务设施，可通过公共服务设施的布局和使用向贫困人口倾斜，同时也引导贫困人口的空间合理布局。更深一步的公共服务设施投入应考虑到贫困人群的使用结构，其中以家庭为单位的使用结构和公共设施的关系应尤为重视。同时，结合当前信息时代带来去空间化、扁平化的知识认知和传播方式的机遇，创新互联网信息技术、弥补交通不便短板，结合基础设施和社会服务设施供给时序的调整和优化，创新流动供给的公共服务机制，弥补社会服务设施供给不足的问题。

4. 着眼后扶贫时期，未雨绸缪，提前研究防止返贫的城镇化对策

重庆不少区县提出2018年提前完成全部脱贫的任务，意味着以往贫困地区的精准扶贫工作将由扶贫转向防止返贫的工作上来。在这一格局下，重庆市贫困地区如何健全稳定脱贫长效机制，制定针对返贫的城镇化对策显得十分迫切。"防止返贫和继续攻坚同样重要"，如何巩固扶贫成果，让告别贫困的人口不再返贫是当前"后扶贫时期"需要重点考虑的问题。

值得注意的是，在众多影响贫困的要素中，以城镇化为代表的空间资源配置是具有固定性和难以修改特征的，空间格局一旦形成，改变难度极大。应重视以城镇化政策为代表的空间要素资源的配置功能。扶贫工作中，对空间资源的分配包括区域之间、城乡之间、不同人群之间、绝对贫困和相对贫困之间的统筹，通过空间资源的配置增加贫困者的就业机会，提高基础设施和社会服务设施的比例，等等。因此提前研究防止返贫的城镇化对策，具有重大的理论和现实意义。

后　　记

笔者在重庆大学从事城乡规划专业的产学研工作已经有十余年。回首往日，发现这些年的历程大多与贫困地区的城镇、乡村有关，就逐渐萌发了对贫困地区进行规划研究的想法。贫困地区的城镇化、规划建设以及后扶贫时期的规划回顾研究是笔者近些年想做的扶贫"三部曲"。

借助申请成功的重庆市社会科学规划项目"重庆市集中连片特困地区贫困人口时空格局及益贫式城镇化路径研究"（批准号：2016YBJJ031）和国家自然科学基金面上项目"扶贫背景下贫困地区乡村聚落的空间模式和演化机理研究"（批准号：51878084），笔者团队进行了"三部曲"研究的第一步工作。借助完成基金的机会，作者对重庆市集中连片特困地区的城乡发展和人居环境进行了针对性的调研和相应的规划设计工作，并结合培养研究生的任务，针对性指导研究生从贫困地区城乡空间发展和规划对策角度完成了各自的硕士研究生论文，同时，结合近年来对城乡规划理论的感悟，于是形成了现在的著作。其中2018届硕士研究生薛颖完成了"重庆市集中连片特困地区农村贫困人口时空分布格局及规划应对策略研究——以重庆市武隆区为例"，初步形成了书中的基础观点和主要数据。2016届侯海波、张磊、张丽娜、余琪四位硕士生的毕业论文也围绕"我国集中连片特困地区"的命题进行研究，本书也相应采用了部分观点。同时，博士生龙香，硕士生刘伍洋、王练、陈妍琦、陈炼在成稿过程中做了不少工作。

当前进行的一系列扶贫攻坚工作是影响深远的伟大工程，贫困地区城镇化特征和城乡规划研究是一个庞大的命题。本书从重庆市域内处于集中连片特困地区的区县、城镇和乡村研究入手，对其贫困人口时空格局及城镇化路径做了粗浅的研究。本书在体系结合和某些具体论点方面可能存在一些不足之处，敬请社会各界同仁提出宝贵意见。

针对我国贫困地区城镇化和规划建设问题的研究方面，本书的出版只是一个起点。希望拙作能对贫困地区的发展和城乡建设有所裨益。

杨培峰
2019年4月于重庆大学